国家出版基金资助项目

全国高校出版社主题出版项目

重庆市出版专项资金资助项目

东方门户

——长三角一体化发展

张学良 等 著

DONGFANG MENHU

CHANGSANJIAO YITIHUA
FAZHAN

重庆大学出版社

内容简介

长江三角洲一体化发展是本书研究的主题。本书分别从历史文化、产业发展、产业链建设、创新合作、数字化新基建、开发区建设、交通与高铁发展、能源环境、民生保障公共服务等主题介绍了长三角更高质量一体化发展的最新研究成果。全书共分为十章，大部分主题都包含了演进的历史、发展的现状、未来的趋势、存在的问题，以及对策举措。

图书在版编目(CIP)数据

东方门户：长三角一体化发展／张学良等著. -- 重庆：
重庆大学出版社，2022.3
（改革开放新实践丛书）
ISBN 978-7-5689- 3009- 3

Ⅰ.①东… Ⅱ.①张 Ⅲ.①长江三角洲—区域经
济发展—研究 Ⅳ.①F127.5

中国版本图书馆 CIP 数据核字(2021)第 264360 号

东方门户——长三角一体化发展
张学良 等 著
策划编辑：马 宁 尚东亮 史 骥
责任编辑：尚东亮 版式设计：尚东亮
责任校对：王 倩 责任印制：张 策

*

重庆大学出版社出版发行
出版人：饶帮华
社址：重庆市沙坪坝区大学城西路 21 号
邮编：401331
电话：(023) 88617190 88617185(中小学)
传真：(023) 88617186 88617166
网址：http://www.cqup.com.cn
邮箱：fxk@ cqup.com.cn(营销中心)
全国新华书店经销
重庆升光电力印务有限公司印刷

*

开本：720mm×1020mm 1/16 印张：21.75 字数：315 千
2022 年 3 月第 1 版 2022 年 3 月第 1 次印刷
ISBN 978-7-5689- 3009- 3 定价：99.00 元

丛书编委会

主 任:

王东京　中央党校(国家行政学院)原副校(院)长、教授

张宗益　重庆大学校长、教授

副主任:

王佳宁　大运河智库暨重庆智库创始人兼总裁、首席研究员

饶帮华　重庆大学出版社社长、编审

委 员(以姓氏笔画为序):

车文辉　中央党校(国家行政学院)经济学教研部教授

孔祥智　中国人民大学农业与农村发展学院教授、中国合作社研究院院长

孙久文　中国人民大学应用经济学院教授

李 青　广东外语外贸大学教授、广东国际战略研究院秘书长

李 娜　中国国际工程咨询有限公司副处长

肖金成　国家发展和改革委员会国土开发与地区经济研究所原所长、教授

张志强　中国科学院成都文献情报中心原主任、研究员

张学良　上海财经大学长三角与长江经济带发展研究院执行院长、教授

陈伟光　广东外语外贸大学教授、广东国际战略研究院高级研究员

胡金焱　青岛大学党委书记、教授

以历史视角认识改革开放的时代价值

——《改革开放新实践丛书》总序

改革开放是决定当代中国命运的关键一招。在中国共产党迎来百年华诞、党的二十大将要召开的重要历史时刻,我们以历史的视角审视改革开放在中国共产党领导人民开创具有中国特色的国家现代化道路中的历史地位和深远影响,能够更深刻地感悟改革开放是我们党的一个伟大历史抉择,是我们党的一次伟大历史觉醒。

改革开放是中国共产党人的革命气质和精神品格的时代呈现。纵观一部中国共产党历史,实际上也是一部革命史。为了实现人类美好社会的目标,一百年来,中国共产党带领人民坚定理想信念,艰苦卓绝,砥砺前行,实现了中华民族有史以来最为广泛深刻的社会变革。这一壮美的历史画卷,展示的是中国共产党不断推进伟大社会革命同时又勇于进行自我革命的非凡过程。

邓小平同志讲改革开放是中国的"第二次革命",习近平总书记指出,"改革开放是中国人民和中华民族发展史上一次伟大革命"。改革开放就其任务、性质、前途而言,贯穿于党领导人民进行伟大社会革命的全过程,既是对具有深远历史渊源、深厚文化根基的中华民族充满变革和开放精神的自然传承,更是中国共产党人内在的革命气质和精神品格的时代呈现,因为中国共产党能始终保持这种革命精神,不断激发改革开放精神,在持续革命中担起执政使命,在长期执政中实现革命伟业,引领中华民族以改革开放的姿态继续走向未来。

改革开放是实现中国现代化发展愿景的必然选择和强大动力。一百年来,我们党团结带领人民实现中国从几千年封建专制向人民民主的伟大飞跃,实现中华民族由近代不断衰落到根本扭转命运、持续走向繁荣富强的伟大飞跃,实现中国大踏步赶上时代、开辟中国特色思想道路的伟大飞跃,都是致力于探索中国的现代化道路。

改革开放,坚决破除阻碍国家和民族发展的一切思想和体制障碍,让党和人民事业始终充满奋勇前进的强大动力,孕育了我们党从理论到实践的伟大创造,走出了全面建成小康社会的中国式现代化道路,拓展了发展中国家走向现代化的途径,为解决人类现代化发展进程中的各种问题贡献了中国实践和中国智慧。党的十九大形成了从全面建成小康社会到基本实现现代化,再到全面建成社会主义现代化强国的战略安排,改革开放依然是实现中国现代化发展愿景的必然选择和前行动力,是实现中华民族伟大复兴中国梦的时代强音。

改革开放是顺应变革大势集中力量办好自己的事的有效路径。习近平总书记指出,"今天,我们比历史上任何时期都更接近、更有信心和能力实现中华民族伟大复兴的目标。中华民族伟大复兴,绝不是轻轻松松、敲锣打鼓就能实现的。"当前,我们面对世界百年未有之大变局和中华民族伟大复兴战略全局,正处于"两个一百年"奋斗目标的历史交汇点。

改革开放已走过千山万水,但仍需跋山涉水。我们绝不能有半点骄傲自满,故步自封,也绝不能有丝毫犹豫不决、徘徊彷徨。进入新发展阶段、贯彻新发展理念、构建新发展格局,是我国经济社会发展的新逻辑,站在新的历史方位的改革开放面临着更加紧迫的新形势新任务。新发展阶段是一个动态、积极有为、始终洋溢着蓬勃生机活力的过程,改革呈现全面发力、多点突破、蹄疾步稳、纵深推进的新局面,要着力增强改革的系统性、整体性、协同性,着力重大制度创新,不断完善和发展中国特色社会主义制度,推进国家治理体系和治理能力现代化;开放呈现全方位、多层次、宽领域,要着力更高水平的对外开放,不断推动共建人类命运共同体。我们要从根本宗旨、问题导向、忧患意识,完整、准确、全面贯彻新发展理念,以正确的发展观、现代化观,不断增强人民群众的获得感、幸福感、安全感。要从全局高度积极推进构建以国内大循环为主体、国际国内双循环相互促进的新发展格局,集中力量办好自己的事,通过深化改革打通经济循环过程中的堵点、断点、瘀点,畅通国民经济循环,实现经济在高水平上的动态平衡,提升国民经济整体效能;通过深化开放以国际循环提升国内大循环效率和水平,重塑我国参与国际合作和竞争的新优势。

由上观之,改革开放首先体现的是一种精神,始终保持改革开放的革命精神,我们才会有清醒的历史自觉和开辟前进道路的勇气;其次体现的是一种方略,蕴藏其中的就是鲜明的马克思主义立场观点方法,始终坚持辩证唯物主义和历史唯物主义,才会不断解放思想、实事求是,依靠人民、服务人民;再次体现的是着眼现实,必须始终从实际出发着力解决好自己的问题。概而言之,改革开放既是方法论,更是实践论,这正是其时代价值所在,也是其永恒魅力所在。

重庆大学出版社多年来坚持高质量主题出版,以服务国家经济社会发展大局为选题重点,尤其是改革开放伟大实践。2008 年联合《改革》杂志社共同策划出版"中国经济改革 30 年丛书"(13 卷),2018 年联合重庆智库共同策划出版国家出版基金项目"改革开放 40 周年丛书"(8 卷),在 2021 年中国共产党成立100 周年、2022 年党的二十大召开之际,重庆大学出版社在重庆市委宣传部、重庆大学的领导和支持下,联合大运河智库暨重庆智库,立足新发展阶段、贯彻新发展理念、构建新发展格局,以"改革开放史"为策划轴线,持续聚焦新时代改革开放新的伟大实践,紧盯中国稳步发展的改革点,点面结合,创新性策划组织了这套"改革开放新实践丛书"(11 卷)。丛书编委会邀请组织一批学有所长、思想敏锐的中青年专家学者,围绕长三角一体化、粤港澳大湾区、黄河流域生态保护和高质量发展、海南自由贸易港、成渝地区双城经济圈、新时代西部大开发、脱贫攻坚、乡村振兴、创新驱动发展、中国城市群、国家级新区 11 个选题,贯穿历史和现实,兼具理论与实际,较好阐释了新时代改革开放的时代价值、丰硕成果和实践路径,更是习近平新时代中国特色社会主义思想在当代中国现代化进程中新实践新图景的生动展示,是基于百年党史背景下对改革开放时代价值的新叙事新表达。这是难能可贵的,也是学者和出版人献给中国共产党百年华诞、党的二十大的最好礼物。

中央党校(国家行政学院)原副校(院)长、教授　　　重庆大学校长、教授

2021 年 7 月　　　　　　　　　　　　　　　2021 年 7 月

前　言

　　长江三角洲地区是我国经济发展最活跃、开放程度最高、创新能力最强的区域之一。2018年11月5日，习近平总书记在首届中国国际进口博览会开幕式上宣布，支持长江三角洲区域一体化发展并上升为国家战略，这一重大战略决策标志着长江三角洲区域一体化发展进入新阶段。党的十八大以来，习近平总书记一直在亲自关心、亲自谋划、亲自推动长江三角洲地区的发展。2020年8月20日，习近平总书记在扎实推进长三角一体化发展座谈会上强调，要紧扣一体化和高质量两个关键词，推动长三角一体化发展不断取得成效，同时积极探索形成以国内大循环为主体、国内国际双循环相互促进新发展格局的路径。

　　长江三角洲一体化发展是本书研究的主题。本书分别从历史文化、产业发展、产业链建设、创新合作、数字化新基建、开发区建设、交通与高铁发展、能源环境、民生保障公共服务等主题介绍了长三角更高质量一体化发展的最新研究成果。全书共分为十章，大部分章节都包含了演进的历史、发展的现状、未来的趋势、存在的问题，以及对策举措。

　　本书主要研究思路和整体框架如下：第一章为总论部分，重点从历史的维度、现实的发展、国际的比较与未来的趋势这几个角度诠释了长江三角洲一体化发展。第二章重点从历史文化的角度介绍长三角一体化的基因源起与现代启示。第三章重点从产业的协同与空间上的分工角度切入产业一体化发展研究。第四章重点对长三角产业链位置评估、制度建设、长三角产业集群之间的合作进行研究。第五章重点从区域创新网络和区域创新系统维度，分析长三角创新一体化。第六章以大的时代背景为切入点，超高部署高标准的数字基建，推动长三角成为全国乃至世界数字经济发展和示范应用的先导区。第七章重点从长三角开发区的空间分布和演进历程，以案例的形式，介绍长三角地区开发区的合作情况与路径。第八章重点介绍长三角交通一体化发展的时代内涵、内部与外部要素一体化的现状、发展困境、功能融合、存量优化、结构调整、生态友好等问题。第九章重点以生态本身为出发点看污染现象，从大气、水、土壤环境指标看长三角整体生态情况，查找根源与提出解决手段。第十章重点基于基本公共服务的内涵做解析，分析了长三角基本公共服务构成的层次和目标，特别是民生公共服务一体化的基本内容和品质。

　　本书的主题设计、框架确定、观点整合、课题组织由张学良负责。各章撰写工作如下：第一章，张学良、吴胜男、杨羊；第二章，杨嬛、代昌利；第三章，刘修岩、陈露；第四章，陈柳、叶明、张年华；第五章，李迎成、李金刚、刘修岩；第六章，兰建平、于晓飞、王占伟、邢文杰；第七章，李丽霞、李培鑫；第八章，朱英明、董艳梅、郑紫颜；第九章，刘江华、何世雄；第十章，路锦非。全书由南开大学江曼琦教授进行了审读。

张学良，于上海财经大学红瓦楼

2021 年 4 月

目　录

1

绪论

当今,世界百年未有之大变局加速演变,国际经济、科技、文化、安全、政治格局发生深刻调整,国际环境日趋复杂。我国经济发展既面临动力转换、结构调整带来的挑战,又面临深度改革、开拓新局的历史机遇。进入新发展阶段,站在"第二个一百年"的新起点,于危机中育先机、于变局中开新局,必须适应形势变化构建以国内大循环为主体、国内国际双循环相互促进的新发展格局。以国内大循环为主体,关键在于加强区域之间的开放与合作,通过一体化发展来优化资源空间配置效率,从而释放经济增长新动能。

长江三角洲地区是我国经济发展最活跃、开放程度最高、创新能力最强的区域之一。2018 年 11 月 5 日,习近平总书记在首届中国国际进口博览会开幕式上宣布,支持长江三角洲区域一体化发展并上升为国家战略①,这一重大战略决策标志着长江三角洲区域一体化发展进入新阶段。党的十八大以来,习近平总书记一直在亲自关心、亲自谋划、亲自推动长江三角洲地区的发展。2020 年 8 月 20 日,习近平总书记在扎实推进长江三角洲一体化发展座谈会上强调,要紧扣一体化和高质量两个关键词,推动长三角一体化发展不断取得成效②。

长江三角洲三省一市总面积约 35.8 万平方千米,经济总量在 2019 年达到 3.4 万亿美元左右③。如果将长江三角洲地区视为一个独立的经济体,在全球可以排到前五位,经济体量与德国相当,远超印度,也与 20 世纪 80 年代作为我们追赶对象的"亚洲四小龙"相当。其中,上海实现经济总量约 5 531 亿美元,全球排名第 22 位,与波兰、泰国等相当④。但是也要看到,长江三角洲地区仍然存在区域发展不平衡问题,各个城市的经济总量、人口总量与城市化率还存在着很大的差异,区域发展还有很大潜力与空间。长江三角洲区域一体化的发展需要我们从历史的维度、现实的基础、国际的比较与未来的趋势这几个角度来思考。

---

① 习近平.共建创新包容的开放型世界经济:在首届中国国际进口博览会开幕式上的主旨演讲[N].人民日报,2018-11-6(2).
② 习近平主持召开扎实推进长三角一体化发展座谈会并发表重要讲话[EB/OL].新华网,2020-08-22.
③ 数据来源于上海市、江苏省、浙江省、安徽省 2020 年统计年鉴.
④ 世界各国 GDP 数据来源于世界银行官方统计.

第一节　从历史的维度看长江三角洲

一、从历史地理的维度认识长江三角洲

"三角洲"(Delta)是一个地理学概念。公元前 5 世纪古希腊历史学家希罗多德用希腊字母 Δ(Delta)代指尼罗河口的三角形平原,此后 Delta 一词便用以表示河口的冲击地貌[①]。19 世纪末,Delta 一词伴随西方地理学知识传入中国。今天我们讲的长三角实际上只是一个简称,全称应该叫作"长江三角洲"。

长江三角洲映入人们的眼帘最早能够追溯到的是 1862—1865 年,英国人查理·戈登(Charles Gorge Gordon)率领洋枪队以及一批英国工兵在镇压太平军的途中,第一次测绘了长江下游北至镇江、南至杭州的这一三角形区域,并于 1865 年在伦敦出版了题为"*Military Plan of the Country Around Shanghai*"的地图,该图成为西方人研究长江三角洲地区所依据的最早的实测地图。根据该图,《北华捷报》前主笔马诗门(Samuel Mossman, 1877)撰写了《中国的长江三角洲》(*Delta of the Yangtsze River in China*)一文并发表在《地理杂志》(*The Geographical Magazine*)上,该文可能是至今所见西方最早有关长江三角洲的地理学论述[②]。

1917 年,中国近代地质学先驱丁文江前往苏浙皖三省调查长江下游地质情况,并于 1919 年以英文形式发表了题为"*Report on the Geology of the Yangtze Valley below Wuhu*"(《芜湖以下扬子江流域地质报告》)的文章,第一次系统阐释了长江三角洲的形成与演变机制。自此,Yangtze Delta 的用法虽逐渐固定下来,但地理教科书及报章杂志中出现了"扬子江三角洲""大江三角洲""长江三角洲"等不同译法。1935 年,《各学校地理课程标准改正文》刊登,要求将师范

---

① 弗里德曼,桑德斯.沉积学原理[M].徐怀大,陆伟文,译.北京:科学出版社,1987.
② 刘雅媛, 张学良."长江三角洲"概念的演化与泛化:基于近代以来区域经济格局的研究[J].财经研究, 2020(4):94-108.

地理教材标准中的"大江三角洲"改为"长江三角洲",此后"长江三角洲"的表述遂逐渐固定①。

从历史地理的角度,我们不仅要知道长江三角洲概念的由来,还要看到它背后经济发展的逻辑。唐代以来,江南逐渐成为中国最重要的经济区,明清时期这里的商品经济发展到封建王朝时期的顶峰,形成了以大运河为纽带,以苏州、杭州为中心的区域经济地理格局。历史上长江三角洲所在的"江南"是一张名片、一个符号,是一种向往、一种实现:满足了各个时代人民对所有美好生活的向往,代表着我们对美好生活的所有憧憬,以及为此实现的努力付出与制度安排。

二、长江三角洲经济区的历史演进

从历史的维度来追溯,南京早在我国唐宋以前就为"六朝古都",以南京为中心,带动了整个长江中下游地区的发展,还未真正形成的江南地区进入了"长江时代"。隋唐时期,扬州因京杭大运河的贯通而成为商品贸易、人口往来的集聚地,成为江南乃至全国的经济、文化中心,长江三角洲所在的江南地区进入了"运河时代"。南宋定都临安,杭州成为当时中国南方的政治、经济、文化中心。"上有天堂,下有苏杭"自此流传,很多国外传教士、文人学者到访杭州,真正形成中的江南地区进入了"钱塘江时代"。明清时期兴起了新时代的"江南时期",即进入了"太湖时代",主要是依托太湖流域,苏州成为长江三角洲所在的江南地区的中心。1840年后,上海开埠,中国五口通商,上海的优势与龙头带动作用得到了极大发挥,长江三角洲地区乃至中国进入了"海洋时代",上海与长江三角洲成为我国对内与对外开放的门户窗口。

可以说长江三角洲地区,大约从东晋到今天,至少经历了"江、河、江、湖、海"五个时代,随着这五个时代的变迁,长江三角洲地区的经济重心不断地转移,并在不同历史时期至少有南京、扬州、杭州、苏州与上海这五个城市先后在

---

① 各学校地理课程标准改正文[N].申报,1935-10-25(13).

长江三角洲经济区中成为"首位城市",并分别形成了在当时相对完整的城镇体系,带动了近代长江三角洲地区村镇体系的发展。

长江三角洲地区城镇星罗棋布,江南市镇大多位于交通便利之地,地处城市和乡村之间,以工商活动为主要功能,辐射范围广,商业活动与周边农村联系紧密,宜居宜业。此外,长江三角洲地区与水相关的概念非常多,水网密布,河浜纵横,交通往来有舟楫之便,素称水乡。明清时期,区域内交通以内河航运为主,主要水系为南北向的大运河与东西向的长江航道,而支线则包括太湖水系内吴淞江、黄浦江、蒲汇塘等以及南部的钱塘江。由此方便了人类的居住,丰富了生产和生活,也加强了区域的联系。在长江三角洲地区有许多知名或不知名的镇,也有很多历史名人与文化积累。也是在明清时期,商品经济的发达带来了商业资本的繁荣,进一步促进了长三角地区人口集聚、商品和资本的流通。在长江三角洲地区,政府引导下的"区域一体化"也起步较早,例如,为促进长三角地区汽车互通,苏浙皖三省于 1932 年成立了"苏、浙、皖三省道路专门委员会",掌管三省道路干线的拟定、审核、实施与指导等工作。

从历史维度看整个长江三角洲地区,以江南为代表的历史的传承,包括财富的传承、文化的传承、商业意识的传承、从商精神的传承、商业文明的巅峰都是在长江三角洲。在很长一段时间内,长江三角洲地区从物质上到精神上的追求一直走在中国乃至世界的最前面。

第二节　从现实发展中看长江三角洲

根据统计数据,2019 年,长江三角洲地区三省一市实现 GDP 总量 23. 73 万亿元,以占全国 3.72% 的国土面积,集聚了全国 16.22% 的人口,贡献了全国 23.94% 的生产总值①。在经济体量庞大、人口高度集聚的背后,长江三角洲地区已形成了市场主导、政府引导的良好发展模式,市场在资源配置中起决定性

———————
① 数据来源于上海市、江苏省、浙江省、安徽省 2020 年统计年鉴。

作用的同时,政府发挥了更好的引导作用。由省级决策层面、市级协调层面、部门执行层面共同组成的"三级运作、统分结合"的区域合作机制,嵌套民间层面自发形成的其他沟通机制,加之长三角区域合作办公室、长三角生态绿色一体化发展示范区管委会等创新型机构,使得长三角形成了特点鲜明的区域合作机制体系。可以说,长江三角洲已经形成了"大树底下好乘凉"的跨省域毗邻区协同发展格局,经济实力越强的城市越具有辐射带动作用,特别是上海的龙头带动作用突出。

随着我国经济迈入高质量发展新阶段,长江三角洲的社会经济发展已经到了从量的提升转到质、量共抓的新时期,既面临我国深化对内开放、率先探索形成国内国际双循环新发展格局的重大机遇,也面临经济密度不高、增长动力不足、区域内发展不平衡等诸多挑战。长江三角洲地区更高质量一体化发展的关键在于打破行政壁垒,促进要素自由流动和优化配置,通过新型区域合作与深度对内开放,带来经济的新增量、发展的新动能,形成可复制、可推广、可持续的多赢合作新模式。近年来,长江三角洲地区开始探索新型城市合作模式,包括毗邻区合作、示范区合作、新型"飞地经济"、城市对口合作、跨区域跨流域生态补偿等,通过城市功能统筹、交通对接、产业与创新协同、公共服务共享、环境共治等手段不断完善和提升区域一体化的实现路径。

具体地讲,今天的长江三角洲区域一体化发展到了什么程度?呈现出怎样的特征?各个城市之间的联系,谁与谁最紧密呢?我们可以用大数据与新技术来做些探秘。

我们基于市场一体化、功能一体化、产业一体化、交通一体化、公共服务一体化、生态环境一体化加上政府合作"六位一体"的指标体系构造了长三角41个城市两两之间的关系矩阵,进行标准化和加权之后得到整体一体化网络。基于此,计算出每个城市作为节点在网络中的中心度,反映每个城市融入长三角的一体化指数,排名如表1-1所示。进一步分析两两城市间的一体化程度,可以发现,长江三角洲城市之间一体化程度最高的前十对城市分别为:上海和苏州、上海和杭州、上海和南京、上海和嘉兴、杭州和宁波、上海和宁波、上海和常州、上海和南通、宁波和舟山、上海和无锡。可见,上海是名副其实的龙头城市,前十对城市中除了宁波和舟山、杭州和宁波两对之外,其他八对都与上海相关,大家都愿意与上海"交朋友"。

表 1-1　长三角一体化指数排名

排名	城市	指数	排名	城市	指数
1	上海市	36.82	14	芜湖市	19.12
2	南京市	28.35	15	黄山市	18.57
3	杭州市	27.71	16	扬州市	18.46
4	苏州市	27.70	17	滁州市	17.53
5	合肥市	22.83	18	台州市	17.35
6	宁波市	22.75	19	温州市	17.28
7	无锡市	21.96	20	马鞍山市	17.26
8	嘉兴市	21.47	21	绍兴市	17.18
9	常州市	20.86	22	徐州市	16.93
10	湖州市	20.72	23	泰州市	16.88
11	镇江市	19.87	24	盐城市	16.63
12	舟山市	19.59	25	宣城市	15.97
13	南通市	19.39			

注:本表仅绘出排名前25位的城市,如需全部城市详细排名及相关数据,可与作者联系索取。

进一步地,从上市公司总部与企业分支机构数据来看,上海作为长江三角洲地区的龙头城市,在资源配置网络中发挥了突出核心节点作用。从百度指数交互搜索数据上看,苏州、南京、杭州、宁波等区域性中心城市的排名也处于前列,融入长江三角洲整体发展的程度较高,在长江三角洲一体化进程中发挥着重要的作用。基于国家知识产权局联合专利申请数据,在长江三角洲内部,城市间专利联合申请活跃,区域创新共同体雏形初现,G60科创走廊成效初显,特别是在上海大都市圈内部,各城市联合申请专利更加频繁,企业联合创新优势明显。我们基于上海合合信息科技发展股份有限公司提供的企业投资数据,发现上海、杭州在长江三角洲企业相互投资的市场网络中占据核心地位,苏州、宁波、南京、合肥次之,上海都市圈、杭州都市圈内部的企业相互投资比例较高。

第三节　从国际比较中看长江三角洲

我们还要在国际比较中看长江三角洲的发展方位。从世界级城市群发展进程来看,欧洲兴起的第一次工业革命首先孕育了以伦敦为中心的英国中南部城市群。随后,法国、德国、比利时等国家相继完成工业化,工业化与海外贸易的快速发展进一步带动了西欧各国的城市化进程,跨越多个国家的欧洲西北部城市群逐渐兴起。19世纪末20世纪初,世界经济中心开始由欧洲转向北美洲,美国逐渐成为全球的经济中心,形成了北美五大湖城市群与美国大西洋沿岸城市群两大世界级城市群。到第二次世界大战以后,19世纪60年代初期,日本太平洋沿岸带状工业地带成为"世界工厂",日本太平洋沿岸城市群也成为世界第五大城市群[1]。由此,日本、韩国、中国先后成为发展最快的经济体,带动亚太地区经济一体化进程不断推进,使全球经济的中心开始逐渐向亚洲转移。但实际上,在很长的一段历史时间内,长江三角洲所在的江南地区已经是一个世界级的经济区域。无论是人口出生率、死亡率,还是农业、农产品市场、生产力发展、市场经济等方面,中国均未落后于西欧,也是世界经济的中心之一[2]。因此,如今长江三角洲地区加快建设第六大世界级城市群,有其历史必然性和空间演化逻辑,可以理解为是一种复兴,或者是一种回归[3]。

但是,我们也要看到,将长江三角洲放在国际上比较,我们与世界先进城市

---

① 张兵,古继宝.中外城市群发展经验及其对山东半岛城市群的启示[J].城市发展研究,2006(3):39-42.

② 彭慕兰.大分流:欧洲、中国及现代世界经济的发展[M].史建云,译.南京:江苏人民出版社,2008.

③ 张学良,吴胜男.长三角一体化发展中的沪苏特别合作[J].苏州大学学报(哲学社会科学版),2021(2):94-102.

群还有差距。数据显示,在六个世界级城市群中,长江三角洲城市群的空间面积最大,达到了 35.9 万平方千米,地均 GDP 接近 1 000 万美元/平方千米,经济密度远不如世界先发城市群。此外,2019 年长江三角洲地区生产总值和人口分别占据全国总量的 23.9% 和 16.2%,美国大西洋沿岸城市群和北美五大湖城市群的面积之和与长江三角洲基本相同,但 2010 年它们的经济总量和人口总量就达到了全美的 49.6% 和 37.2%[①]。如表 1-2 所示,如果以人均 GDP 作为对经济效率和人民生活富裕程度的考量,2018 年长江三角洲地区的人均 GDP 约为 1.5 万美元,不及 2010 年西方先进城市群的三分之一,2018 年长江三角洲城镇化率为 68%,而世界先进城市群城镇化率均接近 90%。

表 1-2 六大世界级城市群对比

城市群	面积/万平方千米	人口/万人	GDP/亿美元	人均 GDP/(美元·人$^{-1}$)	地均 GDP/(万美元·平方千米$^{-1}$)	城镇化率/%
美国大西洋沿岸城市群	13.8	6 500	40 320	62 030	2 920	90
北美五大湖城市群	24.5	5 000	33 600	67 200	1 370	90
日本太平洋沿岸城市群	3.5	7 000	33 820	48 315	9 662	85
欧洲西北部城市群	14.5	4 600	21 000	45 652	1 448	90
英国中南部城市群	4.5	3 650	20 186	55 305	4 485	90
长三角城市群	35.9	22 535	31 958	14 193	929	67%

注:五大世界级城市群数据期为 2010 年,数据来源于 2016 年《长江三角洲城市群发展规划》,长三角城市群数据期为 2018 年。

可以看出,我们与世界先进城市群还有很大的差距。全方位推进长江三角洲区域一体化发展国家战略,要以先行先试、发挥示范带动作用为使命,既要注

---

① 2010 年美国 GDP 总量 14.9 万亿美元,人口 3.09 亿人,数据来源于世界银行。

重把握世界城市群发展的一般规律,又要立足现实,充分考虑长江三角洲地区的具体实际;既要着眼于发挥当前比较优势,又要体现高质量发展与可持续发展的内在要求。

第四节　从未来趋势上看长江三角洲

面对发展新阶段、贯彻新理念、形成新格局,我们需要将长三角一体化发展放在国家区域发展总体战略全局中进行统筹谋划,紧扣全国发展强劲活跃增长极、高质量发展样板区、率先基本实现现代化引领区、区域一体化发展示范区、改革开放新高地的战略定位。在五个战略定位中,排在第一位的是建设"强劲活跃增长极","强劲"指的是速度,长江三角洲地区人民还需要更加勤奋努力,更加注重创新,注重技术进步,实现强劲的发展与增长。"活跃"指的是质量,经济要活跃,发展要有活力,质量就要高。长江三角洲地区既要实现在适度增长速度前提下的高质量发展,又要保持高质量发展保障下的适度增长速度,对长江三角洲地区来说,这是一种责任,也是一种使命。

如果以2035年长江三角洲建设成为世界级城市群为期,至少需要推动长江三角洲地区人均GDP追平世界先发城市群2010年的水平,计算下来,GDP的年均增长率需要保持在6%以上,经济总量才能实现由现在的3.4万亿美元到2035年10万亿美元的跨越。所以说,发展是量变和质变的辩证统一,不能顾此失彼,经济从高速增长迈向高质量发展的新阶段,更需处理好质与量的关系,要以量的提升来促进经济集聚水平,进而带来质的飞跃[①]。

需要指出的是,"十四五"时期乃至更长一段时间,长江三角洲的增长与发展应该是一种"多彩"的增长与发展,需要处理好生产、生态与生活的关系。可做好四篇文章:一是生态的"绿色"文章,找到实现路径将"青色绿水"转变为

① 张学良,杨羊.新阶段长三角一体化发展须处理好几类关系[J].学术月刊,2019(10):39-45.

"金山银山";二是民生的"蓝色"文章,找到市场机制,实现教育、医疗、养老等高品质公共服务;三是文化的"青色"文章,找到办法提升长江三角洲地区的整体文明水平与文化品牌竞争力;四是创新的"金色"文章,在技术创新和产业转型升级中助力可持续增长与高质量发展。总之,要将长江三角洲地区的科技创新优势、资源生态优势、文化文明优势、战略叠加优势真正转化为发展的优势、增长的优势,在发展中补齐民生短板,提升老百姓的获得感、幸福感、安全感。

2

基因：
长三角历史人文与一体化发展

第一节 长三角经济格局形成的历史渊源

一、长江三角洲概念的由来与演化

作为一个经济地理学的名词，"长江三角洲"是近代才出现的地理概念。其中，"江"和"河"一般指长江和黄河，有一种说法，称江、河、淮、济为"四渎"。[①]"大江"这个名字的流行可能发生在汉代到三国时期，而"长江"的流行则发生在三国时期。"扬子江"原指镇江、扬州以下的长江河段。明末清初，西方人常称长江为扬子江，于是"扬子江"逐渐成为长江的代名词。"三角洲"一词的科学含义是 1912 年由美国地质学家巴雷尔（Barrell）提出的，他认为"三角洲是在一个稳定的水体中形成或靠近水体、部分暴露于水面的沉积物"[②]。三角洲地区通常土层深厚，水网密布，表面平坦，土质肥沃，农业发达。密集的水网提供了高效的区域运输方式，有助于早期地区经济的发展。正因为此，三角洲地区多为地区的富庶之地。在中国，长江三角洲（Delta of Yangtze River）、珠江三角洲（Delta of Pearl River），都是基于三角洲发展起来的地区。

1919 年《芜湖以下扬子江流域地质报告》文章的发表，第一次系统阐释了长江三角洲的形成与演变机制[③]。随着一系列报告的发表，长江三角洲的存在已毋庸置疑。对于早期的长江三角洲，主要是为税收和开辟口岸，西方人控制下的海关系统多次派出具有专业知识的外国海关人员，调查中国河口的地理情况。他们在撰写和发表的一系列调查报告中，开始用"三角洲"一词来概括中国的河流，并逐渐形成了 Delta of Yangtze River 这样的用法。[④] Yangtze Delta 的定

---

① 郭璞.尔雅［M］.王世伟，校点.上海：上海古籍出版社，2015：121.
② Barrell J . Criteria for the recognition of ancient delta deposits［J］. Plos One, 1912, 23(10)：377-446.
③ 丁文江.芜湖以下扬子江流域地质报告［M］//丁文江.丁文江选集.北京：北京大学出版社，1993.
④ 刘雅媛，张学良."长江三角洲"概念的演化与泛化：基于近代以来区域经济格局的研究［J］.财经研究，2020，46(4)：94-108.

义被逐渐固定下来,但地理教科书及报章杂志中出现了"扬子江三角洲""大江三角洲""长江三角洲"等不同译法。1935 年,《申报》公布了当时的教育主管部门颁布的《各学校地理课程标准改正文》修订文本,要求在师范地理教材标准中把"大江三角洲"改为"长江三角洲"。此后,"长江三角洲"的表述才逐渐固定。

最初的"长江三角洲"只是一个地理学上的概念,指中国最大的河口三角洲,泛指南京、镇江及扬州以东,黄海、东海以西,新通扬运河以南,杭州境内钱塘江以北,由长江泥沙堆积而成的冲积平原。长江三角洲的顶点在扬州市管辖下的仪征市真州镇附近,以扬州、江都、泰州、姜堰、海安、如东的拼茶一线为其北界,镇江、宁镇山脉、茅山东麓、天目山北麓至杭州湾北岸一线为西界和南界,东界则止于黄海和东海。

但在地理区划理论的影响下,长江三角洲地区从最初的自然地理概念逐渐衍生出经济区的含义。《中国地理》按中国的自然地域分为 23 章①。"大河三角洲"一章不仅描述了该地区的自然地理特征,如地形、水文等,还重点介绍了该地区的人文地理特征,如农业、盐业、纺织业、矿产资源、城市和风俗习惯等。在《王氏高中本国地理》中也运用了自然地理区划的论述,专门论述了长江三角洲的人口、产品和城市。②《建设地理新论》中提到"长江三角洲是战前中国新兴产业的主要中心"③,长江三角洲已形成以上海为中心的工业区,包括南京、无锡、镇江、芜湖、南通等,称为"上海区"④。可以看出,随着区域经济的发展、地理学研究的深入和概念的普及,民国时期的长三角概念逐渐突破了自然地理学的范畴,更加强调其经济区的含义。

近代以来,长江三角洲概念也是研究的热点问题。区域范围的不确定导致出现了小长三角、大长三角、泛长三角等用语,在各种规划文本中也出现了长三角核心区、长三角中心区等词语。因此,对概念本身的梳理有助于我们理解当

---

① 张其昀. 新学制高级中学教科书本国地理(上)[M]. 上海:商务印书馆, 1930.
② 王益厓. 王氏高中本国地理[M]. 上海:世界书局,1935.
③ 任美锷. 建设地理新论[M]. 上海:商务印书馆:1946:57
④ 卡赞宁. 中国经济地理[M]. 焦敏之,译. 上海:光明书局,1937.

前概念使用相对混乱的原因。从初步挖掘长江三角洲概念的起源①，到聚焦于改革开放后的概念解释②，但如何从长江三角洲这一单纯的自然地理学概念，演化为国家区域政策的载体这一问题仍缺乏讨论，同时也忽略了长江三角洲概念泛化背后所隐含的区域经济格局演变。2019 年，国务院印发《长江三角洲区域一体化发展规划纲要》，对长江三角洲地区进行了最新定义，长江三角洲地区特指在地域上紧密相连，同时又具有民俗相近、人缘相亲、文脉相通、水脉相涌、血脉相连的沪、苏、浙、皖全域的 41 市。

长江三角洲地区是中国经济最发达、最有创造力和发展活力的地区，同时也是中国城镇化体系最发达的地区，经济活动集聚程度最高的地区。而这些发展成就都离不开长江三角洲地区的发展历史。如果仅从改革开放后 40 年的历史去理解长三角地区的发展，很难对其中很多的发展问题和现象做出合理的解释。而只有从更长的历史维度去了解长江三角洲地区的发展历史，才能更好地对现实发展情况进行解释，并了解政策真正的着力点。

二、长江三角洲发展的历史沿革

考古发现，在距今 8 000 年前的长江三角洲太湖流域地区，就已出现了人类活动。而距今 6 000 多年前，江苏已形成了太湖、宁镇、江淮、黄淮四大区系文化。这是长三角地区历史发展的起点③。

公元前 670—前 223 年，最早的江南在吴越战争中形成。以军事为目的，吴国修建了一系列城池，包括淹城、梅里（商末周初吴国都）、干隧、木渎古城、合丰小城、延陵等，以及越国的会稽、固陵城等。这些城池大多分布在江、河、湖等水系要塞之处。这些地方既是与他国争霸的前方哨所与军事堡垒，更是军队、粮

---

① 于新娟. 也论"长江三角洲"：兼从社会经济史的视角[J]. 社会科学家，2006(1)：186-189.

② 佘之祥. 长江三角洲经济区的由来和发展[J]. 现代城市研究，2009(10)：7-11.

③ 汪艳.水网格局影响下的大运河：长江三角洲地区历史城镇发展与变迁[D].南京：东南大学，2019：26.

食等生活必需品的重要来源地。这些地理位置优越、交通便利的城池以及所构成的江南城市空间体系，影响着今天的南京、镇江、扬州、常州、无锡、苏州等重要城市的布局，为今天长三角地区主要城市网络空间打下了基础。

公元317年，晋室南迁，在建康（今南京）建立了东晋政权。后相继出现了宋、齐、梁、陈四朝，统称南朝，都以建康为首都，前后约272年。此外，由于北方战乱，农业经济发展几经起落，建康作为全国经济中心的地位开始动摇。永嘉之乱之后，南方肥沃的土地，丰富的资源，稳定的社会环境，吸引了大量北方人口南迁。中原移民带来的先进生产技术和充足的劳动力，也促进了长江三角洲地区的发展，使其迎来了历史上的第一个发展高峰。

隋唐时期，大运河建成，再加上北方战乱，南方土地开发，致使全国农业经济中心逐渐南移，长江流域与珠江流域农田水利大量开发，经济地位逐渐凸显。至唐宋时期，长江流域已经取代黄河流域成为新的全国经济中心。"安史之乱"后的第二次北人南迁，进一步促进了江南地区的发展。长江三角洲地区以太湖、长江、大运河为圈层的轴线城市体系已经形成。长江沿线的南京，运河沿线的扬州、杭州，太湖周边的苏州成为地区发展的中心城市，引领了长江三角洲地区的发展。

表 2-1　唐天宝年间部分道郡户口数及每县平均户数[①]

道郡州别	县数	户数	每县平均户数
京兆府（西安）	20	362 921	18 146.05
余杭郡（杭州）	8	86 258	10 782.25
吴郡（苏州）	7	76 421	10 917.29
晋陵郡（常州）	5	102 633	20 526.60
丹阳郡	4	102 023	25 505.75
广陵郡（扬州）	7	77 105	11 015.00

① 梁方仲.中国历代户口、田地、田赋统计[M].北京:中华书局,2008.

两宋时期是长江三角洲地区快速发展的第二阶段，在战乱的影响下，北人的第三次南迁为长江三角洲地区带来了大量的劳动力及先进垦殖技术。"苏常熟，天下足"，当时的苏州区域成为全国重要的粮仓和物产富饶的地区。元代时棉花种植的推广进一步促进了纺织业的发展，苏州、南京和松江成为全国丝织业和棉纺织业的中心。元政府还在隋朝大运河的基础上，将运河主干线从东西走向改为南北走向，京杭大运河形成，促进了大运河沿线包括杭州、嘉兴路、平江路（苏州）、常州路、镇江路、扬州路、淮安路、徐州路等长江三角洲地区城镇的发展，形成了密集的城镇网络体系。

明清时期，"盛世江南"在这一时期迎来了空前的发展。明初，朱元璋定都应天府（今南京），应天府成为全国的政治中心。今天的江苏、上海、安徽（即长江三角洲地区）归中央政府直接管辖，称为直隶。后清朝改南直隶为江南省，并将江南省分为江苏省和安徽省，并设浙江省，城镇格局基本定型。河道的疏浚、水利的兴修，使长江三角洲地区的经济进入迅速发展阶段。粮食产量大幅增加，经济作物的种植面积扩大。丝绵纺织业和制盐业仍处于全国领先地位。依托富裕的经济腹地，科技、学术、文学和艺术等都取得了卓越的成就，形成了"水城市—水城镇—水乡村"的江南特色城市圈层体系，城镇商业和手工业都达到了空前繁荣。不少学者因此认为晚清民国时期是长三角经济发展的起源[1]，整体考察了江浙沪地区近代经济地理的格局[2]。

表 2-2 　明朝中叶以来苏州府市镇数量增长情况[3]

地区	1550 年以前	1551—1722 年	1723—1861 年
常熟县	24	43	46
吴县	18	21	26

---

[1] 吴松弟，方书生. 长三角经济区演变的过程和机制：1840—2000 年 [M] // 任远，等. 全球城市：区域的时代. 上海：复旦大学出版社，2009.

[2] 戴鞍钢. 中国近代经济地理：第 2 卷 [M]. 上海：华东师范大学出版社，2014：5-280.

[3] 樊树志. 江南市镇：传统的变革 [M]. 上海：复旦大学出版社，2005：260.

续表

地区	1550 年以前	1551—1722 年	1723—1861 年
吴江县	16	15	17
昆山县	7	14	19
太仓县	20	26	25
嘉定县	12	20	22
宝山县	5	9	12
合计	102	148	167

　　长江三角洲是近代列强在中国开辟贸易渠道和扩大贸易的重要地区,近代的通商开埠对长江三角洲地区产生了深远的影响。随着上海的开埠,外资和民族工业在上海获得了极大的发展。沪宁铁路、沪杭甬铁路、江南铁路等的修建构建了长江三角洲地区的铁路网络,在水路的基础上,进一步加强了城镇之间的联系和人口的流动。1852 年,上海人口只有 54.5 万人,到 1910 年达到 130 万人,1935 年更是达到 348 万人,成为当时中国最大的城市。以上海为中心,周边的南通、无锡、苏州、杭州等紧密联系的民族工业区逐步形成。上海的通商开埠,增强了上海与经济腹地之间的联系,城市的发展也由沿河发展到海洋区域。以上海为中心,形成了中国近代最有活力的经济发展区域。

三、当代长江三角洲地区的一体化发展

　　从历史中走来,长三角城市群经济一体化的发展进程在新中国成立后共经历了三个阶段,分别是上海经济区时期、浦东开发开放时期和经济全球化时期。

(一)长三角经济一体化的第一阶段:上海经济区时期

　　新中国成立后,在计划经济的安排下,上海和江浙地区之间形成了一种江

苏和浙江以发展农业为主、上海以发展工业为主的区域经济关系。但随着时间的推移,这种计划经济体制下垂直分工的一体化体系给长三角区域经济持续发展带来的负面影响不断显现。1978年改革开放以前,不仅浙江和江苏的工业化进程和人民收入增长较慢,而且受计划价格规定下的工农业产品的价格剪刀差的影响,两省从事农业的比较优势不断受到削弱,产出效益不断下降。1982年12月,国务院发出通知,决定成立上海经济区。上海经济区当时成立的时候仅包括上海市和江苏省的苏州、无锡、常州、南通以及浙江省的杭州、嘉兴、湖州、绍兴、宁波等十个城市,后来扩大到浙江、江苏和上海两省一市。安徽省于1984年、江西省于1985年、福建省于1987年也参加了进来。20世纪80到90年代兴起的上海和江浙地区间的以"横向联合""技术转移"为载体的产业转移,很大程度上得益于上海经济区的成立,为整个江苏省和浙江省,特别是苏南和浙北、浙东北地区的乡镇企业利用上海的资源提供了有利条件。

(二)长三角经济一体化的第二阶段:浦东开发开放时期

20世纪80年代末90年代初,上海提出了以浦东开发开放为突破口,形成浦东浦西联动以加速上海改革开放步伐的战略思路。这一思路得到中央决策层的肯定,进而引发了以浦东开发开放为契机的长三角区域经济一体化的第二次浪潮,长三角区域经济一体化也因此进入了一个新阶段。在上海浦东开发开放的影响下,长三角地区的改革开放和经济发展出现了新的气象,20世纪80年代长三角地区经济发展"群龙无首"的局面开始有所改观。由于获得了中央政府的优惠政策支持和鼓励,上海在"长三角"中的地位有了明显的改善,长三角区域经济一体化也因此进入了新的阶段。

为了促进城市间的一体化发展,在1992年,长三角就建立了以15个城市经济协作办主任联席会议的制度(包括上海、无锡、宁波、舟山、苏州、扬州、杭州、绍兴、南京、南通、常州、湖州、嘉兴、镇江、泰州)。这一联席会议制度的建立为长三角地区各地市的沟通和交流、协作与分工建立了桥梁。该联席会议到1996年共召开了5次。

1997 年,在经济协作办主任联席会议制度的基础上,本着平等协商的原则,长三角地区进一步成立了长三角城市经济协调会。长三角城市经济协调会的第一次会议在扬州召开,会议确定了将由杭州市牵头的旅游专题和由上海市牵头的商贸专题作为长江三角洲区域经济合作的突破口。会议审议并原则通过了《长江三角洲城市经济协调会章程》,配合会议召开,15 个城市共同编辑了《长江三角洲城市简介》。之后,长三角城市协调会每两年举行一次正式会议。

(三)长三角经济一体化的第三阶段:经济全球化时期

21 世纪来临之时,长三角区域经济一体化进入了又一个新阶段。这一阶段的主要标志是国际化和市场化进程的加速,国内外企业主导的要素跨区域流动的深化和广化,不断发展为由企业内的地域分工的展开为标志的地区间产业分工新格局。

中国加入 WTO 以后,国际制造业向中国沿海地区转移的趋势日渐明朗,而以上海为地标的长江三角洲在中国沿海发达地区中的地位,在这一波国际产业转移浪潮中超过了珠江三角洲,成为外商在中国投资的首选地区。而在外商眼中,作为投资对象的上海并不只是一个中国行政区划版图上的上海市,而是一个包括长江三角洲的大上海区域,是一个以上海为圆心,以基础设施的动态条件为可伸缩半径的广阔地域。在这样的背景下,地区联动也逐步加强。

2001 年,上海、江苏和浙江共同发起召开由常务副省(市)长参加的"沪苏浙经济合作与发展座谈会"。此座谈会以浙江、江苏、上海的顺序每年轮流主持召开一次。"座谈会"的常设机构为联络组和区域大交通体系、信息资源共享、区域旅游合作、生态环境保护、人力资源合作、区域规划、信用体系建设、推进自主创新、能源发展 9 个专题组。座谈会召集人为两省一市常务副省(市)长,联络组组长为两省一市政府副秘书长,具体牵头部门为两省一市发展和改革委员会。

2004 年,又在前期合作的基础上进一步启动了"沪苏浙三省市主要领导座谈会"制度。2008 年起,长三角政府层面实行决策层、协调层和执行层三级运作区域合作模式,确立了"主要领导座谈会明确任务方向、联席会议协调推进、联席会议办公室和重点专题组具体落实"的机制框架。长三角区域合作采取轮值制度,每年由一个省(市)作为轮值方。具体而言,决策层即"长三角地区主要领导座谈",沪苏浙皖三省一市省(市)委书记、省(市)长出席,三省一市常务副省(市)长、党委和政府秘书长、党委和政府研究室主任、发展和改革委员会主任和副主任列席。协调层即由沪苏浙皖三省一市常务副省(市)长参加的"长三角地区合作与发展联席会议"。执行层包括"联席会议办公室"和"重点合作专题组"。沪苏浙皖三省一市分别在发展和改革委员会(或合作交流办)设立了"联席会议办公室",分管副主任兼联席办主任。目前共设立了交通、能源、信息、科技、环保、信用、社保、金融、涉外服务、城市合作、产业、食品安全 12 个重点合作专题。

2016 年,《长江三角洲城市群发展规划》获批,这使长三角城市群的发展进入了新的战略机遇期。在此基础上,2018 年由上海、江苏、浙江和安徽三省一市联合组建的长三角区域合作办公室在上海正式挂牌成立。从四省市抽调的 15 名工作人员在一起开始协同办公。这是长三角一体化在行政治理方面又一突破式的进展。

习近平总书记在 2018 年的首届中国国际进口博览会上宣布,为了更好发挥上海等地区在对外开放中的重要作用,将支持长江三角洲区域一体化发展并上升为国家战略①,2019 年国务院印发《长江三角洲区域一体化发展规划纲要》。至此长江三角洲地区包括了沪、苏、浙、皖全域的 41 市,总面积达到 35.9 万平方千米,地区生产总值已经占到全国 GDP 的四分之一。长江三角洲地区的发展跨入了发展的新阶段,在这样的背景下,实现长三角城市群经济一体化是长三角城市群成为具有全球竞争力的世界级城市群的重要内容。

---

① 习近平出席首届中国国际进出口博览会开幕式并发表主旨演讲[EB/OL].(2018-11-5)[2020-12-30].新华网.

表 2-3　长三角城市群一体化的行政治理沿革

序号	时间	内容
1	1992	长三角 15 个城市经济协作办主任联席会议制度建立
2	1997	联席会议升格为长三角城市经济协调会
3	2001	沪苏浙三省市发起成立由常务副省(市)长参加的"沪苏浙经济合作与发展座谈会"制度
4	2004	沪苏浙三省市主要领导座谈会制度启动
5	2008	《国务院关于进一步推进长江三角洲地区改革开放和经济社会发展的指导意见》正式印发
6	2008	长三角政府层面实行决策层、协调层和执行层"三级运作"区域合作机制
7	2009	沪苏浙三省市吸纳安徽作为正式成员出席长三角地区主要领导座谈会、长三角地区合作与发展联席会议
8	2011	安徽省首次作为轮值方成功举办长三角地区主要领导座谈会、长三角地区合作与发展联席会议
9	2016	国务院批复《长江三角洲城市群发展规划》
10	2018	长三角区域合作办公室成立
11	2019	国务院印发《长江三角洲区域一体化发展规划纲要》

习近平总书记曾指出:"历史是现实的根源,任何一个国家的今天都来自昨天。只有了解一个国家从哪里来,才能弄懂这个国家今天怎么会是这样而不是那样,也才能搞清楚这个国家未来会往哪里去和不会往哪里去"①。同样,对于一个区域的发展,理解这个区域发展的历史根源对促进区域发展,解决区域发展的现实问题同样具有非常重要的意义和作用。目前的长三角地区面积已经

---

① 习近平.在布鲁日欧洲学院的演讲[EB/OL].(2014-4-1)[2020-12-30].新华网.

扩充到 35.9 万平方千米,地区生产总值已经占到全国 GDP 的四分之一,在这个历史关口,重新从历史的角度去审视长江三角洲地区的历史渊源和发展源头,对长三角一体化的发展具有重要的现实意义。而从前文有关长江三角洲地区的发展沿革的分析中可知,具有深厚历史沉淀的江南文化和通商开埠后带来的西方先进技术和经营理念的冲击,对理解当今长三角地区的共同发展历史、发展文化和发展背景具有重要的理论意义和实践价值。

第二节　江南文化与长三角地区发展

一般来说,直接的经济利益是影响长三角城市群发展的主要原因,但事实上,一切经济和社会发展的深层次矛盾都必然涉及文化领域,[①]而江南文化正是当前长三角地区发展的文化根基。[②]

中华文化从历史上看大体可分为南、北二元结构。其中北方以黄河文化为标志,南方则以长江文化为标志。而南方的长江文化又可大致分为三个组成部分,即巴蜀文化、荆楚文化和吴文化。其中吴文化是江南文化的前身,吴文化时期的长三角文化并非中华文化的正统,而是支流,在此区域并没有诞生出学术、艺术的代表流派和作品,当时的吴文化处于中国传统文化的边缘地带,影响力仅限于吴越地区。但历史上三次因为政治动荡而展开的"南迁"[③],为江南地区带来了大量的人口、技术、资源和思想,奠定了江南文化发展的根基。在原有吴越文化的基础上,融合了中原的儒家文化,同时吸纳了老庄和佛教的思想,"江南文化"开始生根发芽,并确立了其在中华文化发展中长达 700 余年的主流

---

① 刘士林. 江南文化的当代内涵及价值阐释[J]. 学术研究, 2010 (7) : 89-95.
② 王战. 江南崛起的文化密码[J]. 探索与争鸣, 2019, 352(2) : 11-12.
③ 第一次南迁:西晋末,晋元帝司马睿渡江,定都建康(今南京),建立东晋;第二次南迁:唐"安史之乱"后,中原士庶避乱南徙至金陵(今南京),建立南唐;第三次南迁:北宋末,宋高宗渡江,以临安(今杭州)为行都,建立南宋。

地位。[①]

  古代江南地区具有特色的发展模式和高度发达的经济文化,是长江三角洲地区能成为中国当代经济发展中心的重要原因,对当今长三角地区的发展产生了深刻的影响。

一、江南文化的定义

  按照学界的共识,狭义上的"江南"的区域概念(小"江南"),侧重自然地理及其经济上的"一体化",主要以今天的苏南、浙北为中心,指的是明清时期的苏州、松江、常州、镇江、应天(南京)、杭州、嘉兴、湖州八府及从苏州府辖区划出的太仓州。它们的位置皆处太湖流域。然而,在历史上,南宋之后的"江南"就已经不再是纯粹的自然地理概念,而成为一个宽泛的文化命名:凡与狭义的"江南"区域相接相邻并受其文化濡染与同化的地区,皆可归属于"江南"。所以,人们也常常把安徽东南部、江西东北部等视为"江南"的组成部分。从划分文化区域的标准看,因为在生产与生活方式、风俗习惯、价值观念、道德、审美等方面有更多的相同点,具有区别于其他地区的共同文化特质,当下的长三角城市群基本上属于江南文化区域。这个地区的城市之间不仅自古以来就经济联系紧密,更重要的是相互之间在文化上的认同感很强,具有共同的江南文化的属性与特征。

  从自然特性来看,江南文化是一种灵动的水文化。孔子曰:"智者乐水。"千年江南经济成就了江南文化。江南经济的繁荣是因为它独享了"四水"航运(长江、大运河、江南水网、海运)的经济性。江南的"四水"经济,为江南文化的发展提供了经济基础,并由此派生出不同于其他地域的文化价值观,如移民文化、和而不同的宗教文化、"信义仁智礼"的商业文化、运河文化以及"士商工农"的人生价值观。江南文化中,灵活善变、机智敏捷是水文化的充分体现。天然的湖

---

① 陈尧明,苏迅.长三角文化的累积与裂变:吴文化—江南文化—海派文化[J].江南论坛,2006(5):15-19.

光水色、优美的水乡环境,传递出江南人热爱自然的本性。同时,江南文化吸纳和继承、创新和发展人与自然和谐相处的生态智慧,为长三角地区的融合转型、发展创新提供了智力和动力。

二、江南文化的人文价值与长三角

自古以来,江南地区在大多数时间内都处于远离国家政治中心的位置。在历史发展过程中,江南地区在生产资料和生产关系上没有绝对优势。但由于自身工商文化的特殊要求,该地区社会发展的要求十分迫切。因此,它特别重视生产力中人的因素。如何充分发挥人民群众的积极性,是长三角最重要的问题。在江南文化的基础上,无论是创业兴办实业、艺术创作还是学术研究,长三角都十分关注人本身的创造力。因此,以人为本的人文精神在江南文化中得到充分彰显,主要包括以下几个方面:

(一)开放包容,敢为人先

江南的地域范围在历史上主要是指以长江下游、太湖流域一带为核心的"八府一州"。① 这里水网密布,环湖通江达海,交通便利。江南自古造船技术先进,京杭大运河的南北纵贯和漕运的充分发展,以及明代航海事业的大发展,大大开拓了江南人的视野和心胸。同时,江南文化也是兼收并蓄的,从泰伯奔吴到永嘉南渡,从运河漕运到赵宋南迁,饱经战乱的中华文明多次在江南深度融合、休养生息,孕育了江南人包容吸纳的精神特质。近代以来,江南人在"开眼看世界"的过程中,广泛学习和引进西方先进技术,开启了中国民族工商业的发展。改革开放后,上海以浦东开发开放为龙头,以海纳百川的宏阔胸襟,引进、消化、吸收国外先进技术与管理经验,直接带动了从江南腹地到长江三角洲,乃至整个长江流域的经济发展。

敢为人先的革新精神是江南文化的鲜明特征。江南人的敢为人先,是善于

---

① 刘士林.江南与江南文化的界定及当代形态[J].江苏社会科学,2009(5):228-233.

谋划在先,敢于革故鼎新。他们不仅苛求与众不同的创新思想,更是独具过人的胆识与魄力。江南人的敢为人先,是始终坚忍刚毅,志在引领潮流。他们不仅注重落地生根的实际行动,更是竭力打造可以领跑的优势与特色。从浦东的开发开放到乡镇企业的异军突起和苏南模式的成功,从"创业创新创优、争先领先率先"的"江苏精神"到"干在实处、走在前列、勇立潮头"的浙江精神,都是江南人敢为人先的典型例证。

(二)崇文重教,精益求精

江南自古就有崇文重教的浓郁风气,崇尚"诗礼传家""耕读传家"。早在公元 317 年,晋元帝在建康设立太学,唐肃宗在常州府设立江南最早的府学,北宋范仲淹在苏州府创办郡学。宋代以后,江南地域书院纷起,文风日盛。自从科举制度创立以来,江南诞生的科举状元几乎半分天下。近代江南地区民族工商业的发展,也推动了教育的繁荣。江南人不仅自发兴办各类新式学校,一些家境殷实的家族更是热衷于将子女送出国留学,这里出现了中国最早的一批留学生。留学归来的江南人很多都成为新中国的科技文化先驱。时至今日,江南地区依旧是全国科教高地和人才高地。

而江南文化从理性主义的"礼"到审美主义的"乐",使人文品性更为丰富。魏晋风度的"乐"和儒家的"乐"有所不同,其更加强调个体主义的生活方式以及超越人伦社会的精神体验。文化多元主义的"礼""乐"并重的人文传统有其更早的渊源,江南之地的富庶容易滋生享乐思想,歌舞升平、文恬武嬉是物质丰沛后的自然延续。长三角地区各省市对于江南文化都有相应的传承,有特性,又有共性。《江南通志》认为安徽偏向刚烈的一面,而江苏偏向文弱的一面,但是不管如何"富之""教之",两者都是并行不悖的。所谓富之,就是物质财富的创造;教之,主要是儒家的教化。虽然不可否认会有因为过度沉迷诗意美学而有"暖风熏得游人醉"之虞,但同样因为人文美学的引导,提升了江南制造的品质、品位。从古代江南高超的铸剑、造船等精工技艺,到远销海外的丝绸、刺绣,从近现代以精致著称的"上海制造",到当今的神威·太湖之光超级计算机、蛟龙号深海探测船、上海振华龙门吊等大国重器不断涌现，无不体现出江南人对技术的执着追求。江南文化孕育了源源不断的高层次人才和创新技术，这是江南经济社会持续快速发展的动因所在。

（三）尚德务实，义利并举

江南文化自古便有尚德务实的优良传统。吴王阖闾将"厚爱其民"作为执政之道，唐代名相陆贽也强调立国要"以民为本""均节赋税恤百姓"。从范仲淹的"先天下之忧而忧，后天下之乐而乐"，到顾炎武的"天下兴亡、匹夫有责"，到顾宪成的"家事国事天下事，事事关心"，无不体现出江南人以民为本的家国情怀。在近代中华民族面临生死存亡的时刻，一批有责任感的江南人苦苦思索，锐意进取。如以薛福成为代表的政商人士积极投身洋务运动，以张謇、无锡荣氏家族为代表的实业家致力于"实业救国""教育救国"。

江南文化在义与利的关系上更强调义利兼顾、先义后利。司马迁在《史记》中记载，范蠡在"三致千金"后，"分散与贫交疏昆弟"，为后世商人树立了义利兼顾、富而行义的榜样。江南近代工商业者，如徽商、苏商、湖州商帮、宁波商帮等具有的许多优秀精神品质，与范蠡的思想都有着渊源关系。比如，荣德生、荣宗敬兄弟及其后人，他们造桥铺路、捐款赈灾、兴办新学等。从前的私立江南大学即为荣家所建。2007年和2017年，荣德生之孙荣智健又先后两次向江南大学捐赠。

今天，要深入挖掘江南文化的新时代价值，就要充分发挥江南文化的引领作用，更好地回答和解决现实问题，为推动长三角一体化发展贡献更多的智慧。

三、江南的商业文化与长三角

长三角地区即历史上广义的江南地区，自古就是中国的经济中心，商业文化深入江南文化的血液和骨髓。从商父范蠡开始，江南地区在商业方面就表现出特有的天赋。这和江南地区特有的地理、历史、经济和政治传统密不可分。

首先,江南地区人地关系紧张,多以山地丘陵为主(安徽、浙江),缺乏发展耕作的有利条件,人们在从事农业的同时,不得不依靠工商业作为谋生手段。因此,有别于东北和华北广袤平原地区的农业社会,历史上江南地区的经济结构就是农、商并重的二元经济。

其次,从交通条件上来看,在主要依靠水运的历史时期,江南地区密集的水道为商业文化的孕育奠定了良好的基础,而长江和京杭大运河的繁荣更是从东西向和南北向奠定了江南地区商业文化的基石。此外,由于中国北方海岸线大多不便于停泊船只,我国的海上贸易主要集中在长江以南,因此也助推了江南地区的商业之风。

再次,江南一带丰富的物产为企业家文化的形成提供了土壤。苏商的丝、茶,浙商的"百工",徽商的文房四宝和漆器都享誉全国。有别于晋商的"盐引",粤商的特许经营(十三行),江南地区的产品多非垄断品,因此江南的商业文化从最初就显出非常明显的市场经济、自由竞争的特点,最贴近现代企业家文化的定义。

最后,历史上通商口岸的开埠又进一步强化了江南的创业文化。在近代开埠的50多个港口中,江南地区的港口虽只占8个,然而其规模却是最大的。特别是上海,在南京政府的黄金十年时期,上海的货物吞吐量持续占到全国货物吞吐总量的50%以上,诞生了一大批现代企业及企业家,对苏、浙、徽等江南腹地的经济发展具有明显的带动作用。

政治是地区发展的骨骼,经济是其血肉,而文化才是其灵魂。江南地区浓厚的商业氛围孕育了悠久的商业文化,并产生了中国五大商帮中的苏、浙、徽三大商帮,形成了中国近代最具现代商业文化的商人群体——沪商。全国没有任何一个地区像长三角一样,表现出如此强烈的商业文化。这种共同的商业文化基础正是长三角地区发展的助推器。

(一)苏商——绅儒办厂、实业兴国

历史上的苏商大都亦儒亦商,这是苏商有别于其他商帮的重要标志。代表性人物是史无前例"状元办厂"的张謇,习近平总书记曾称其是中国民营企业家的先贤和楷模①。苏商这种士绅的身份,也使苏商和政治之间有着千丝万缕的联系。有名的苏商如张謇、盛宣怀等都曾被政府授予过官衔。改革开放以后,闻名全国的江苏集体所有制性质的乡镇企业也可以理解为现代官商合作的产物。此外,苏商诞生于中国最富庶的太湖流域。丰饶的物产为苏商从事商业活动提供了良好条件,形成了苏商"实业为主、商贸为副",侧重发展工业的特性。江苏被誉为中国近代工业的发祥地,1895—1913 年江苏先后创办了 200 多家工商企业,资本总额约占全国新办民族企业的 50%。此外,苏商本土情结也较重,多表现出踏实稳重、树立品牌、稳扎稳打的经营风格。

苏商文化精神有着传承传统的历史延续性,充分体现了世纪之交在东方古老传统与西方现代工业文明对接、碰撞中融合中西文化的苏商情怀,体现了新时期苏商高起点传承,更加稳健务实,更加敢为人先,更加创新包容,更加尚德诚信的新品质。苏商精神中既恪守儒家思想,吸纳各大商帮的文化精华,崇文重教,儒雅温润,尚德诚信,又开放包容接纳西方市场经济观念,主动接轨近、现代工业文明,开放开拓,创新包容;苏商既重商追本逐利,血脉偾张,又重义回报社会,侠胆义肠;既有开拓创新的意志品格,又有开放包容的文化胸襟;既有务实重工的价值理念,又有尚德诚信的处世哲学;既有前瞻开放的战略眼光,又有精明善变的经营谋略。②

苏商文化精神伴随着苏商的发展、伴随着社会经济文化的发展而发展,苏商文化精神通过苏商在现实中的创造性发展而强烈辐射、渗透、扩张和融合,发挥积极能动作用,推动促进苏商及社会经济文化的发展,具有强大的生命力。

(二)浙商——民本经济、行贾四方

发达的民营经济是浙商最大的特点。追本溯源,是浙江悠久的商业历史以及"百工之乡"的肥沃土壤孕育出的"民本"思想。与苏商不同,浙商多来自底

---

① 习近平赞扬张謇:民营企业家的先贤和楷模[EB/OL].新华社,2020-11-13.
② 吴跃农.论苏商文化精神[J].江苏省社会主义学院学报,2013(3):57-61.

层农民,义乌的"鸡毛换糖",温州的"永嘉弹棉郎,挑担走四方"都是早期浙商的真实写照。这种民本经济也造就了浙商"抱团取暖"和涉及行业广泛的特点。其中,依靠地缘、血缘和宗族形成的浙商商会体系是中国最发达的商业网络之一,遍布全国甚至全球;而海宁皮革之乡、乐清低压电器之都等称号也从另一个侧面反映出浙商从事"百业"的特点,"只要能挣钱,哪怕有微薄的利润,浙江人也会干"。此外,长期与大海搏击的经验让浙江人养成了开拓进取的风格,使浙商具有强烈的冒险精神,这一方面体现在浙商左右逢源的经营风格上,另一方面则体现在其地域分布方面。浙商多为"行商",足迹遍及全国甚至全球,"只要有鸟飞的地方,就有浙江人经商",这是浙商经营风格的生动写照。

浙商在历史上曾经以"合"字见长,以"合"字成功,亦以"合"字扬名。在市场经济深入发展的进程中,奥康集团创造的中外合作的"第三类模式",温州商人的五湖四海式的全球性开拓,以及由王振滔、陈孝祥、南存辉、鲁冠球、陈爱莲、李书福等一大批商界精英们创办的奥康、夏梦、正泰、万向、万丰、吉利等业界巨头,几乎所有的指标都可以证明浙商乃当今中国第一之创富集团。浙商今天的天下闻名,不仅在于其是中国第一创富集团,也不仅是因为其全球性的事业发展,而且更在于其在市场经济新形势下向世人宣扬的一种基于传统"合"之美誉之上的"活"——灵活、活跃、活力,"敢"——敢作敢为、敢闯敢干,以及对"合"的新诠释——合作、联合、整合、合力、和合。

(三)徽商——贾而好儒、仕商结合

徽商文化的形成与徽州地域环境有着密切的联系。徽商文化以"贾而好儒"的本质特色,敬业进取的"徽骆驼"精神,诚实守信、以义取利的贾道以及形成"新四民观"的创新理念为其特点。[1]

徽州地区重峦叠嶂、山川险峻,自东汉初期开始,为了躲避战乱不断迁入的北方世族促使徽州人口迅速膨胀,人多地少的压力造就了徽州重商的传统。同

---

① 黄国信,黄启臣,黄海妍.富甲一方的徽商[M].杭州:浙江人民出版社,1997:11.

时,北方世族的迁入也为徽商带来了儒家文化的影响,徽商多"贾而好儒",这种影响主要体现在三个方面:一是重视教育,徽商有捐资助学、创办书院的传统,历代靠科举步入仕途的徽州宗族子弟更是不乏其人。二是徽商表现出强烈的宗族观念,与主要建立在地缘关系上的浙商不同,"徽商多以父带子、兄带弟、叔带侄的形式外出经商",带有家族化的特点。三是仕商结合的特点。盐业是徽商涉及最主要的产业。由于盐业长期控制在政府手中,因此徽商的发展夹杂着强烈的政商利益交换的过程。但徽商这种宗族体制影响了外姓人才的集聚和思想的交汇,而与官府的利益交换弱化了徽商竞争的意识,逐步导致了徽商近代以来的衰落。四是徽商显示出审时度势、出奇制胜的竞争精神。根据《富甲一方的徽商》记载,徽商善于从历史上汲取经验,尤其是注意学习那些著名商人的思想、谋略、经验。例如,《史记·货殖列传》几乎被徽商奉为经典,成为必读的教科书。在中国传统文化的熏陶下,徽商形成了审时度势、出奇制胜的竞争精神,显示了他们卓越的谋略和艺术。

(四)沪商——海纳百川、现代商业

上海是一座典型的移民城市,与具有鲜明地域特征的苏、浙、徽商业文化相比,沪商是各地商人多元文化融合杂交的产物,表现出"海纳百川"的特质。

此外,沪商与其他三个形成于封建制度下、小农经济中的商业文化不同,沪商文化形成于近代工商业发展过程中,并不断受到西方商业文化的熏陶而发展壮大,因此表现出较强的现代商业文化的特质。这一方面体现在对待商业的态度上,沪商文化完全打破了中国历史上长期形成的"士农工商"的传统定位序列和"重农抑商"的传统观念,在"论人数以商界为至众,论势力以商业为最优"的情况下,沪商的社会地位及其影响更加突出。另一方面则表现在其对商业关系的处理态度上。传统的商帮在商业关系的处理上具有强烈的宗族式、人情化特点。而受到西方商业文化的影响,沪商主要采用合同契约模式对商业关系进行约束,"契约精神""在商言商"是沪商精神的最好诠释。最后,近代上海是一个竞争十分激烈的商业社会,沪商面临的不仅是同业华商之间的竞争,更为激烈

的是与洋商的角逐,因此尊重并崇尚竞争也是沪商文化的一大特点。

事实上,当长三角区域一体化发展上升为国家战略时,就需要一种概念来统领长三角一体化进程,这时,源远流长的江南文化便成了最好的选择。如何提取江南文化的商业价值发展发扬,使之成为拉动长三角高质量一体化发展的重要引擎,是当下的迫切命题。

第三节　通商开埠、近代工业化与长三角

一、通商开埠与长三角

(一)长三角地区历史港口的设立

港口的开埠是近代中国最有影响力的历史事件之一,1840 年鸦片战争之前,中国是一个农业社会,只有家庭作坊的商业形式。由此,港口的开埠引入了中国第一代现代公司和工厂,提供了观察最初创业活动的机会,为这个相对封闭和自给自足的区域引入了工业化的种子。

根据中国第二历史档案馆和中国海关总署整理、京华出版社出版的《中国旧海关史料》记载,在近代开埠的 50 多个港口中,江南地区的港口虽只占 9 个,然而规模却是最大的,分别是上海、南京、镇江、杭州、宁波、温州与芜湖,诞生了一大批现代企业及企业家,对苏、浙、徽等江南腹地的经济发展具有明显的带动作用。

在长达百年的历史中,长三角尽管经历了几次严重的外部冲击,近代港口的所在城市仍然表现出较高的创业水平,即近代港口开埠会对现代创业活动产生长期影响。这一开放性历史事件也是江南企业家文化与创业文化的起源之一。不仅如此,通过港口建立的国内外关系极大地刺激了长三角区域贸易和外国直接投资,为现代长三角经济一体化建设提供了良好的历史根源和发展基础。

（二）通商开埠对长三角地区的影响

1.商业繁荣

近代港口的开埠对开埠城市的影响可以持续上百年，是维持开埠城市及周边地区商业繁荣的重要因素。根据《中国旧海关史料》相关数据整理，1937 年间，长三角开埠城市在港口船舶吞吐量、港口贸易净值与港口税收总值方面，分别占全国42%、30%与41%，远高于全国其他城市。

在南京政府的黄金十年时期，除了苏州、温州，其他长三角城市的港口船舶吞吐量均高于全国平均水平，特别是上海，港口船舶吞吐量接近全国平均水平的 50 倍；在港口贸易净值与税收总值方面，除了南通、温州，其他长三角港口城市也远高于全国平均水平，上海港口贸易净值与税收总值超过全国平均水平的 60 倍与 100 倍，为该地区的发展带来了强有力的经济支撑。[①]

表 2-4 1877—1937 年长三角地区港口城市情况（单位：海关两）[②]

地区	港口船舶吞吐量	港口贸易净值	港口税收总值
上海市	12 131 665.73	315 866 899.85	23 951 117.81
南京市	5 312 254.70	19 973 614.66	629 976.15
苏州市	233 091.05	9 723 381.84	434 742.06
南通市	594 736.60	2 784 449.23	71 863.96
镇江市	4 534 186.43	20 129 935.05	1 000 055.56
杭州市	340 036.67	16 530 884.29	644 743.13
宁波市	1 378 656.47	21 908 073.95	813 157.54
温州市	177 094.12	3 305 493.96	86 140.13
芜湖市	4 823 733.27	19 528 991.05	730 478.13
全国平均水平	243 556.21	4 887 410.76	237 445.58

① 根据《中国旧海关史料》中相关数据计算获得。
② 中国第二历史档案馆，中国海关总署.中国旧海关史料[M].北京：京华出版社，2001.

2.企业文化

在中国儒家文化的影响下,企业家被赋予了较低的社会地位。例如判断一个企业家是否成功的标准是他的后代不再是企业家。但随着长三角港口的开放,外国人在港口城市建立了许多工厂和公司,这刺激了新一代企业家的出现。买办通过担任外国组织的代理人,成为中国第一代掌握如何使用现代方法开展业务的群体。大多数买办也逐渐开始自己做生意,从而在中国形成了第一代现代公司。与旧中国的作坊相比,新公司通常规模更大、产权更清晰,从而为买办创造了可观的财富。成功的当地企业家在历史港口城市中充当榜样,使其他人模仿自己的成就并将创业视为可行的职业选择,在长达百年的历史中,长三角尽管经历了几次严重的外部冲击,近代港口的所在城市仍然表现出较高的创业水平,即近代港口开埠会对现代创业活动产生长期影响。这一开放性历史事件也是江南企业家文化与创业文化的起源之一,随着时间的推移,创造性活动集中在长三角区域,形成创业性环境,极大地推动了长三角地区的近代工业化建设。

3.人力资本

除企业文化外,近代港口开埠对长三角带来的另一项重大变化是人力资本,即近代港口可以对现代商业活动产生长期影响的另一种机制。第一,港口城市可以获得开办企业和创业相关方面的先进技术和知识。最重要的是近代港口开埠引入了现代教育体系,这对人力资本的发展产生了深远的影响。第二,近代港口开埠通过吸引越来越多的受过教育的国内移民来到港口城市,从而促进了当地的人力资本发展。有研究表明,特定的产业结构和有利的政府政策会影响特定人群的居住或移民到某个城市。因此,在港口城市建立的现代公司和工厂同样可以影响越来越多的受过教育的人们在这些城市中寻找创业机会。因此,近代港口的开埠通过建立现代教育体系和吸引技术人才来提高当地的人力资本,并长期影响商业活动。

1901—1920 年,长三角初、高级小学学生总数达 26 288 人,其中南京、苏州、宁波等港口城市学生人数超过 2 000 人。开埠引进的学校注重科学技术的学习，为长三角地区孕育了一大批适合工业社会的新一代人才。

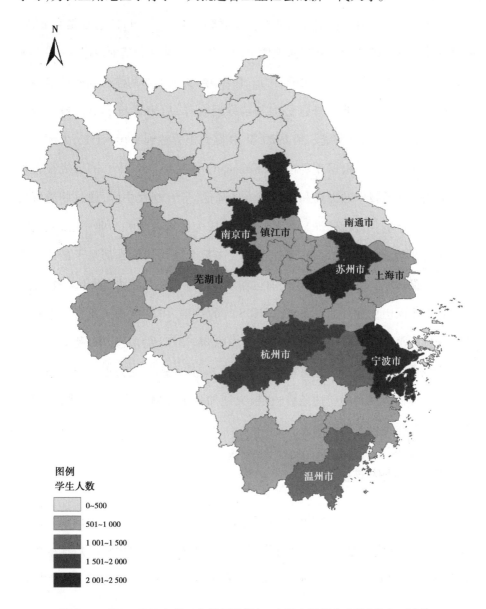

图 2-1 1901—1920 年长三角地区近代初、高级小学学生人数（单位：人）①

① 中华续行委办会调查特委会.1901—1920 年中国基督教调查资料［M］.北京：中国社会科学出版社，
2007.

4.交通

近代港口开埠对现代商业活动产生持续影响的另一个可能途径是交通,特别是铁路。铁路被认为是外国向现代中国引入的最重要的基础设施,一些大国为在中国修建铁路付出了巨大的努力。1876 年,英国的怡和洋行集团在中国建造了第一条铁路线。此后外国势力与清政府合作,后来又与中华民国政府合作,在中国建立了铁路系统。到 1920 年,铁路总里程达到 9 100 千米,大部分铁路都经过历史港口。根据克鲁格曼(Krugman)的观点,区域中心的形成很大程度上取决于交通技术的提高和交通成本的降低。[①] 在现代中国,通过刺激贸易和整合国内市场,沿铁路线的港口城市很快成为区域贸易和商业中心,从而吸引更多商业活动。由于中国后来建造的大多数交通运输设施都基于最初建造的铁路,近代开埠港口通过现代交通运输系统对现代商业活动产生长期影响。

根据中国历史地理信息系统(CHGIS)[②]的数据,1927 年长三角各城市距离铁路最近的平均距离仅 40 671.34 米,其中徐州、镇江、绍兴、金华、芜湖等港口或沿线城市距离铁路最近距离均小于 1 000 米,铁路的开通为近代长三角地区商业活动提供了便利的交通条件,也极大地加强了各城市的商业联系,为现代长三角一体化提供了历史渊源。

二、近代工业化与长三角

翻开中国企业的发展简史,不难发现江浙一带在近代就已表现出较为活跃的创业活动,近代工业化走在全国前列。在这种环境下,现代长三角地区更有可能引入新的和年轻的企业进行产品创新。同时,从微观层面来看,大量中国

---

① Paul Krugman. Increasing Returns and Economic Geography[J]. NBER Working Papers, 1990, 99(3): 483-499.
② 中国历史地理信息系统(CHGIS).复旦大学历史地理研究中心,2003-6.

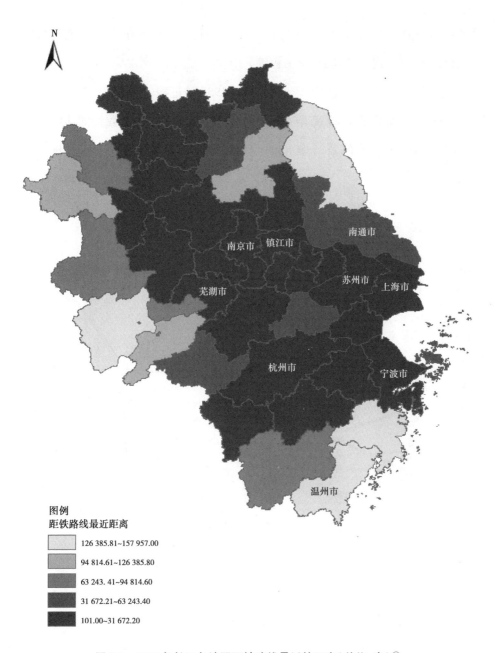

图 2-2　1937 年长三角地区距铁路线最近的距离(单位:米)①

著名企业家都来自这些区域,从近代的张謇、胡西园,到改革开放初期的鲁冠球、宗庆后,再到现在的马云、李书福等。

《民族资本主义与旧中国政府(1840—1937)》记载,1895—1927年长三角地区的新建企业数量从89家增加到595家,占全国新建企业数量的40%。长三角41个地级市中,有21个城市创业率高于5%,近代工业化处于全国领先水平。

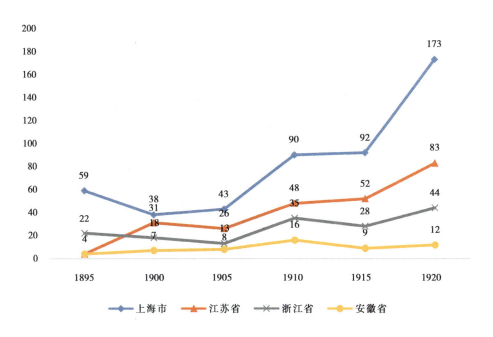

图2-3　1895—1927年长三角地区新建企业数量(单位:家)①

① 杜恂诚.民族资本主义与旧中国政府(1840—1937)[M].上海:上海社会科学院出版社,1991:285-528.

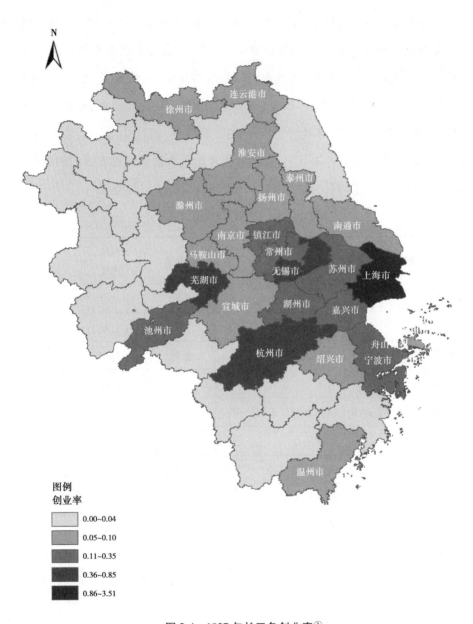

图 2-4 1927 年长三角创业率①

① 杜恂诚.民族资本主义与旧中国政府（1840—1937）［M］.上海：上海社会科学院出版社，1991：285-528.

　　具体来看,1840—1937年上海新设企业数量与涵盖行业均为长三角之最,注册资本高达24 438万元。共新创企业800余家,超过苏浙皖新设企业总和,涉及行业广泛,包括纺纱业、染治业、丝织业、缫丝业、面粉业、机器工业、橡胶业、制革业、碾米业、造纸业、印刷业、卷烟业、榨油业、砖瓦制造业、制搪瓷器皿、烛皂业、制药业、制材业、水电业、杂项工业、航运业、银行业、保险、信托、储蓄会、证券交易、投资各业。由此可见,从近代开始上海就具备较浓厚的创新创业氛围,通过榜样效应为其他长三角城市经济建设提供了实践经验。

表 2-5　近代上海新设企业情况①

行业名称	成立年代	名称	所在地	现所在地	资本/千元
纺纱业	1890	上海机器织布局	上海	上海	1 427
纺纱业	1916	鸿裕	上海	上海	900
纺纱业	1921	恒大	上海	上海	600
纺纱业	1923	大丰	上海	上海	1 000
染织业	1918	恒兴染织厂无限公司	上海	上海	10
丝织业	1920	中华工业厂	上海	上海	440
丝织业	1927	天衣丝织厂	上海	上海	27
其他纺织业	1917	晋和织线无限公司	松江	上海	10
服用品	1896	云章袜衫厂	上海	上海	42
缫丝业	1882	公和永	上海	上海	426
缫丝业	1890	裕慎	上海	上海	280
缫丝业	1899	允余	上海	上海	199
缫丝业	1899	赓记	上海	上海	101

---

① 杜恂诚.民族资本主义与旧中国政府(1840—1937)[M].上海:上海社会科学院出版社,1991:285-528.

续表

行业名称	成立年代	名称	所在地	现所在地	资本/千元
缫丝业	1908	鸿兴	江苏宝山	上海	30
缫丝业	1909	镇锠泰	上海	上海	141
缫丝业	1918	瑞丰	上海	上海	141
面粉业	1898	阜丰面粉公司	上海	上海	350
面粉业	1907	立大面粉厂	上海	上海	280
面粉业	1909	申大面粉厂	上海	上海	210
碾米业	1898	源昌碾米厂	上海	上海	400
造纸业	1882	上海机器造纸局	上海	上海	154
造纸业	1922	大中造纸公司	浙江同枫泾	上海	400
印刷业	1881	上海同文书局印刷厂	上海	上海	15
印刷业	1909	协顺印刷所	上海	上海	10
印刷业	1919	太平洋印刷公司	上海	上海	30
卷烟业	1919	中国振华卷烟公司	上海	上海	10
榨油业	1899	同昌榨油厂	上海	上海	130
机器工业	1914	招商局内河机器厂	上海	上海	53
机器工业	1923	中华电气制作所	上海	上海	1 479
机器工业	1927	新中工程公司	上海	上海	50
橡胶业	1922	启明橡胶厂	上海	上海	10
制革业	1883	中国制造熟皮公司	上海	上海	70
制革业	1925	信孚机器制革厂	上海	上海	10
砖瓦制造业	1920	轮兴砖窑	上海	上海	30
制搪瓷器皿	1918	益泰信记厂	上海	上海	10

续表

行业名称	成立年代	名称	所在地	现所在地	资本/千元
制搪瓷器皿	1923	真丰搪瓷公司	上海	上海	100
烛皂业	1901	详盛肥皂厂	上海	上海	140
制药业	1888	中西大药房	上海	上海	50
制药业	1916	爱华制药社	上海	上海	160
制药业	1926	好来药物公司	上海	上海	10
制材业	1927	中国造木股份有限公司	上海	上海	56
水电业	1907	上海内地电灯公司	上海	上海	100
水电业	1918	闵行振市电灯厂	江苏闵行	上海	30
杂项工业	1922	上海利民草帘工厂	上海	上海	15
航运业	1901	华胜轮船公司	上海	上海	21
航运业	1903	锦章号	上海	上海	60
航运业	1912	邵查理	上海	上海	800
航运业	1913	三北轮埠公司	上海	上海	200
航运业	1919	达兴商轮公司	上海	上海	247
航运业	1924	大通仁记航业公司	上海	上海	400
银行业	1921	惠工银行	上海	上海	125
银行业	1926	意诚银行	上海	上海	5 000
保险、信托、储蓄会、证券交易、投资各业	1875	济和保险公司	上海	上海	280
保险、信托、储蓄会、证券交易、投资各业	1876	仁和保险公司	上海	上海	280

续表

行业名称	成立年代	名称	所在地	现所在地	资本/千元
保险、信托、储蓄会、证券交易、投资各业	1912	上海康年保寿	上海	上海	1 499
保险、信托、储蓄会、证券交易、投资各业	1926	安平水火保险公司	上海	上海	500

注:由于新建企业过多,表中仅选取部分行业代表性企业。

苏浙皖方面,1840—1937 年江苏新设企业 360 余家,浙江 160 余家,安徽 70 余家,涉及轻、重工业大部分行业,虽低于上海,但依旧处于全国前列。新企业设立过程中形成的商业资源、创业文化不仅极大地推动了长三角近代工业化水平的提升,而且各城市间频繁的贸易往来,也为现代长三角的一体化建设奠定了扎实的基础。

表 2-6　近代江苏新设企业情况①

行业名称	成立年代	名称	所在地	现所在地	资本/千元
缫丝业	1920	永吉	无锡	无锡	67
面粉业	1913	惠元面粉厂	无锡	无锡	150
榨油业	1926	三和	无锡	无锡	30
银行业	1922	嘉定商业银行	江苏嘉定	无锡	100
印刷业	1927	国民党中央党部印刷所	南京	南京	160

① 杜恂诚.民族资本主义与旧中国政府(1840—1937)[M].上海:上海社会科学院出版社,1991:285-528.

续表

行业名称	成立年代	名称	所在地	现所在地	资本/千元
染织业	1913	江苏省立第七工厂	铜山	徐州	80
制蛋业	1917	宏裕昌制蛋无限公司	江苏铜山	徐州	112
燃料等采掘业	1882	利国驿煤矿	徐州铜山	徐州	210
烛皂业	1903	宝升皂烛厂	武进	常州	10
水电业	1913	武进振生电灯公司	江苏常州	常州	100
缫丝业	1896	苏经	苏州	苏州	198
水电业	1922	苏州电灯公司	苏州	苏州	50
银行业	1920	江苏储蓄银行	苏州	苏州	125
银行业	1921	江苏典业银行	苏州	苏州	500
保险、信托、储蓄会、证券交易、投资各业	1921	交易所（名不详）	苏州	苏州	600
纺纱业	1899	大生	南通	南通	699
面粉业	1916	大兴面粉厂	南通	南通	20
涂料、染料、油墨等	1907	广源制靛厂	如皋	南通	10
面粉业	1905	海丰面粉厂	江南海州	连云港	280
精盐业	1919	乐群	江苏江都	扬州	300
水电业	1924	大新电灯电气公司	江苏仪征	扬州	40
丝织业	1918	光华织绸厂	镇江	镇江	42
缫丝业	1917	富成	镇江	镇江	122
水电业	1921	兴兴电气公司	江苏兴化	泰州	50

注：由于新建企业过多，表中仅选取部分行业代表性企业。

表 2-7 近代浙江新设企业情况①

行业名称	成立年代	名称	所在地	现所在地	注册资本/千元
丝织业	1925	锦云成绸庄	杭州	杭州	60
服用品	1920	浙江爱华制衣股份有限公司	杭州	杭州	10
缫丝业	1895	光裕	浙江秀水	杭州	281
化妆品及其他化学工业	1903	杭州官脑局	杭州	杭州	50
水电业	1923	乾元电气无限公司	浙江萧山	杭州	24
水电业	1925	耀华电灯公司	浙江象山南山	宁波	24
水电业	1926	南湜电气公司	浙江瑞安	温州	40
水电业	1920	海盐电灯公司	浙江海盐南堂里	嘉兴	24
水电业	1927	沈荡电气公司	浙江海盐沈荡镇	嘉兴	10
丝织业	1925	丽华绸厂	湖州	湖州	20
缫丝业	1924	火利	浙江德清	湖州	141
航运业	1922	越济轮船公司	绍兴	绍兴	20

注：由于新建企业过多，表中仅选取部分行业代表性企业。

---

① 杜恂诚.民族资本主义与旧中国政府（1840—1937）[M].上海：上海社会科学院出版社，1991：285-528.

表 2-8 近代安徽新设企业情况①

行业名称	成立年代	名称	所在地	现所在地	资本/千元
碾米业	1917	同丰碾米公司	芜湖	芜湖	56
烛皂业	1913	大通肥皂厂	芜湖	芜湖	20
金属采掘及冶炼	1918	宝兴铁矿公司	当涂	马鞍山	84
水电业	1924	沚净电灯公司	宣城湾沚	宣城	20
燃料等采掘业	1923	宣城水东煤矿公司	宣城东南	宣城	800

注:由于新建企业过多,表中仅选取部分行业代表性企业。

第四节 长三角一体化发展的历史基因与现代启示

一、在现代化框架下重新认识长三角一体化的历史基因

改革开放之后的四十年,中国取得了举世瞩目的成就,但同时也面临着社会重建与利益博弈、经济繁荣与贫富悬殊的重重发展矛盾。如果仅关注这四十年的发展历史,很难对中国当今发展进程中所取得的成绩和面临的问题进行全面的理解和深层次的剖析。

长江三角洲已经成为中国最大的、最具有国际影响力的城市群,对长三角一体化发展而言,其发展并不是无源之水、无本之木,寻找支撑其一体化发展的内在发展理念和发展逻辑,对于促进长三角地区的发展具有重要的意义。从前文的分析已经可以看出,江南地区丰厚的发展历史,鱼米之乡、丘陵地貌和密集

① 杜恂诚.民族资本主义与旧中国政府(1840—1937)[M].上海:上海社会科学院出版社,1991:285-528.

的水网共同形成了长三角城市群发展的地理共同体,而在历史上江南东道的共同监察区进一步形成了长三角城市群历史上的治理共同体,更重要的是,长江、运河以及海运将江南地区紧密地联系成为一个整体,形成了以上海为中心,周边省份重点城市为腹地的一体化发展路径,形成了长三角城市群历史上的经济共同体;在此基础上,吴越文化的历史沉淀,西晋衣冠南渡带来的儒家思想,江南文化的形成,通商开埠带来的西学东渐,形成了长三角城市群不同于中国其他地区的文化理念,构成了长三角城市群发展的文化共同体。

历史的地理共同体、治理共同体、经济共同体和文化共同体共同构成了当今长三角一体化发展的基础,为长三角地区经济一体化发展提供了绝佳的发展机会,也是长三角城市群得以快速发展的动因所在。

二、使商业文化成为长三角现代经济发展的助推器

发达国家的研究表明,地区的商业活动在百年历史中常常表现出非常强烈的延续性,即使是战争和地区分裂等外部冲击也不能改变这种趋势,研究将这种商业活动的地区持续性归结于地区商业文化的影响。

从前面的分析可以看出,由于地理和历史原因的影响,长三角地区具有悠久的商业文化传统。长三角地区当前经济活动的繁荣,其基因或许早已蕴藏于其长久以来的地区商业文化之中。在未来发展过程中,认清长三角商业文化的基因,并在结合当前发展环境的基础上将其发扬光大,是长三角地区可持续发展的助推器。具体可以包含几方面内容:

(一)重视市场竞争和中小企业的培育

长三角地区非垄断性的商品市场竞争成为长三角商业文化的精髓,而开埠后西方商业文化的影响和现代商业秩序的建立进一步强化了长三角地区自由竞争的商业文化。竞争是市场经济的基石,历史实践证明,公平的市场竞争环境才能促进地区创新,激发出地区发展的活力,在此基础上发展出来的数量众

多的中小企业才是地区韧性重要组成和地区商业文化繁荣的主要力量。因此，营造长三角地区良好的营商环境，保持长三角地区市场竞争的优良传统，重视中小企业的培育和发展是长三角地区经济发展的助推器之一。

（二）始终坚持工商并重的发展理念

江南地区的商业文化始终坚持"工"与"商"的并重发展。江南文化独有的审美传统，以及文人和匠人的精致工艺，提升了江南制造的品质与品位，再经江南丰沛的水系和行商四方商人的广泛传播，成就了独树一帜的历史江南商品经济模式。在新的发展环境下，继承并发扬江南特有的"工匠精神""精致审美"，实现从中国制造—中国智造—中国美造的不断升级，借助新环境下发达的电子商务环境和网络，使新时代的"江南制造"成为长三角地区经济发展的助推器之二。

（三）注重人力资本的积累和商业文化的传承

江南地区历史上就人才辈出。苏商、徽商和浙商都有重视教育的传统，沪商融贯中西的教育理念更是培育了中国第一批适应现代工业社会的人才。在当前经济发展中，人才是现代社会竞争与发展的重要生产力，人的因素在各种商业文化的传播和传承中扮演着至关重要的角色，而长三角地区优秀的人才资源将成为长三角地区经济发展的助推器之三。

（四）认清历史局限，形成现代长三角商业新文化

历史上维系江南区域经济和社会发展的传统机制已经老化。随着经济活动的发展、城市化水平的提升和流动人口的本地化融合，当今的长三角地区已经成为一个比以往任何时代联系都更加紧密的经济共同体。在这样的背景下，过去狭隘的以地域、宗族、血缘为传承基础的商业文化已经不再适应于现代社会的发展需求。这就需要进一步建立更现代化和专业化的企业家培育体系；依靠科技创新、金融支持为企业家提供更多的发展机会；通过改善区域营商环境，构建多层次的区域合作体系为企业家提供更好的发展环境；通过宣传和引导提

高长三角地区商业软实力，为长三角成为世界级城市群注入活力，形成适应新形势发展的"长三角商业新文化"。

三、创办异地商会，打造新时代的"长三角商人"

从微观视角来看，长三角的商人始终在长三角地区的发展、文化形成和传承方面扮演着非常重要的角色。事实上，在当前长三角一体化的过程中，微观企业的投资是促进地区一体化发展的重要机制。而这种一体化的机制在长三角地区的历史上就一直存在。在现代的发展背景下，如何通过企业家构建一体化发展的联系网络，是促进地区一体化发展的重要议题。在这一方面，历史上的江南地区盛行的商会从微观视角为长三角地区的一体化发展提供了重要支撑。中国商人自古就有根据地缘关系构建社会身份形成商人组织的传统，而长三角地区的"商会文化"更是历史悠久。中国第一个现代商会——上海商业会议公所于1902年2月在上海正式成立。1986年，第一家省级商会——上海浙江商会也成立于上海。2003年民政部出台了《关于异地商会登记有关问题的意见》后，异地商会拥有了合法性，其发展更如雨后春笋一般。根据中华全国工商业联合会的统计，截至2016年底异地商会数量已经达到6 388个，占全国商会总数的14.4%。根据上海市民政局的统计，截至2020年7月，在上海社会组织系统进行注册的异地商会达到161家，其中省（直辖市）级异地商会25个，地级市层面异地商会130家。在长三角的40个城市中，有31个城市在上海建立了异地商会，占比77.5%。2020年9月，上海市进一步推出了《关于开展长三角地区县级异地商会试点登记的通知》，更多区县级异地商会的加入将为进一步推进地区经济合作做出贡献。

目前的商会主要在以下方面做出重要贡献：招商，搭建区域合作平台，鼓励外地企业进行投资创业；安商，发挥经济服务作用，解决在异地经营企业发展瓶颈；亲商，拓宽企业和政府沟通渠道，提升异地经营企业的合法性和归属感。

为充分发挥异地商会在新时代长三角一体化进程中的"长三角商人"角色，

可以采取以下措施:建立健全政府与异地商会沟通的长效机制,充分发挥异地商会的桥梁纽带作用;支持异地商会拓展服务功能,促进异地企业更好发展;增强异地商会的政治合法性,促进异地企业家参政议政。以长三角各地的企业家为主体,以共有的商业文化为依托,以当今的异地商会发展为桥梁,将有力地促进长三角地区一体化发展。

3

关键：长三角产业一体化发展研究

经济全球化的步伐日益加快,区域性模式的特征也越来越明显,区域经济一体化成为提升各地区经济效益的主要方式之一,在国际竞争渐趋激烈的背景之下,许多国家积极参与多个区域组织,国家内部许多地区也开始加入地区间的一体化组织,以提升地区或国家的竞争力。最初,经济一体化主要发生在国与国之间,但随着区域性组织的合作不断增多,当今对一体化的研究也逐渐着眼于国内的各种区域范围。目前,我国已形成三大经济圈,分别是长江三角洲经济圈、珠江三角洲经济圈以及京津冀经济圈,截至2019年,仅长三角地区为中国创造的产值占比就已达20.2%左右,可见,区域性组织在协调整合经济发展的过程中发挥着重大作用。

产业一体化是经济一体化中的重要内容,也是各国各地区发展的切实需要。例如,纽约的大都市圈中,金融业的发展现已形成较为强大的集聚优势;粤港澳一体化的进程中,香港的服务业发展突飞猛进。促进产业一体化的快速优质发展不仅在避免资源的浪费、部门重复建设的问题上起着举足轻重的作用,而且能够推动提升区域整体的竞争力。本章将从产业一体的定义、内涵出发,梳理现有的产业一体化测度方法,然后介绍长三角产业一体化发展的历史渊源和现实背景,进而采用传统的方法以及较为前沿的产品空间理论和方法来测度和评估长三角产业一体化发展的现状及演变趋势,最后提出长三角一体化发展的对策建议。

第一节　产业一体化的定义、概念内涵与测度方法

一、产业一体化的定义

区域经济一体化主要是指该区域内各个组成部分相互协作与分工,合理性配置制度安排以及其他功能,以达到经济集聚的效果,在互补的作用下使得整

个区域获取整体效应的最大化①。根据区域主体的不同,可以将区域经济一体化归为两类:一是各个国家之间的一体化经济,二是一个国家内部部分地区之间的一体化经济②。世界银行在 2009 年指出,区域的一体化其实是一个缩短距离、减少分割和增加密度的阶段。产业一体化作为区域经济一体化的核心,在经济一体化中充当着十分重要的角色。它是指在一定的市场条件下,地理位置较为接近的城市或者地区之间实现要素的自由流动、产业结构的优势互补、经济目标的协调一致,同时对产业进行重组整合,以达到该产业成本最小化和利润最大化的目的,促进整个区域的发展进步③。但也有人认为,产业一体化并不是经济一体化的核心,在形成统一经济区域的过程之中,市场一体化、产业一体化与基础设施一体化是相辅相成、同样重要的④。市场一体化并不等同于产业一体化,市场一体化对立于市场分工,是产业一体化的前提条件,但又与产业一体化相互配合,市场一体化的加深有助于产业一体化的实现,促进产业的位置集聚与专业分工。张衔春⑤等(2019)提出,产业一体化主要是通过地理布局与专业分工来降低生产等经济活动成本,在实现产业协调发展的过程中推进区域组织的创新。发展产业一体化就是各地区将发展产业的优势进行整合,扬长避短,从而调整产业结构,进行产业结构的升级,最终能够建立起该地区的支柱产业,培育竞争优势,达成共赢⑥。与此同时,王宇华⑦(2005)将产业一体化的核心内容总结为分工与协作,分工重在专业化分工,发挥各自优势进行专业生产,协作重在产业间的互动,尤其是一些相关及支撑产业,区域内依靠分工与合作的良好机制,整体产业竞争力才会出现明显的提升。

① 陈雯,陈顺龙.厦漳泉大都市区同城化:重塑发展新格局[M].北京:科学出版社,2012:10-12.
② 周立群,夏良科.区域经济一体化的测度与比较:来自京津冀、长三角和珠三角的证据[J].江海学刊,2010(4):81-87.
③ 王安平.产业一体化的内涵与途径:以南昌九江地区工业一体化为实证[J].经济地理,2014,34(9):93-98.
④⑤ 张衔春,刘泉,陈守强,等.城市区域经济一体化水平测度:基于深莞惠次区域的实证研究[J].城市发展研究,2019,26(7):18-28.
⑥ 唐宇文,蔡建河.长株潭产业一体化发展研究[J].经济地理,2002(4):474-477.
⑦ 王宇华.构建中部崛起重要战略支点的思考[J].理论月刊,2006(10):76-79.

总体来看,学者们对产业一体化的定义各有侧重,要素的流通、专业化的分工、分工与协作的同时存在都被提及并强调,其定义并没有统一的标准,但他们在地区间协调发展的手段及提升区域整体经济效益的目的上还是能够达成一致的。我们认为,产业一体化是指在一定的市场经济条件下,地理位置上毗邻的若干个地区为发挥整体的最大化效益,以更高的效率在竞争中取得优势,从而促进要素的自由流通,协调产业之间的发展,将专业化分工与有效性合作相结合,进一步推动产业结构最优化调整的过程。

二、产业一体化的概念内涵

如何正确看待产业一体化,将关系到区域内通过推动产业一体化进程来解决经济效益提升的问题,这就需要对产业一体化的具体内涵进行剖析与总结,并进一步理解它与相关概念的联系与互动作用。依据产业一体化的定义,其追求整体利益最大化的重要途径是协调产业结构的调整,但实现产业一体化的过程中不可避免地会碰到产业同构的问题。与此同时,我们发现产业一体化与产业链和产业集群有着相似或者互通之处,三者均表现出相关产业间的分工与协作效应,那它们之间存在着怎样的联系呢? 以下将从三个方面介绍产业一体化的概念内涵,分别是产业同构、产业链与产业集群。

(一)产业同构

产业结构是研究区域能否取得有效经济收益的重要内容,在众多经济战略中,我国都将实现产业结构的升级或者调整产业结构作为发展重点,达成优质的产业一体化需要具有合理的产业结构,其中产业结构趋同是实际情况下不可忽视的问题。产业结构趋同又称产业同构,是指在一体化的区域中,区域内各地区的产业结构布局与倾向相同或相似的现象①,同时也有观点指出产业同构

---

① 杜培林,赵炳新.K-cores 视角的区域产业结构的趋同演变与空间格局[J].经济问题探索,2014(11):87-93.

并不是代表三次产业和轻重工业的结构趋同，而是体现在产业的内部，尤其是工业产业内的结构趋同[1]。产业同构容易造成社会资源的重复使用与浪费，并带来恶性竞争，使得区域整体的经济效率降低，经济收益大大受损，但另一方面，产业的同构现象可以带来合理范围内的规模经济效应，降低产业的生产成本，同时在一定的市场经济条件下，还可以促进产业间的相互联系，互相学习，在复制的基础上进行创新，研发出更高质量更高附加值的新产品[2]。产业同构问题对产业一体化的影响，在学术界仍存有分歧。邓志新[3]（2006）认为产业结构的趋同会削弱区域内抵抗外来风险的各项能力，同时加大自身的产业风险，也有研究指出当区域同构系数高于0.5时就应对产业结构进行调整，否则将制约产业一体化的进程，产业的一体化意味着产业间专业分工水平越来越高，产业同构系数越低。但是，仍有许多学者对产业同构系数与一体化进程间的关系继续进行研究。其中，陈建军[4]（2004）在探讨长三角地区产业同构的现象时发现，长江三角洲区域的经济发展出现恶性竞争问题并不是由产业同构所导致的，制度与市场经济结构才是引发竞争的重点。另外，禚金吉等[5]（2011）分析长三角主导产业得出产业同构不是影响区域发展的关键因素，并且产业的趋同现象在一定程度上推动了长三角的产业一体化发展，加强了各地区间的分工协作，实现了更优质的价值链分工。陈耀[6]（1998）指出，产业结构趋同有利有弊，其一定存在一个合理区间，当产业结构相似系数控制在该区间时，其对产业一体化的消极影响将有效减少，即陈耀所说的合意性和非合意性。

总之，由于地理位置的接近性与地区间资源禀赋的相似性，产业一体化总会在一定程度上造成产业的结构趋同，但该产业同构现象是否会阻碍产业的一

①② 翁计传.珠江三角洲工业结构趋同性研究[J].世界地理研究,2006(1):21-26.
③ 邓志新.长江三角洲城市带产业同构现象与上海的发展定位[J].华东经济管理,2006(6):8-11.
④ 陈建军.长江三角洲地区的产业同构及产业定位[J].中国工业经济,2004(2):19-26.
⑤ 禚金吉,魏守华,刘小静.产业同构背景下长三角产业一体化发展研究[J].现代城市研究,2011,26(2):24-29.
⑥ 陈耀.产业结构趋同的度量及合意与非合意性[J].中国工业经济,1998(4):37-43.

体化进程,不同观点仍在争论,目前,更多的观点认为应将产业结构相似系数控制在合理范围之内。

（二）产业链

产业一体化进程加快,专业性分工越来越成熟,各城市间的产业链分工也逐步形成。城市群产业链的特点主要体现在产品的不同生产环节被分开配置到不同的地理位置上,在不同的节点发挥不同的作用,产生不同的附加值[1]。整条产业链当中包含产品的研发设计、生产或采购零部件及原部件、装配、成品储存、销售运输、售后服务等环节,其由区域内不同的城市负责各环节的生产,各个城市可以以自身的资源禀赋状况为基础,结合创造价值的能力和规模大小来选择适合自己的环节,并专注于该特定位置,从而形成整个区域的竞争优势[2],这种将不同城市连接在一起所形成的产业上的联系就是产业一体化的主要形式。区域内多个城市组成的集群不只是包含一条单一的产业链,而是由若干条不同类型的城际产业链所交错结合,构成区域内庞大的城市群体系,这是加快区域产业一体化进程的关键所在。想要推动产业一体化的发展,就要找准该区域内适合的城市群产业链,即既能加强城市间的协作又能实现各个城市的经济共赢,这样的有效载体才能够创造出具有密切性经济联系的一体化区域。[3]

（三）产业集群

产业集群最初的概念起源于英文 cluster,由 Poster 教授提出,Poster[4]（1998）将产业集群定义为在地理位置上毗邻的、同处于一个特定产业的若干个有相互关联的厂商或机构紧密地联系在一起,各自发挥其共性及互补性。为研

---

[1][3]　朱英明. 长三角城市群产业一体化发展研究:城际战略产业链的视角[J]. 产业经济研究，2007（6）:48-57.

[2]　李国平,卢明华.北京高科技产业价值链区域分工研究[J].地理研究,2002(2):228-238.

[4]　Poster M E. Clusters and the New Economics of Competition[J]. Harvard Business Review, 1998: 76(6): 77-90.

究产业集群和产业一体化之间的关系,Krugman 和 Venables[①](1996)建立模型发现具有产业集群效应的地区间更有可能发生商品的消费及运输,某些在产业上拥有初始优势的地区由于存在规模经济效应,可以销往区域内的其他市场。与产业集群相比,产业一体化可以看作产业集群不断发展中更高级的状态,产业集群通过要素、市场、相关企业、环境四个因素获得竞争优势,区域内各地区形成的产业集群能够发生相互作用,最终带来地区间的联动发展,形成区域内产业一体化现象。目前,以产业集群为基础的一种集群经济已经成为产业一体化的重要一环[②],产业集群的发展与成熟在区域内扩大市场需求,增加市场容量,可以通过价值链的延伸、贸易渠道的扩张、横向地区合作、纵向企业合作等方式来推动区域的产业一体化,提升区域竞争力[③]。白军强和刘芳云[④](2011)也指出,产业集群的成长是可以推动产业一体化的,作为一种高效率的生产组织形式,产业集群的形成有利于促进整个区域内的产业结构升级,带动城市群的建立,形成最终的一体化现象。总的来说,产业一体化比产业集群更丰富,是产业集群更高端的状态。

三、产业一体化的现实表征

产业一体化应满足政府推动与市场导向并重、制度创新与科技进步相结合、优势互补、带动开放、速度与质量兼顾五个原则。政府要在推动产业一体化的进程中发挥引导与协调的作用,也要保证产业一体化能够遵循市场经济的规则,同时坚持以经济体制的一体化和科技进步的一体化来促进区域内产业的一

① Paul Krugman, Anthony J Venables. Integration, specialization, and adjustment[J]. European Economic Review, 1996, 40(3): 959-967.
② 王毅,董少锋.长株潭一体化进程中产业集群应用研究:湘潭个案[J].生产力研究,2007(14):107-108,115.
③ 陈晓静.我国产业集群推动区域经济一体化的理论与实证[J].社会科学家,2014(8):55-59.
④ 白军强,刘芳云.产业集群与区域经济一体化互动发展探讨:以珠三角为例[J].中国城市经济,2011(17):56,58.

体化。在各地区实现优势互补的基础上抓住我国当下全方位对外开放的机遇，追求高速度与高质量并行的产业一体化发展。

依据产业一体化的定义与概念内涵，再借鉴总结其他学者对产业一体化的理解，不难发现，产业一体化可以概括为以下六项现实表征。第一，各地区目标一致，达成目的一体化。产业一体化应从区域效益最优的角度出发，研究如何调整格局，推动整体进程。第二，地理位置毗邻，交通干线发达。良好的交通环境大大降低了产业协调发展的成本，运输成本、沟通成本等都对经济效益的提升起到重要作用。第三，促进要素自由流动，优化资源配置。要素在各地区间实现自由交换与充分流动，资源得以更好地整合。第四，发挥产业互补性，实现优势融合。各地区充分发挥其在技术、人力资源、企业规模等方面的优势，缔造共赢格局。第五，抓好制度创新，关注科技进步。制度创新重在经济体制体系的完善与发展，同时不可忽视科技的一体化前进。第六，政府与市场同行，速度与效益并重。产业一体化在遵循市场经济的同时，需依靠政府的引导作用，指引产业的正确发展方向，控制好一体化进程的速度与质量。

四、产业一体化的测度方法综述

（一）区位熵 LQ

为测度产业一体化的进程，学者们常采用区位熵指数来反映某地区生产结构与全国平均水平的差异，用以测度某产业的集中程度与产业结构，其计算公式为：

$$LQ_{ij} = \frac{\dfrac{q_{ij}}{q_j}}{\dfrac{q_i}{q}}$$

其中，LQ_{ij} 表示 j 地区 i 产业相对于全国的区位熵指数，q_{ij} 表示 j 地区 i 产业的产值，q_j 表示 j 地区所有产业的总产值，q_i 表示全国范围内 i 产业的总产值，q 表示全国范围内所有地区所有产业的总产值。

区位熵指数越高，则该地区的集聚程度越高，一般情况下，当 $LQ_{ij} > 1$ 时，称该地区为高集聚地区，拥有较高的专业化水平，产业分工有效明显，该产业在该地区的专业化程度高于全国水平，具有显著集聚效应，是具备比较优势的产业。在研究某区域内的产业一体化时，可将 q_i 与 q 进行相应更换，q_i 表示该区域范围内 i 产业的总产值，q 表示该区域范围内所有地区所有产业的总产值。

（二）标准区位熵 SLQ

区位熵 LQ 指标虽被广泛运用，但其在测度过程当中存在一些缺陷，例如，对 LQ 的临界值缺少统一的计算与定义，另外，LQ 重在比值，这种计算方法会使得规模较小地区的区位熵指数反而更高，甚至高于一些规模等级很高的地区。基于这些缺陷，Donoghue 和 Gleave[1]（2004）在此基础上进行改进，提出了标准区位熵指数，张学良[2]（2014）在《2014 中国区域经济发展报告》中也进行了相关总结。

与常用指标产值、销售数目、企业数目不同的是，张学良提出使用就业人数来进行测定，其计算公式为：

$$LQ_{ij} = \frac{\dfrac{G_{ij}}{G_j}}{\dfrac{G_i}{G}}$$

LQ_{ij} 表示 j 地区 i 产业相对于全国的区位熵指数，G_{ij} 表示 j 地区 i 产业的从业人员数量，G_j 表示 j 地区所有产业的从业人员数量，G_i 表示全国范围内 i 产业的从

① Dan O'Donoghue, Bill Gleave. A Note on Methods for Measuring Industrial Agglomeration [J]. Regional Studies, 2004, 38(4): 419-427.
② 张学良.2014 中国区域经济发展报告：中国城市群资源环境承载力 [M].北京：人民出版社，2014：134-141.

业人员数量,G 表示全国范围内所有地区所有产业的从业人员数量。随后需对 LQ_{ij} 是否服从正态分布进行 K-S 检验,标准化后得标准区位熵 SLQ_{ij},标准区位熵大于 1.644 9 时,该地区的该产业具有强集聚的特征,专业化程度较高,相对优势较显著,对区域内的经济发展可以起到一定程度上的辐射和带动作用。同区位熵相似,在研究某区域内的产业一体化时,可将 G_i 与 G 进行相应更换,G_i 表示该区域范围内 i 产业的总产值,G 表示该区域范围内所有地区所有产业的总产值。

(三)产业结构相似系数

1.产业结构灰色关联系数

李学鑫和苗长虹[1](2006)首次提出了区位熵灰色关联分析法,即所说的产业结构灰色关联系数,可以反映各地区产业的专业化程度以及两地区间产业结构的相似系数,其主要公式为:

$$r_i = \frac{1}{N} \sum_{k=1}^{n} \xi_i(k)$$

其中,i 表示区域内的城市,k 表示该区域内的产业,$\xi_i(k)$ 指城市群各城市产业结构的灰色关联系数,据其可得相应矩阵。以某城市群为参考系的情况下,可以得出各城市产业结构的灰色关联度排序,指数较低则说明该城市的产业结构与城市群的产业结构差异较大,否则反映出产业的同构性较强。另一方面,根据该测度方法还可以得出城市群不同产业的灰色关联度排序,灰色关联度极低的情况表明该产业分布极不均衡;灰色关联度极高则体现出该产业在各地的差别不是很大,具有较强同构性,地域性分工并不明显;只有当关联度居于较合理范围内时,各城市才能较好地发挥工业基础和集聚效应的作用,把握好比较优势进行产业协调发展,推动产业的一体化进程。

---

[1] 李学鑫,苗长虹.城市群产业结构与分工的测度研究:以中原城市群为例[J].人文地理,2006(4):25-28,122.

2.地区间产业结构相似指数

一些学者采用该方法测度不同区域之间的产业结构,借此来说明区域间的产业布局是否存在差异,其计算步骤如下:

$$S_{AB} = \frac{\sum (X_{Ai} + X_{Bi})}{\sqrt{\sum X_{Ai}^2 \times \sum X_{Bi}^2}}$$

其中,S_{AB} 表示 A 地区与 B 地区之间的产业结构相似系数,X_{Ai} 表示 A 地区 i 产业的产值占 A 地区总产值的比重,X_{Bi} 表示 B 地区 i 产业的产值占 B 地区总产值的比重。S 的值域为 0 到 1,S 的值越大,表明两地区间产业结构的相似度越高,分工越不明显,一般取 0.85 为临界值。

3.借鉴出口结构相似度指数的测度指标

该方法首次由樊福卓[①]（2013）提出,是对出口结构相似度指数的一种借鉴,其具体计算步骤如下:

$$I_c = 1 - \frac{1}{2(m-1)} \sum_{l=1}^{m} \sum_{k=1}^{n} | R_{lk} - \overline{R_k} |$$

其中,I_c 表示区域的产业结构相似系数,m 指该区域共由 m 个地区组成,n 表示产业体系中共含有 n 种类别,R_{lk} 为 l 城市中 k 产业的产值占该城市总产值的比重,式中,l 为区域内的城市,记作 $l=1,2,3,\cdots,m$,k 为区域内的产业,记作 $k=1,2,3,\cdots,n$。

$$B_{ij} = 1 - \frac{1}{2} \sum_{k=1}^{n} | R_{ik} - R_{jk} |$$

其中,B_{ij} 表示 i 城市与 j 城市两者之间的产业结构相似度,其实是,$m=2$ 时的一个特例,R_{ik} 为 i 城市中 k 产业的产值占 i 城市市总产值的比重,R_{jk} 为 j 城市中 k 产业的产值占 j 城市地区总产值的比重。B_{ij} 一般以 0.5 为临界值,若高于 0.5,则表示产业同构现象较为严重,可能对产业一体化的进程产生负效应,需对产业结构进行相应调整。

---

① 樊福卓.一种改进的产业结构相似度测度方法[J].数量经济技术经济研究,2013,30(7):98-115.

第二节　长三角产业一体化的历史渊源与现实背景

一、长三角产业一体化发展的历史渊源

（一）长三角产业一体化形成时期

从 18 世纪中期上海开埠到 20 世纪 30 年代是长三角产业一体化的形成时期，在这一时期，长三角地区的现代工商业形成并逐步发展。鸦片战争后，根据《南京条约》和《五口通商章程》的规定，上海正式开埠，外国商品与海外资本纷纷涌入长三角地区。在外资、官商以及民族资本的共同推动下，上海由一个不起眼的海边县城发展为我国的经济金融中心。同时，在金融业的支持以及既有的由民族资本在上海设立的棉纺织、丝绸、面粉和榨油等工厂的基础上，上海的工业继续扩张。以上海为中心，纺织和食品等轻工业进一步向周边城市扩散，形成了南通、常州、无锡、苏州等具有一定实力的中小工业点，并与上海共同组成了一个以轻纺工业为主体的长江三角洲工业城市群。此外，在城市信息体系方面，二级市场体系中心与上海有着紧密联系，根据上海市场的改变而随之变化，比如，无锡各大工厂在上海均成立了申庄，申庄从上海发送市场行情，无锡的行业交易行情每天都能及时地传送至苏南各地，许多县城与集镇的工厂及店铺都据此来进行定价①。

（二）计划体制下的垂直分工一体化体系

新中国成立后至 20 世纪 70 年代末，长三角产业一体化是计划体制下的垂直分工一体化体系。计划经济体制下的条块分割削弱了隶属于不同行政关系的省市间的经济联系，但是对上海制造业尤其是轻工业和纺织工业起到支撑作

---

① 　李清娟.长三角都市圈产业一体化研究［M］.北京：经济科学出版社,2007：28-32.

用的仍然是江浙的农林水产业。因此在这一时期,浙江、江苏与上海之间建立起了计划经济体制下的以垂直分工为主的区域经济关系。而对于长三角地区产业垂直分工体系的形成原因,除了地理位置互相毗邻外,资源禀赋的结构差异是另一个重要因素。上海拥有比较完备的基础设施、相对先进的技术以及较为雄厚的资本等资源,因此具备发展工业的比较优势;江浙则具有适合发展农耕产业的相对优越的自然禀赋,因此具备发展农林水产业的比较优势。在当时的条件下,这种垂直分工体系虽然是一种较优的资源配置选择,但也给长三角地区的经济持续发展造成了诸多障碍。在改革开放以前,这种垂直分工体系导致江浙地区的工业化发展和人均收入水平增长缓慢。尤其是由于人口不断增加、耕地面积不断减少以及存在工农业产品价格剪刀差问题,江浙等地从事农业的比较优势逐渐丧失,甚至出现"增产不增收"的局面①。因此,这种分工体系实际上在改革开放前就已逐渐失去了活力。

(三)"上海经济区"框架下的产业一体化体系

20世纪80年代初,为了解决"条块分割"所造成的问题,中央提出要进行"横向联合",推动区域经济协作。在此背景下,1982年12月国务院决定成立上海经济区。上海经济区时期是长三角产业一体化历程中的一个转折期,长三角地区的产业分工从垂直分工开始向水平分工发展。上海经济区成立之初仅包括上海、苏州、无锡、常州、南通、杭州、嘉兴、湖州、绍兴和宁波等10个城市,后来扩大到江苏、浙江和上海两省一市,1984—1987年安徽省、江西省以及福建省也依次加入了上海经济区。上海经济区的成立对当时长三角地区的经济合作发挥了积极作用,尤其是上海经济区成立之时恰好也是江浙地区乡镇企业大发展时期,因此在很大程度上,上海经济区为江浙的乡镇企业利用上海的资源提供了便利②。在上海经济区时期,有大量上海的技术人员利用民间的正式与非正式渠道,自发地作为"星期天工程师"为江浙地区乡镇企业提供技术和管理

①②　陈建军.长江三角洲区域经济一体化的三次浪潮[J].中国经济史研究,2005(3):113-122.

方面的帮助,为长三角内部技术转移做出了巨大贡献。此外,江浙的乡镇企业还充分利用"上海"品牌的影响力来打开自己企业产品的销路,这样的做法在当时对开拓市场的确起到了显著效果,江浙乡镇企业在内地市场的产品销售优势也由此建立。但是,上海经济区并不具备超越地方行政壁垒在整个长三角地区进行资源配置的能力,并且上海经济区的不断扩大使得协调起来愈加困难,种种因素叠加最终导致上海经济区在长三角地区的地位逐渐边缘化,在成立5年之后无疾而终。

(四)浦东开发开放为长三角产业一体化带来新机遇

从改革开放到1991年,由于丧失了长三角产业垂直分工体系所带来的优势,上海经济呈现明显的退潮趋势。尽管在20世纪80年代,江浙地区都有不错的经济增长表现,但由于江浙地区经济规模尚小,长三角地区两省一市的生产总值合计占全国比重持续走低。在总结了前十年的经验教训的基础上,上海提出了浦东开发开放这一构想并得到中央决策层的支持。1990年浦东开发开放后,上海发展速度加快,同时也为江浙两省带来了新的发展机遇,周边城市与上海之间的经济实力差距在快速缩小。长三角地区各政府在招商引资、基础设施建设以及政府服务等方面采取竞争策略,加速了长三角区域内产品要素的流动及产业转移;长三角地区的区位功能开始分化,中心城市和城区的工业基地职能逐渐被服务业所替代,而周边城市和城区则向制造业集聚区发展[①]。浦东开发开放也带来了外商对长三角地区的投资热潮,苏州、无锡和常州首先利用自己毗邻上海的地理优势,引进大量海外资本,向外向型经济发展方式进行转变;而浙江与上海的合作更多地以民间力量为主导,而民间力量更多地采取进入上海求发展的方式来利用上海的资源,因而以浦东开发为契机,浙江民营企业进入上海的数量便不断增长[②]。

---

① 李清娟.长三角都市圈产业一体化研究[M].北京:经济科学出版社,2007:28-32.
② 楚天骄.长江三角洲区域产业分工与合作模式研究[J].中国浦东干部学院学报,2011,5(4):118-121.

（五）政府推动型产业一体化发展

世纪相交前后，长三角产业一体化发展进入新高潮。中国加入 WTO 后，大量外商投资涌入长三角地区，并在整个长三角地区建立外商投资企业内部的地域分工网络，从而进一步推动了长三角产业的一体化发展。此外，随着政府和企业的关系开始向市场化方向发展，地方政府—乡镇企业或者地方政府—个体私营企业（民营企业）之间的联盟关系逐渐松动，而"产业转移"现象随之出现，特别是在温州、宁波、嘉兴等和上海之间有着密切联系的地区，许多民营企业逐渐开始向上海转移①。同时，上海也发布各种政策吸引外省市企业进沪投资发展。1998 年和 2002 年，上海市政府先后发布《关于进一步服务全国扩大对内开放的若干政策意见》以及上述《意见》的修订版，鼓励其他省市企业向上海转移，从而引发了新一轮的江浙企业进沪投资热潮。此外，2004 年以来，上海市政府发布《关于进一步服务全国加强上海国内合作交流工作的若干意见》等一系列政策措施，积极引导上海企业"走出去"，鼓励上海企业与长三角地区其他省市企业进行交流合作。长三角各地区制定的异地建厂、企业"走出去"等各种措施进一步推动了长三角地区的产业一体化发展。

（六）三省一市共助长三角产业一体化发展

2008 年初，胡锦涛在安徽视察时明确指出，安徽要积极参与泛长三角区域发展分工，主动承接沿海地区产业转移，不断加强同兄弟省份的横向经济联合和协作。2014 年 9 月，国务院发布《国务院关于依托黄金水道推动长江经济带发展的指导意见》，其中首次明确安徽作为长三角城市群的一部分，参与长三角一体化发展。2019 年 10 月，长三角城市经济协调会第十九次会议在安徽省芜湖市召开，《关于吸纳蚌埠等七城市加入长三角城市经济协调会的提案》经会议审议并获全票通过。至此，长三角实现了对江浙沪皖三省一市的全覆盖，迎来

---

① 陈建军.长江三角洲区域经济一体化的三次浪潮[J].中国经济史研究,2005(3):113-122.

了前所未有的发展空间。安徽毗邻江浙,产业基础良好,水路、公路和铁路等基础设施布局完善,并且历史上安徽就与江浙沪地区有着频繁的交流与合作,因此是承接长三角发达省份经济辐射和产业转移的必然选择。2020 年《安徽省实施长江三角洲区域一体化发展规划纲要行动计划》明确,安徽要积极承接上海非大都市核心功能疏解和苏浙产业转移,整体融入长三角产业分工协作。安徽在融入长三角产业一体化的过程中首先全面对接江浙两省,然后再逐渐接受上海的辐射,最终完全融入长三角产业分工体系,这一过程具有明显的梯度性。随着长三角产业一体化发展的日益深化,上海、江苏与浙江来安徽的投资均呈快速增长态势。同时,长三角各地区之间也逐步形成具有较好互补性的相对优势产业,经济相互渗透,资源统筹规划,对缩小长三角地区内部经济规模差异以及推动长三角更高质量一体化发展发挥了积极作用。

二、长三角产业一体化发展的现实背景

长三角地区自然禀赋优良,区位条件优越,具备雄厚的经济实力和良好的营商环境,是我国发展基础最好且综合实力最强的地区之一。推动长三角一体化发展既是现阶段我国区域经济发展适应国内外环境变化以及实施国家重大战略的新要求,同时也是推进区域自身经济社会发展转型升级的必然选择[①]。长三角一体化发展包括科创产业、基础设施、生态环境、公共服务等领域,其中,产业一体化发展是重要基础。推动长三角产业一体化发展不仅有利于提高区域整体竞争力和影响力、形成新的增长动力,也为促进全国区域协调发展积累了宝贵经验。

(一)国际背景

从国际角度看,20 世纪 80 年代以来国际分工格局不断调整与变革,呈现出

---

① 黄群慧,石碧华,等.长三角区域一体化发展战略研究[M].北京:社会科学文献出版社, 2017:1-2.

从产业间分工到产业内分工再到产品内分工的变化特征,初步形成了多种模式并存发展的多层次新型国际分工体系①。在这一国际分工体系中,发达国家集中在附加值高的高端环节,在收益分配中居于主导地位而获利丰厚,而发展中国家只能从事高竞争性的低端制造环节,在收益分配中处于从属地位而只能得到微薄收益。20世纪80年代以来,长三角地区充分利用改革开放的红利,对外开放水平不断提高,在全球价值链中的参与程度也不断加强,但由于核心技术及先进装备仍被发达国家所垄断,因此长三角地区承接的大多是国外淘汰、退市、转移的产业,从事国际分工体系中的低端制造环节,在国际竞争中处于被动地位。虽然近年来,长三角地区吸收外资的水平与质量不断提升,参与全球价值链的广度及深度也在逐年提高,但与发达国家相比,长三角地区仍处于国际分工链条的中低端。因此,我国仍应继续采取措施大力推动长三角地区产业一体化发展,加强区域间协同创新,打破国外对核心技术与先进装置设备的垄断,摆脱长三角产业在全球价值链低端的锁定困境。同时,长三角地区也应积极采取行动,完成从单纯参与全球价值链向建立自己的区域及全球价值链的转变,真正提升长三角地区在全球价值链中的竞争力②。

此外,新冠肺炎引发的疫情在全球快速蔓延,重创了全球产业链与供应链。在此背景下,各国政府和大型跨国公司开始重新反思协调经济效率与经济安全之间矛盾的方法,全球产业链可能出现"内向化"趋势,即回收其中某些关键环节,不再向外开放③。而作为全球产业链、供应链的重要一环,疫情对我国的产业链与供应链也产生了一定冲击和影响。着力打通产业链及供应链,构建全国统一大市场将会成为我国未来在国际竞争中的显著优势。因此,我国应进一步加强长三角地区产业一体化发展,打通阻碍产业分工协作的"堵点""难点"与

①② 王振,等.长三角协同发展战略研究[M].上海:上海社会科学院出版社,2018:90-94.
③ 刘威威,袁品涵.做好长三角一体化发展大文章:访南京大学长江产业经济研究院院长刘志彪[J].中国税务,2020(11):13-17.

"断点",实现一体化框架下产业链与供应链的有序运转①,逐步形成长三角地区统一的区域市场,然后在此基础上推动区域战略上升为国家战略,在全国构建起统一大市场,把疫情对产业链及供应链的负面影响真正转变为蕴含变局突围的重大机遇。

（二）国内背景

从国内角度看,我国区域间经济差异较大,区域发展存在产业同构、政策壁垒等阻碍区域协调发展的问题。当前我国发展已进入新常态,在此背景下,"自扫门前雪"式的"条块式"发展模式已难以适应我国现阶段的发展特征,因此必须对既有发展战略进行重大调整与升级,从而更好地实现区域协同发展②。加快长三角地区一体化发展不仅是响应"一带一路"建设、京津冀协同发展、长江经济带发展以及粤港澳大湾区战略的客观要求,同时也是进一步完善我国经济空间布局、引领我国经济乘风破浪高质量发展的必然选择。

我国幅员辽阔,各区域之间自然禀赋、交通条件、对外开放水平、经济发展基础都不尽相同,因此需要一个具有较强全球性辐射能力以及良好经济基础的地区作为全国一体化改革的试验田,在实践中积累宝贵经验,为推进全国一体化改革充分发挥好示范作用。而长三角地区凭借其优越的地理位置和雄厚的经济基础成为区域一体化试点的必然选择。作为一项国家重大区域发展战略,党中央与国务院为更好地推动长三角一体化发展筹谋已久。2008 年和 2010年,国务院及有关部门相继出台了《进一步推进长江三角洲地区改革开放和经济社会发展的指导意见》及《关于印发长江三角洲地区区域规划的通知》,2016年出台了《长江三角洲城市群发展规划》。此外,习近平总书记在 2014 年和2017 年视察上海期间,也都做出了推进长三角区域高质量一体化发展的重要指

① 林盼. 强链固链推动长三角一体化产业协作［N］. 社会科学报, 2020-06-18(4):1-2.
② 王振,等.长三角协同发展战略研究［M］.上海:上海社会科学院出版社,2018:90-94.

示①。2018 年 11 月，习近平主席在首届中国国际进口博览会开幕式上明确表示，将支持长三角一体化发展并上升为国家战略，同"一带一路"建设、京津冀协同发展、长江经济带发展、粤港澳大湾区建设相互配合，完善中国改革开放空间布局。将长三角一体化发展上升到国家战略地位，既预示着长三角区域的发展进入新阶段，也有利于弱化地区间行政壁垒，进一步深化区域之间的交流与合作，激发一体化发展的意识与驱动力，将长三角地区打造成为具有全球竞争力的世界级大都市群，在当前形势下充分发挥出长三角地区积极而特殊的作用。

（三）区域背景

从区域角度看，长三角地区是我国自然禀赋最优、基础建设最完善、经济实力最雄厚、开放程度最高的区域之一，同时也是"一带一路"和长江经济带的重要交汇点，在我国现代化建设大局以及全方位开放格局中均处于至关重要的战略地位，承担着非比寻常的国家使命。区域产业一体化发展是实现区域一体化发展的关键之举，长三角产业协同发展不仅有利于优化区域发展格局、提高区域资源配置效率、加强要素流动与经济合作，而且有助于解决区域内的各种矛盾与问题，为构建全国统一大市场提供宝贵的实践经验。因此，积极推动长三角产业一体化不仅是当前区域经济发展的大势所趋，也是我国经济发展的内生需要。

但是长久以来，在推进长三角一体化发展的过程中，无论是在汽车石化、食品加工、服装制造等传统产业，还是在新能源、生物医药、高端装备制造等战略新兴产业，长三角地区内部都存在着工业结构相似、产业结构趋同以及空间竞争程度加强等问题。究其原因，除了在自然资源禀赋、经济发展基础、产业发展环境等方面相似外，各地在产业功能布局方面缺乏协作，在土地、税收、人才及创新等各领域也实施了许多相似政策②。各区域产业间缺少有机联系，不能形

① 吴福象.长三角区域一体化发展中的协同与共享[J].人民论坛·学术前沿,2019(4):34-40.
② 林盼.强链固链推动长三角一体化产业协作[N].社会科学报,2020-06-18(4):1-2.

成合理有效的分工合作关系,低水平同质化竞争严重,导致长三角内各地区均难以充分发挥比较优势,损害了地区整体的产业经济效益,也阻碍了长三角地区的一体化建设。因此,我国应采取措施积极推动长三角地区产业协同合作和密切分工,各省市应积极发挥各自的比较优势,强化错位发展,优化产业结构,延伸产业链条,形成优势互补、各具特色的协同发展格局,实现由产业"雷同"向产业"协同"的转变,全面提升区域产业竞争力,增强地区整体影响力,推动长三角地区实现全方位的一体化。

第三节　长三角产业一体化发展的测度与演变趋势

一、基于传统方法的产业一体化水平测度

(一)长三角三次产业结构相似性分析

分析长三角产业一体化问题,首先需要分析其产业结构的相似性,三次产业结构的相似性可以反映城市群内资源在各地区各产业部门之内合理流动、利用的情况。由此角度出发,引入结构相似系数这一指标,以此来比较长三角三省一市之间的产业结构,其计算公式是:

$$S_{AB} = \frac{\sum\limits_{i=1}^{n} X_{Ai} X_{Bi}}{\sqrt{\sum\limits_{i=1}^{n} X_{Ai}^2} \sqrt{\sum\limits_{i=1}^{n} X_{Bi}^2}}$$

其中,X_{Ai}和X_{Bi}分别表示i产业在A、B两地产业结构中的比重,S_{AB}表示A、B两区域的结构相似系数。S_{AB}的值域为$0 \leqslant S_{AB} \leqslant 1$,若$S_{AB} = 1$,表示两地区的产业结构完全相同,$S_{AB} = 0$,表示两地区的产业结构完全不同。系数越大,表示两地区的产业结构越相似。

依照长三角地区三省一市的统计年鉴数据,本文对 2009 年与 2019 年长三角地区三次产业结构相似系数进行了测算,结果如表 3-1 所示。

表 3-1　2009、2019 年长三角三省一市三次产业结构相似系数①

2009	江苏	浙江	安徽	上海
江苏	1			
浙江	0.997 7	1		
安徽	0.987 3	0.990 1	1	
上海	0.931 1	0.953 4	0.952 5	1
2019	江苏	浙江	安徽	上海
江苏	1			
浙江	0.998 8	1		
安徽	0.997 9	0.997 4	1	
上海	0.935	0.950 6	0.940 6	1

由表 3-1,可以看出 2009 年江苏、浙江与安徽两两之间的相似系数均在 0.98 以上,上海与三省的相似系数在 0.95 左右,因此我们认为长三角三省一市三次产业存在明显的结构趋同现象。且从 2007 年的视角对比十年数据来看长三角地区三省一市之间的三次产业结构系数仍然处于较高水平,江苏、浙江、安徽的三次产业相似系数均在 0.99 以上,上海与其他三省的相似系数也在 0.94 左右的高位,由此可以说从 2008 年到 2017 年长三角地区三次产业趋同趋势并未明显改变。而对于长三角地区产业趋同的原因,本文认为主要分为以下几点:

①长三角地区三省一市经济发展水平相近。现代技术经济理论表明,经济

---

① 据有关年份的《江苏统计年鉴》《浙江统计年鉴》《安徽统计年鉴》《上海统计年鉴》计算。

发展水平越接近，产业结构相似程度就越大，这是因为，处于同一或近似的发展水平和发展阶段上的不同区域，其供给结构和需求结构必然具有很高的相似性，进而形成相近的资源结构、生产函数和需求偏好，因此，在这些地区，大分类的产业结构必然具有高度的相似性。

②长三角地区三省一市三次产业间的比较优势相近。通过各地年鉴提供的数据，不难发现该地区二、三产业的比较优势明显高于第一产业，在改革开放和市场化改革不断深入的背景下，在开放的市场中，投资和生产要素必然越来越向二、三产业集中；与此同时在区域之间又有大量学习的机会，从而带来技术革新，带动区域内产业转移，这也是形成长三角区域产业同构的一个重要原因。

③长三角地区三省一市之间有着密集的城市群，同时拥有便利的交通和物流，投资环境"均质化"。长三角的交通便捷，加之资源禀赋大致相同，所以对于那些从全球各个地区向长三角地区集聚的企业和产业，选择长三角地区进行布局可能是必然的，但是在长三角区域内部的布局选择却常常是偶然的。于是可以看到，当国内外企业在向长三角地区转移和集中的过程中，由于这一地区投资环境的高度"均质"化，使得企业在任何一个点上的生产成本相差无几，以至于弱化了投资地点选择的问题，这导致了该区域内的产业同构。

与此同时，为了更全面地分析长三角地区的产业一体化，进一步了解长三角地区的产业结构特征，本书也将研究推进到更细分化的工业产业分类层面。

（二）长三角规模以上工业产业结构相似性分析

在上面对三次产业结构相似性分析的基础上，这里对长三角三省一市的规模以上工业做进一步的定量分析。本章将工业产业内部分为 35 个小类，数据方面将规模以上工业细分行业的年末在岗职工人数作为计量标准，通过计算，得到 2008 与 2017 年长三角地区三省一市工业内部结构相似系数，结果如表3-2所示。

表 3-2　2008、2017 年长三角三省一市工业内部结构相似系数①

2008	江苏	浙江	安徽	上海
江苏	1			
浙江	0.859	1		
安徽	0.649 9	0.630 9	1	
上海	0.905 4	0.856 4	0.576 6	1
2017	江苏	浙江	安徽	上海
江苏	1			
浙江	0.811 5	1		
安徽	0.729 3	0.870 5	1	
上海	0.912 1	0.869	0.784 8	1

从表 3-2 中可以发现，2008 年江苏与上海工业内部产业结构相似程度较高，相似系数在 0.9 左右，而浙江与江苏、浙江与上海工业内部产业结构相似系数在 0.85 左右，如果将上海作为地区工业化进程的合理参考，江苏的制造业结构与上海最为接近，其次是浙江。安徽与江苏、浙江、上海工业内部相似程度较低，相似系数在 0.6 左右。

从变化趋势上看，从 2008 年到 2017 年，江苏与浙江的产业相似度稳步下降，造成这一现象的主要原因是，近年来苏南等地的纺织服装等劳动密集型制造业外迁，而纺织服装、家具制造等行业正是浙江的优势产业，这加速了两省产业结构的背离。

安徽与江苏、浙江、上海产业相似度不断提高，制造业产业结构的差别越来越小，这一趋势说明安徽作为后加入者，近年来基本步入了工业化阶段，也基本说明了安徽在长三角三省一市中作为追赶者的基本定位。出现这一现象的主

①　据有关年份的《江苏统计年鉴》《浙江统计年鉴》《安徽统计年鉴》《上海统计年鉴》计算。

要原因是，安徽借助地缘优势，近年来不断推进长三角一体化建设，加快发展电子信息、生物医药和设备制造等江苏、浙江、上海的传统优势产业，同时向外转移了劳动密集型制造业，从而实现了与其他长三角地区制造业产业结构的同向变动。

总的来看，长三角地区三省一市之间的产业结构有两个方面的特点：一是在三省一市的横向比较上，以最发达的上海为标准进行比较，江苏与上海的产业结构最接近，其次是浙江，安徽在快速追赶。二是在三省一市的纵向比较上，产业同构变化情况与区域产业互动关系紧密，上海一直走在产业结构变革的最前线，引导区域内的产业互动；江苏与浙江之间产业互动紧密且有效；安徽则与江苏、浙江的产业互动更多。

（三）长三角规模以上工业行业区位熵比较

对于各产业或行业在各地区的专业化程度的研究，一般采用区位熵法。区位熵又称专门化率，可以测度某地区产业或行业规模与全国平均水平的差异，间接反映区域间的经济联系，其计算公式为：

$$LQ_{ij} = \frac{\dfrac{L_{ij}}{\sum\limits_{i=1}^{n} L_{ij}}}{\sum\limits_{j=1}^{m} \dfrac{L_{ij}}{\sum\limits_{i=1}^{n} \sum\limits_{j=1}^{m} L_{ij}}}$$

公式中，L_{ij} 表示第 i 个地区第 j 个行业或产业的相关指标（本章使用在职职工人数），LQ_{ij} 表示 i 地区 j 行业或产业在全国的区位熵，m 表示行业或产业个数，n 表示地区个数。该指数的值越高，则该产业的集聚水平越高。一般而言，当 $LQ_{ij} > 1$ 时，说明 j 产业的专业化程度或者集聚水平高于全国平均水平，j 产业具有比较优势；当 $LQ_{ij} < 1$ 时，说明 j 产业的专业化程度或者集聚水平较低，在区域中 j 产业不具有优势。应用区位熵法本文对长三角地区三省一市规模以上工业内部细分行业的数据进行计算，并通过对比 2008 年与 2017 年的数据对区域内部产

业一体化进行分析。计算数据均来源于各地统计年鉴,计算结果如表 3-3 所示。

表 3-3 2008 年和 2017 年长三角三省一市规模以上工业细分行业区位熵值

行业代码/城市	2008 年				2017 年			
	江苏	浙江	安徽	上海	江苏	浙江	安徽	上海
06—12	0.297 1	0.042 1	1.011 1	0.002 2	0.257 4	0.020 2	0.841 0	0.002 4
13	0.240 3	0.214 4	0.615 7	0.768 1	0.407 6	0.244 7	0.882 3	0.529 0
14	0.370 9	0.491 3	0.537 0	3.131 4	0.469 5	0.565 9	0.651 0	1.919 0
15	0.664 5	0.777 8	0.927 6	0.881 5	0.838 9	0.437 4	0.999 3	0.504 9
16	0.489 3	0.335 9	1.044 4	1.676 2	0.594 6	0.493 6	1.236 7	1.181 5
17	0.905 9	1.331 7	0.487 7	1.743 9	1.221 6	1.339 1	0.562 1	0.391 5
18	0.934 9	1.689 5	0.409 0	4.264 8	1.482 7	1.558 5	1.148 8	0.994 5
19	0.293 7	1.417 0	0.259 4	1.723 8	0.427 6	0.869 6	0.448 3	0.535 0
20	0.189 5	0.469 7	0.705 0	1.355 3	0.698 7	0.356 3	0.918 5	0.366 5
21	0.284 4	1.462 6	0.170 4	4.675 3	0.336 9	1.794 7	0.473 4	1.469 4
22	0.520 4	0.817 5	0.362 0	2.117 1	0.698 7	0.860 7	0.406 6	0.995 7
23	0.452 2	0.667 8	0.485 4	5.150 7	0.864 3	0.675 0	0.779 1	1.576 2
24	0.525 5	0.724 9	0.553 6	4.019 7	1.006 1	0.857 9	0.652 1	0.864 1
25	0.336 0	0.220 8	0.176 7	2.341 7	0.452 6	0.284 5	0.134 7	1.163 5
26	0.686 6	0.656 8	0.481 7	2.320 9	1.462 1	0.780 8	0.620 3	1.644 2
27	0.701 8	0.945 3	0.627 0	2.724 9	1.199 1	1.035 7	0.631 4	1.587 8
28	0.800 6	3.049 9	0.298 5	1.215 0	2.739 7	2.565 2	0.405 8	0.334 2
29	0.510 8	0.857 4	0.524 9	4.021 0	0.944 3	0.991 1	0.795 3	1.900 7
30	0.313 2	0.350 2	0.514 6	1.392 0	0.468 3	0.319 4	0.771 8	0.563 3
31	0.354 5	0.294 2	0.519 2	1.127 7	0.956 7	0.462 7	0.651 8	0.805 3
32	0.344 6	0.417 8	0.535 6	1.781 3	0.496 5	0.406 5	0.568 0	0.540 6
33	0.582 6	0.788 0	0.403 8	5.249 3	0.806 4	0.703 6	0.488 7	1.652 8

续表

行业代码/城市	2008 年				2017 年			
	江苏	浙江	安徽	上海	江苏	浙江	安徽	上海
34	0.821 7	0.952 6	0.507 6	5.167 0	1.616 6	1.485 3	0.704 9	2.990 1
35	0.678 3	0.692 3	0.383 6	4.280 3	1.289 7	0.754 4	0.666 1	1.938 4
36	0.588 3	0.728 3	0.589 4	4.337 1	1.068 0	1.044 1	0.829 7	3.136 0
37					1.668 5	0.531 0	0.253 6	1.989 8
38	0.749 2	1.211 2	0.485 4	3.948 8	1.570 6	1.382 7	0.882 5	1.858 3
39	1.419 3	0.598 5	0.127 4	4.610 0	2.626 6	0.623 6	0.385 9	2.254 3
40	1.197 1	1.109 9	0.182 8	4.770 3	2.218 7	1.793 2	0.305 6	2.460 8
41	0.296 6	0.943 3	0.302 1	1.914 0	0.508 7	1.444 2	0.597 2	1.307 7
42	0.251 9	0.731 9	0.603 0	1.475 8	0.458 6	1.111 9	0.982 4	0.664 1
43					0.092 8	0.783 8	0.383 3	8.060 2
44	0.548 1	0.691 1	0.560 1	0.628 9	0.589 9	0.638 4	0.554 2	0.403 0
45	0.883 9	0.428 3	0.546 2	4.732 6	0.841 0	0.508 9	0.508 1	1.177 0
46	0.971 3	1.075 1	0.610 6	2.119 7	1.151 8	1.218 3	0.592 3	1.047 6

注:2008 年行业代码参照 GB/T 4754—2017《国民经济行业分类》;2017 年行业代码参照 GB/T 4754—2017《国民经济行业分类》。13-农副食品加工业;14-食品制造业;15-酒、饮料和精制茶制造业;16-烟草制品业;17-纺织业;18-纺织服装、服饰业;19-皮革、毛皮、羽毛及其制品和制鞋业;20-木材加工和木、竹、藤、棕、草制品业;21-家具制造业;22-造纸和纸制品业;23-印刷和记录媒介复制业;24-文教、工美、体育和娱乐用品制造业;25-石油加工、炼焦和核燃料加工业;26-化学原料和化学制品制造业;27-医药制造业;28-化学纤维制造业;29-橡胶和塑料制品业;30-非金属矿物制品业;31-黑色金属冶炼和压延加工业;32-有色金属冶炼和压延加工业;33-金属制品业;34-通用设备制造业;35-专用设备制造业;36-汽车制造业;37-铁路、船舶、航空航天和其他运输设备制造业;38-电气机械和器材制造业;39-计算机、通信和其他电子设备制造业;40-仪器仪表制造业;41-其他制造业;42-废弃资源综合利用业;43-金属制品、机械和设备修理业;44-电力、热力生产和供应业;45-燃气生产和供应业;46-水的生产和供应业。

由表 3-3 可以看到 2008 年长三角地区三省一市的比较优势工业分布情况。在 2008 年，江苏的通信设备、计算机及电子设备制造业与仪器仪表及文化、办公用品机械制造业与全国平均水平相比具有相对优势；浙江的相对优势则集中在纺织业、服装制造业和家具制造业，化学纤维制造业也具有很强的优势；安徽的采矿业和烟草加工业略高于全国平均水平，其他产业与全国平均水平相比没有明显的比较优势；对上海而言，除了采矿业，其拥有绝大多数工业产业的比较优势。对比表中 2008 年与 2017 年的分行业区位熵可以发现：

就江苏的优势产业而言，2017 年江苏在通信设备、计算机及其他电子设备制造业区位熵迅速上升，专业化优势提升，其在国内的比较优势不断增强。同时，纺织业、电气机械及器材制造业、化学纤维制造业和化学原料及制品制造业的区位熵也持续上升，而黑色金属冶炼及压延加工业和电力、燃气、水的生产和供应业区位熵基本保持稳定。

就浙江的优势产业而言，与 2008 年相比，2017 年浙江在家具制造业、电气机械及器材制造业、通用设备制造业和仪器仪表制造业的区位熵值稳步提高，纺织业和化学纤维制造业的区位熵值略有下滑，但仍然有较强的比较优势。

就安徽的优势产业而言，2017 年安徽在烟草制造业和纺织业区位熵值快速提高，与十年前相比，已经超过全国平均水平，形成了一定的比较优势。安徽的其他工业产业的区位熵还低于全国的平均水平，这说明安徽还需要继续加快一体化进程，依托于长三角地区实现工业的更好更快发展。

就上海的优势产业而言，十年间工业各产业区位熵都出现了一定程度的下降，但大多数产业在全国范围内还是具有较强的比较优势，一方面原因是上海的劳动密集型产业与高能耗产业外迁至区内其他省份；另一方面，也与上海近年来建设国际化大都市的国际定位有关。建设国际化大都市，必然要充分发挥上海第三产业的比较优势，大力发展第三产业。

根据十年间长三角地区三省一市区位熵的整体变化情况，本书认为：上海作为长三角地区的中枢与核心,由于国家政策和其特殊的地位开始进行产业转型,发展重心由制造业逐步转为服务业,在其产业结构转型过程中主要向江浙两地转移其边际产业,而江浙地区在十年间也在加速向安徽转移纺织、服装、家具等传统制造业。同时,这也在很大程度上解释了三省一市的产业结构相似的事实。

总体而言,长三角江苏、浙江、上海的优势产业在近十年中都保持了较高的区位熵值,安徽的区位熵也在十年间快速增长,这说明长三角地区的比较优势产业强劲且持续。同时,近十年来长三角地区经济发展并未出现停滞,这说明产业同构问题并未阻碍长三角地区的经济发展,长三角内部的产业一体化进程也在稳步前进之中。

(四)长三角规模以上工业结构相似指数分析

对于一个城市群整体区域的产业一体化测度,本文采用产业结构相似指数来衡量,计算公式如下:

$$I_c = 1 - \frac{1}{2(m-1)} \sum_{i=1}^{m} \sum_{j=1}^{n} |R_{ij} - \bar{R}_j|$$

在上式中,c 代表城市群,由 m 个省份或城市组成。I 代表省份或城市,j 代表行业。R_{ij} 为 i 城市 j 行业的在岗职工占总在岗职工的比重,$\bar{R}_j$ 为城市群 c 中所有城市 j 行业的在岗职工占总在岗职工人员比重的均值。产业结构相似指数 I_c 值域为 0 至 1,且 I_c 越小,表示城市群内产业结构越互补,产业一体化水平越高。本章选取长三角地区的工业产业数据,计算了 2008—2017 年长三角三省一市的工业产业结构相似指数,数据来源于历年各地统计年鉴,具体结果如图 3-1 所示。

由图 3-1 可知,2008—2017 年,长三角三省一市之间的工业产业结构相似指数总体呈现下降的趋势,分段来说大体上呈现上升、下降再上升的趋势,自 2008 年开始上升,最高点为 2010 年的 0.944 9,到达最高点后开始下降,最低点为 2015 年的 0.925 2,触底后至 2017 年又有小幅度回升。总体来看,自 2008 年到 2017 年十年来长三角地区三省一市之间的工业产业结构相似指数数值是在变小的,这说明长三角内部的工业产业一体化程度在趋势上是在不断提高的;同时我们也看到在 2014 年以后工业产业结构相似指数数值有所上浮,这是因为其内部相互之间的产业结构也在相互影响和不断调整。对于图 3-1 所示的趋势和现象,我们认为可以用两种理论来解释。

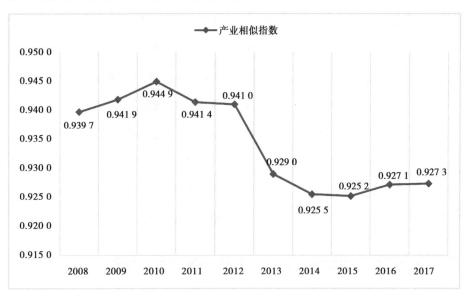

图 3-1　长三角地区三省一市工业产业结构相似指数

①“雁行模式”理论。“雁行模式”由日本学者赤松提出,用来描述东亚各国（地区）产业升级过程的一个专业术语——以日本为雁头,随后是四小龙,紧接其后的是东盟各国与中国大陆（内地）的“雁行”图景,日本将本国的传统产业逐步转移到四小龙,同时开始发展新兴产业;同样地,当亚洲四小龙在某一产业上发展成熟后,这些产业又被转移到相对更落后的国家发展,亚洲四小龙也相应进行产业结构升级,呈现出有先后次序的发展。

而对长三角地区来说,则是以上海为雁头,随后是江浙,安徽紧接其后的“雁行模式”。从该理论可以推断,无论是雁头地区还是落后地区,都需要进行不断的产业结构升级,因此该模式的升级次序是头尾交替的,即雁头升级→其他地区升级→雁头再升级,由此不断产生区域间驱动力,进行产业升级。因此,工业产业结构趋同与结构趋异也不会只出现一次,而将表现为趋同与趋异之间的不断交替,即趋同→趋异→再趋同地周而复始。

②新经济地理学理论。新经济地理学的基本假定有市场是垄断竞争的,以及产品跨区销售具有运输成本。由于运输成本的存在,厂商出于利润最大化的考量会选择靠近市场的地区进行生产,当大量的企业都进行同样的选择时,产业集群就产生了,同样地,产业集群又会反过来促使更多的企业参与进来。产业集群达到一定规模后,企业成本会增加,原来的区域因为成本的问题已经不再是最优选择,新进入的企业就会退而求其次选择周边区域进行生产,形成区域范围内的扩散。最终结果是同一产业集中在一个地区专业化生产,地区之间产业分工与协作关系增强。目前,长三角正处在一体化发展的中期,地区专业化处在逐步形成的过程中,产业同构是产业在长三角范围内集聚的结果。这一时期的基本特征是产业相似度较高,但整体呈下降趋势。

二、基于产业空间视角的长三角产业一体化水平测度

产品空间具体指所有产品间通过比较优势的发生程度构建的网络树图,这为探索产业升级和经济发展转型提供了可靠的参考依据。Hidalgo 等人[①] (2007)通过比较优势理论提出了第三类产品关联的测度方法,其测度的底层逻辑仍然是技术关联,他们认为各国是围绕已经拥有的优势产品的技术进一步衍生出相关联产业的产品优势,而贺灿飞和胡绪千[②] (2019)将基于比较优势计算的产品关联直接等同于技术关联。Hidalgo 等人(2007)将所有门类的产品及其关联形成的网络定义为"产品空间"(Product Space)。产品空间的指标要求在

---

① Hidalgo C A, Klinger B, Barabasi A L, et al. The product space conditions the development of nations[J]. Science. 2007, 317(5837): 482-487.

② 贺灿飞,胡绪千. 1978 年改革开放以来中国工业地理格局演变[J].地理学报,2019,74(10):1962-1979.

全面尺度下分割各个地理单元,通过地理单元内部产业生产的产品具备比较优势的条件概率衡量产品间的联系。产品空间联系的计算步骤为:①计算每个子行业在各个地区的显性比较优势;②计算两个子行业间成为比较优势的条件概率;③取两者条件概率的较小值。具体计算公式如下:

$$\phi_{j,k} = \min\left(P(RCA_{cj} > 1 \mid RCA_{ck} > 1), P(RCA_{ck} > 1 \mid RCA_{cj} > 1)\right)$$

$$RCA_{cj} = \frac{\text{Employment}_{cj} / \sum_j \text{Employment}_{cj}}{\sum_c \text{Employment}_{cj} / \sum_{c,j} \text{Employment}_{cj}}$$

其中,RCA_{cj}为 c 国家(或城市)产业 j 的显性比较优势。采用 2013 年中国工业企业数据库数据对上述指标进行计算,得出了中国各个二位数产业间的产品空间演变关系。Haidalgo[1](2007)对产品空间关联的阈值设定为 0.5,Guo 和 He[2](2016)研究中国产品空间关联的阈值设定为 0.35。表 3-4 分别采用 0.25、0.35 和 0.5 的阈值下网络参数的变化,并通过网络图展示不同阈值下各个二位数产业之间的共现关系(图 3-2)。

表 3-4　2017 年产品空间网络参数

阈值	节点数	边数	平均度	网络直径	平均路径长度	图密度	平均聚类系数
0.25	34	233	13.706	3	1.686	0.415	0.72
0.35	34	90	5.294	6	2.706	0.16	0.661
0.5	34	19	0.559	2	1.174	0.034	0.867

① 国家统计局能源统计司.中国能源统计年鉴[M].北京:中国统计出版社,2010—2019.
② Guo Q, He C. Production space and regional industrial evolution in China[J]. Geo Journal, 2017, 82(2): 379-396.

计算机、通信和其他电子设备制造业
仪器仪表制造业
皮革、毛皮、羽毛及其制品和制鞋业
其他制造业
电气机械和器材制造业 文教、工美、体育和娱乐用品制造业 烟草制品业
金属制品业
纺织服装、服饰业 铁路、船舶、航空航天和其他运输设备制造业
纺织业
通用设备制造业 橡胶和塑料制品业 化学纤维制造业
汽车制造业 家具制造业
专用设备制造业 金属制品、机械和设备修理业
印刷和记录媒介复制业 化学原料和化学制品制造业
燃气生产和供应业
造纸和纸制品业
食品制造业
农副食品加工业
酒、饮料和精制茶制造业 木材加工和木、竹、藤、棕、草制品业
石油加工、炼焦和核燃料加工业 非金属矿物制品业
电力、热力生产和供应业 医药制造业
水的生产和供应业
有色金属冶炼和压延加工业 废弃资源综合利用业
黑色金属冶炼和压延加工业

(a) $\phi_{j,k} \geq 0.25$

计算机、通信和其他电子设备制造业
仪器仪表制造业
皮革、毛皮、羽毛及其制品和制鞋业
其他制造业
电气机械和器材制造业 文教、工美、体育和娱乐用品制造业 烟草制品业
金属制品业
纺织服装、服饰业 铁路、船舶、航空航天和其他运输设备制造业
纺织业
通用设备制造业 橡胶和塑料制品业 化学纤维制造业
汽车制造业 家具制造业
专用设备制造业 金属制品、机械和设备修理业
印刷和记录媒介复制业
燃气生产和供应业 化学原料和化学制品制造业
造纸和纸制品业
食品制造业
农副食品加工业
酒、饮料和精制茶制造业 木材加工和木、竹、藤、棕、草制品业
石油加工、炼焦和核燃料加工业 非金属矿物制品业
电力、热力生产和供应业 医药制造业
水的生产和供应业
有色金属冶炼和压延加工业 废弃资源综合利用业
黑色金属冶炼和压延加工业

(b) $\phi_{j,k} \geq 0.35$

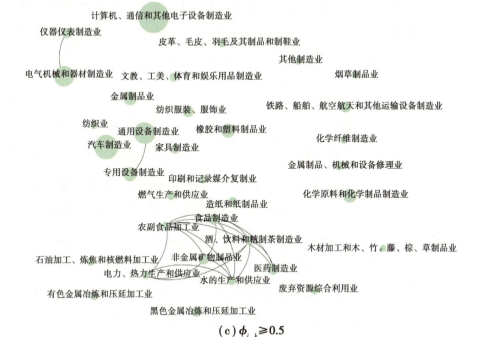

(c) $\phi_{j,k} \geqslant 0.5$

图 3-2　2017 年长三角城市群产品空间网络图

从不同阈值下的产品空间网络对比可以看到，长三角地区的产品空间关联性在不同的阈值条件下具有较大的变异性。从最宽松的阈值(0.25)的条件下(图 3-2(a))，长三角城市群所有二位数产业间均存在关联性，可以发现在这一水平下，纺织服装业、通用设备制造业、食品制造业和非金属矿物制品业在网络中占据了较为重要的地位，但是从从业人数的角度来看，这些产业的规模普遍不高，而诸如计算机、通信和其他电子设备制造业、汽车制造业与电气机械和器材制造业这些吸纳就业能力较强的产业来说，其在网络中的位置较为边缘，这说明其演化其他产业的能力不高。随着阈值的不断提高，能够更为清晰地发掘产业间的关联强度最强的那些产业联系。在最严格的 0.5 的阈值下，我们发现仪器仪表制造业与电气机械和器材制造业这两个技术密集型产业的强产业演化关系，同时也能发现以食品制造业、医药制药业与水的生产和供应业、电力热力生产和供应业行业间为主的子网络的强关联关系。进一步通过密度公式计算长三角城市群三省一市各个二位数行业的行业密度计算其产业密度关联。计算公式如下：

$$\omega_j = \frac{\sum_k S_k \phi_{j,k}}{\sum_k S_k}$$

其中，S_k 表示行业的规模，ω_j 表示产业在产品空间中的密度，其含义为产业在产品临近的角度上规模化发展的程度。表 3-5 展示了在产品空间网络下，在 2008—2017 年长三角城市群三省一市的二位数产业的网络密度的变化趋势[①]。从产品密度的排名和数值来看，2008 年各个省份以酒、饮料和精制茶制造业、纺织服装、服饰业、通用设备制造业、燃气生产和供应业的密度较高，而 2017 年则以通用设备制造业、电气机械和器材制造业等产业为主。这初步表明了三省一市在一体化的进程中，产品结构的同步转变，由传统的劳动密集型制造业向技术密集型与资本密集型产业转变升级。同时，各个排名靠前的产业密度值发生了大幅的提升，表明三省一市的产品的相关多元化的程度在不断升高，产品通过技术扩散的路径形成了有机的产业集群网络。同时，随着三省一市一体化的推进，人员、技术与资本的加速沟通交流使得各个地区的优势产品趋于同步，实现了产业的初步协同一体化发展。

表 3-5　2008 年与 2017 年三省一市各产业产品空间密度排名

排名	2008 年				2017 年			
	江苏	浙江	安徽	上海	江苏	浙江	安徽	上海
1	18(0.392)	34(0.371)	45(0.399)	18(0.335)	38(0.437)	34(0.449)	34(0.413)	34(0.400)
2	34(0.328)	18(0.291)	15(0.339)	34(0.317)	34(0.349)	18(0.424)	45(0.354)	38(0.382)
3	45(0.272)	45(0.242)	44(0.332)	45(0.254)	18(0.325)	38(0.337)	18(0.328)	18(0.351)
4	15(0.198)	29(0.210)	46(0.321)	29(0.223)	33(0.245)	33(0.322)	15(0.316)	33(0.266)

---

① 由于 2012 年国民行业代码进行了修订，对其中调整的部分，本书进行了调整，因此，2008 与 2017 年的产业数量有所差别。

续表

排名	2008 年				2017 年			
	江苏	浙江	安徽	上海	江苏	浙江	安徽	上海
5	13(0.198)	24(0.205)	13(0.312)	36(0.177)	45(0.234)	29(0.264)	46(0.307)	45(0.238)
6	44(0.186)	13(0.187)	26(0.310)	33(0.167)	15(0.194)	45(0.220)	44(0.302)	35(0.229)
7	46(0.185)	15(0.184)	14(0.283)	15(0.160)	13(0.193)	15(0.196)	14(0.300)	29(0.220)
8	14(0.178)	23(0.184)	34(0.282)	13(0.153)	46(0.183)	13(0.193)	26(0.295)	15(0.189)
9	31(0.165)	33(0.169)	31(0.265)	17(0.151)	29(0.183)	40(0.188)	13(0.288)	13(0.181)
10	26(0.155)	14(0.167)	27(0.253)	44(0.151)	44(0.181)	14(0.181)	33(0.276)	44(0.179)
11	29(0.153)	46(0.162)	20(0.228)	23(0.151)	14(0.181)	23(0.178)	27(0.274)	46(0.176)
12	27(0.146)	44(0.155)	18(0.224)	46(0.139)	30(0.173)	46(0.174)	38(0.259)	30(0.161)
13	20(0.145)	17(0.154)	22(0.210)	24(0.138)	20(0.149)	44(0.168)	31(0.259)	14(0.160)
14	24(0.132)	26(0.154)	29(0.149)	14(0.131)	26(0.149)	30(0.166)	30(0.258)	20(0.159)
15	33(0.128)	31(0.144)	32(0.117)	35(0.130)	27(0.147)	35(0.165)	20(0.256)	36(0.155)
16	23(0.124)	20(0.144)	23(0.113)	20(0.123)	31(0.144)	17(0.162)	29(0.213)	26(0.144)
17	17(0.116)	41(0.129)	36(0.105)	26(0.121)	40(0.143)	26(0.162)	22(0.176)	27(0.141)
18	36(0.112)	27(0.129)	33(0.105)	31(0.108)	35(0.127)	24(0.152)	40(0.170)	17(0.129)
19	22(0.112)	40(0.116)	42(0.099)	22(0.105)	17(0.120)	20(0.148)	23(0.163)	23(0.128)
20	41(0.093)	36(0.109)	24(0.093)	27(0.102)	36(0.114)	27(0.141)	24(0.143)	31(0.125)
21	40(0.081)	22(0.099)	17(0.088)	41(0.102)	19(0.114)	19(0.139)	35(0.138)	40(0.114)
22	35(0.079)	35(0.072)	25(0.076)	40(0.081)	22(0.105)	31(0.138)	17(0.129)	22(0.113)
23	32(0.060)	32(0.057)	35(0.072)	42(0.037)	23(0.102)	36(0.126)	19(0.123)	19(0.102)
24	42(0.035)	42(0.037)	41(0.070)	32(0.037)	39(0.094)	39(0.116)	36(0.100)	24(0.088)
25	25(0.034)	25(0.028)	40(0.051)	21(0.034)	24(0.091)	41(0.095)	39(0.099)	39(0.088)
26	21(0.019)	21(0.023)	21(0.028)	25(0.033)	41(0.069)	22(0.090)	41(0.095)	21(0.060)
27	19(0.012)	19(0.014)	19(0.019)	19(0.021)	32(0.041)	21(0.053)	21(0.062)	41(0.039)
28	16(0.000)	16(0.000)	16(0.000)	16(0.000)	21(0.039)	32(0.042)	32(0.060)	32(0.025)
29	28(0.000)	28(0.000)	28(0.000)	28(0.000)	42(0.031)	42(0.021)	42(0.048)	25(0.019)

续表

排名	2008 年				2017 年			
	江苏	浙江	安徽	上海	江苏	浙江	安徽	上海
30	37(0.000)	37(0.000)	37(0.000)	37(0.000)	25(0.027)	25(0.018)	25(0.034)	42(0.019)
31	39(0.000)	39(0.000)	39(0.000)	39(0.000)	16(0.000)	16(0.000)	16(0.000)	37(0.000)
32	43(0.000)	43(0.000)	43(0.000)	43(0.000)	28(0.000)	28(0.000)	28(0.000)	43(0.000)
33	—	—	—	—	37(0.000)	37(0.000)	37(0.000)	16(0.000)
34					43(0.000)	43(0.000)	43(0.000)	28(0.000)

注：13-农副食品加工业；14-食品制造业；15-酒、饮料和精制茶制造业；16-烟草制品业；17-纺织业；18-纺织服装、服饰业；19-皮革、毛皮、羽毛及其制品和制鞋业；20-木材加工和木、竹、藤、棕、草制品业；21-家具制造业；22-造纸和纸制品业；23-印刷和记录媒介复制业；24-文教、工美、体育和娱乐用品制造业；25-石油加工、炼焦和核燃料加工业；26-化学原料和化学制品制造业；27-医药制造业；28-化学纤维制造业；29-橡胶和塑料制品业；30-非金属矿物制品业；31-黑色金属冶炼和压延加工业；32-有色金属冶炼和压延加工业；33-金属制品业；34-通用设备制造业；35-专用设备制造业；36-汽车制造业；37-铁路、船舶、航空航天和其他运输设备制造业；38-电气机械和器材制造业；39-计算机、通信和其他电子设备制造业；40-仪器仪表制造业；41-其他制造业；42-废弃资源综合利用业；43-金属制品、机械和设备修理业；44-电力、热力生产和供应业；45-燃气生产和供应业；46-水的生产和供应业。

第四节　促进长三角产业高质量一体化发展的对策建议

长三角城市群产业发展是中国高质量发展的亮丽名片，必须树牢"一盘棋"思想，紧扣"一体化"和"高质量"两个关键词，需要在产业协同体制设计、新基建产业深度融合、集群化发展、开发区整合、打造创新共同体、污染防治协同联动等方面着手开展一系列工作。

一、加强顶层设计，建立产业协同制度创新体系

长三角产业一体化高质量发展需要加强顶层设计，创新制度供给模式。关键是通过制度创新，形成长三角地区深层次联动发展、利益共享的体系，推动产业发展体制、机制、政策、标准一体化。要充分发挥政府在机制制度设计、功能平台共建、公共服务共享等方面的引导作用，消除市场分割、地方保护等阻碍公平竞争的各种行政壁垒。通过建立统一的市场标准体系，促进商品和要素跨地区自由流动，营造统一、开放、有序的竞争市场环境。建立长三角地区统一合理的人才资格互认、企业证照互认、许可证互认体系，形成一体化的应用市场和互认平台，推动长三角内部各类要素充分流动。加强统筹协调，在为长三角未来发展和全国区域产业一体化提供可复制、可推广经验的基础上，同时，充分考虑四地实际，处理好一体化与个性化、特色化的关系，坚持顶层设计，循序渐进。同时，逐步探索建立跨区域的土地利用指标体系，盘活土地空间资源管理机制，促进可持续发展。要对企业登记标准和实行无差别登记进行探索。探索投资共享、利益共享的跨区域财务管理体制，落实不受行政区划和户籍限制的公共服务政策，推动重点领域产业与一体化发展体系融合发展。

二、把握信息革命浪潮，推进新基建产业深度融合

在新一代信息技术革命的背景下，营造长三角产业与营商环境基础建设换代升级，加强长三角新基建产业深度融合，加快形成新技术、新产品、新产业，打造产业新生态，助推长三角产业升级。长三角地区需要敏锐把握信息化发展的历史机遇，大力解放和发展区域生产力，把握新一轮技术革命的"生产方式智能化、产业形态数字化"的重要特点，加快以 5G 技术为代表的"新基建"建设，构建并运营好长三角区域"信息高速铁路"，并以此为基础进一步推动"产业数字化"和"数字产业化"。同时，逐步实现区域性数据共享，统筹信息资源规划和共

享数据库建设。加快推进重大科研资源平台、仪器设备共建共享,提高创新成果在长三角区域的集中度和展示水平。此外,长三角城市群应深入推动区域供给侧结构性改革,加快发展先进制造业,实现互联网、大数据、人工智能技术与实体产业的深度融合,为长三角一体化高质量发展提供新增长点、新动能和新引擎。

三、推动产业链互融,打造先进制造业集群基地

长三角产业链互融既要考虑产品链上下游的互供,也要考虑产品结构的差异化,这一过程中要充分发挥产业集群组织的作用。作为改革开放的前沿阵地,长三角地区需要进一步推动中国产业向全球价值链中高端迈进,培育一批世界级先进制造业集群。在这个过程中,网络化的产业集群组织可以更好地协调各方利益,加快要素流动,优化资源配置,避免重复建设,维护竞争秩序,优化产业结构,促进产业融合发展。需要进一步借鉴美国、德国、日本等发达国家的先进经验,使得中国的产业集群组织在世界级产业集群建设中发挥重要作用,形成中国特色产业集群组织发展模式与发展路径。产业集群内部应进一步加强沟通,避免集群流于形式,搭建制订协作机制和方案,针对重点产业,及时发布知识产权发展态势报告,辅助产业集群精准布局,提升产业集群软实力。完善集群内部企业创新成果的转化机制,进一步提升参与行业标准制定的能力,加强标准化试点和标准化技术组织建设,增强利用标准化技术委员会开展标准研制的能力。

四、促进开发区整合,完善产业一体化发展载体

加快推动长三角一体化科创园经济发展,让园区发挥桥梁作用,让园区企业享受长三角地区联动政策。同时,建立长三角地区统一合理的人才资格互认、企业证照互认、许可证互认体系,形成统一的应用市场和互认平台,推动长

三角内部各类要素充分流动。在推进产业融合发展的过程中，开发区要成为主要平台和战场，积极发挥开发区的支撑和引领作用。开发区的发展需要更好地发挥地方比较优势，通过产业结构调整和转型升级进一步提高竞争力。此外，要积极推进开发区合作或共建跨区域合作示范区。开发区作为重要的集聚高地和政策高地，具有形成产业集群的天然优势，应推进基于产业链和创新链的开发区合作和价值链合作，实现跨区域整合和资源优化配置，形成一批具有竞争力的产业集群。

构建跨区域项目合作平台，引导项目合作，可以突破区域行政管理体制壁垒，发挥区域资源互补优势，以项目合作的形式开展产业合作，实施一事一议，搭建永久性平台，可以降低信息采集成本，为项目洽谈提供平台，提高合作效率。在具体操作上，可以通过以下渠道创新利润分配机制，推动建立跨区域经济合作开发区：一是完善成熟的分税制，实现双赢；二是采取股权投资方式，按股权比例分配发票收入；三是合作双方财政应在一定时期内通过协议约定开发区的收入分配标准。

五、整合创新资源，构建区域创新共同体

整合创新资源，打造创新共同体，促进创新要素跨企业、跨城市、跨区域充分流动，推动长三角城市群创新水平稳步提升。一是创新主体互联互通。加快探索跨省份、跨城市协同创新机制，构建区域科技创新共同体，实现创新体制、创新主体、创新要素、创新资源、创新理念的互通与协同。搭建高校、科研机构、企业等不同创新主体间的协调平台，形成联动型创新模式。二是创新基础设施共建共享。进一步完善创新基础设施的共建共享共用，充分发挥长三角城市群丰富的重大科技基础设施资源。要树立全局思想，围绕发展现实情况和未来需求，综合科技、教育、人才、产业等方面出台一揽子支持政策。完善长三角城市群创新体系联席会议制度，建议邀请区域内"双一流"建设高校、重点科研机构、知名科技型企业参加区域联席会议，创新推动科技创新协同发展的合作交流体

制机制,加强沟通协调,建立多层级、网络化的科技创新信息互通平台。三是创新人才跨区流动。需要进一步统筹设立区域内创新基金,用于区域创新企业开展科技创新合作发展有关项目研究、落实相关计划及人才互聘互访等;统一区域社会保障政策覆盖的人员范围规定,解决科技创新人才跨区域流动的后顾之忧,解决医疗、教育和养老等问题,实现区域内人才充分流动和高效配置。长三角地区积极协调推动人才引进制度改革,不断完善各地区的人才引进政策,消除人才跨区域流动的障碍,同时建立更加灵活的聘请制度,鼓励高校和科研机构、企业等的科研和技术骨干人才在长三角区域内自由设立研究工作室,不断提高人才资源要素的利用效率,提高地区整体创新水平。

六、共建区域污染防治协同联动,实现高质量生态发展

要实现长三角地区的绿色发展、可持续发展,提高公众生态环境保护意识,创新长三角生态环境区域治理模式,健全长三角城市群生态治理信息公开制度,实现区域污染防治协同联动。一是要建立长三角生态一体化防控领导机构,在制度层面实现城市群生态保护一体化,避免出现"上游污染,下游治理""本省污染,邻省治理"的治理责任主体缺失情况。二是强化多污染区域协同分类治理,建立"废水、废气、废物"差异化管理平台,特别是对固体废物建立城市群层面的统一管理平台,提高区域固体废物处理、处置及综合利用能力。三是要完善长三角生态环境区域治理参与的责任机制,树立社会责任意识,实现政府、企业和普通公众的共同参与,推进区域生态环境治理的民主化进程。四是完善长三角城市群生态治理的一体化评价机制,在制定法规、规章及政策等规范性文件过程中区域内各省份、各城市有效充分沟通协调,广泛征求意见,建立区域内污染物排放科学综合评价体系。

4

固链：
双循环背景下的长三角产业链发展

党的十九届四中、五中全会提出要提升产业链现代化水平,这是新形势下国家对产业高质量发展做出的重大部署。完成基础产业高级化、产业链现代化的任务,是我国进入现代化国家的基础,如何推进产业链现代化成为当前理论界和实务部门亟待解决的重大问题。长三角和珠三角一样,承担着中国产业链现代化建设的责任。推进产业链现代化,努力重塑新的产业链,全面加大科技创新力度,这是未来深化供给侧结构性改革的重点,也是巩固和壮大实体经济根基、实现高质量发展的关键。

第一节　从产业链视角看待产业发展

当今的产业经济学对现实世界的产业链问题其实缺少足够关注:一是它所分析的对象,一直是同类企业集合意义上的产业或行业,研究文献或教科书中至今没有产业链的概念和应有地位;二是一直把市场边界确定在国内市场范围内,对开放条件下 GVC 形态的产业竞争缺少分析和分析方法;三是仍然用静态的标准定义垄断格局,对因技术范式变化而导致的产业动态竞争研究不够。[①]"产业链"最早由我国学者提出,早期研究主要围绕概念、类型、模式、演进及影响因素等展开,近期更多地将产业链作为一个视角、背景或工具来研究某个行业的发展。产业链的内涵至今存在诸多争议,一些学者将其理解为产业关联[②]、生产链[③]、企业链[④]、价值链[⑤]等,但越来越多的学者认为应从多维视角去定义产

---

① 刘志彪.产业链现代化的产业经济学分析[J].经济学家,2019(12):5-13.
② 陈钊,杨红丽.解开 FDI 垂直溢出效应之谜:产业链的视角[J].经济社会体制比较,2015(1):33-45,138.
③ 郁义鸿.产业链类型与产业链效率基准[J].中国工业经济,2005(11):35-42.
④ 程李梅,庄晋财,李楚,等.产业链空间演化与西部承接产业转移的"陷阱"突破[J].中国工业经济,2013(8):135-147.
⑤ 徐从才,盛朝迅.大型零售商主导产业链:中国产业转型升级新方向[J].财贸经济,2012(1):71-77.

业链[①]。产业链治理可以降低交易费用,形成共生利益,化解市场失灵[②],对于产业升级至关重要[③],但不同类型的产业链应采取差别化的治理模式[④]。推动产业链治理、升级主要有三种方式:一是实施整合。目前,更多学者关注的是产业链纵向整合的策略[⑤]、机制[⑥]及效应[⑦]等,对于横向、侧向整合的研究尚显不足。二是促进重构。产业链重构是核心企业发起的链条结构性变化,包括价值、组织、空间重构[⑧]。要素成本变化、新科技革命、大国竞争与博弈等是诱发全球产业链分化重构的重要因素[⑨]。三是加强协同。近年来,协同对于提升治理、促进升级的作用越来越被重视,主要包括链内协同[⑩]、链间协同[⑪]以及多维链协同[⑫]。其中,创新链与产业链的协同得到了更多的关注[⑬⑭]。

由于概念的模糊性和内涵的复杂性,国外学者更多地使用价值链来替代产业链这一研究范畴。虽然主导企业"自上而下"的"治理"活动和特定国家和地区"自下而上"的"升级"或降级轨迹较早就引起了学者们的关注[⑮],但直到投入

---

① 吴金明,邵昶.产业链形成机制研究:"4+4+4"模型[J].中国工业经济,2006(4):36-43.

② 张小蒂,曾可昕.基于产业链治理的集群外部经济增进研究:以浙江绍兴纺织集群为例[J].中国工业经济,2012(10):148-160.

③ 高照军,张宏如.企业成长与创新视角下的产业链升级研究[J].科研管理,2019,40(5):24-34.

④ 杜龙政,汪延明,李石.产业链治理架构及其基本模式研究[J].中国工业经济,2010(3):108-117.

⑤ 李凯,郭晓玲.产业链的垂直整合策略研究综述[J].产经评论,2017,8(3):81-95.

⑥ 谢莉娟,王晓东,张昊.产业链视角下的国有企业效率实现机制:基于消费品行业的多案例诠释[J].管理世界,2016(4):150-167.

⑦ 赵伟光,李凯.外资纵向所有权安排与本土企业产业链利润分配[J].产业经济研究,2019(4):37-48.

⑧ 王宏强.产业链重构:概念、形式及其意义[J].山东社会科学,2016(5):189-192.

⑨ 王庭东.东亚产业链重构影响因素辨析:一个政治经济学视角[J].经济学家,2013(7):86-94.

⑩ 胡求光,朱安心.产业链协同对水产品追溯体系运行的影响:基于中国 209 家水产企业的调查[J].中国农村经济,2017(12):49-64.

⑪ 沈颂东,亢秀秋.大数据时代快递与电子商务产业链协同度研究[J].数量经济技术经济研究,2018,35(7):41-58.

⑫ 江曼琦,梅林.产业"链"簇关系辨析与协同发展策略研究[J].河北经贸大学学报,2018,39(1):73-82.

⑬ 纪雪洪,吴永林.有效竞争、创新能力与产业链协作:中国新能源汽车产业的未来发展[J].江苏行政学院学报,2017(2):57-61.

⑭ 洪银兴.围绕产业链部署创新链:论科技创新与产业创新的深度融合[J].经济理论与经济管理,2019(8):4-10.

⑮ Gereffi G. The Governance of Global Value Chains: An Analytic Framework[J]. Review of International Political,2011.

产出方法的不断完善并被运用于跨国分析①②③,这方面的实证研究才得以逐步深入,侧重于从企业微观层面实证分析 GVC 位置④以及 GVC 边界⑤。毫无疑问,我们所说的构建现代产业体系,就是要从产业链纵向角度加强上下游企业之间技术经济的关联性,增强区域间产业的协同性,提高产业链与创新链、资金链和人才链嵌入的紧密度。这也需要确定产业链位置,作为进一步政策分析的基础。

第二节 长三角地区的产业链位置评估

一、产业链步长（VAPL）测度方法

书中所用的方法基础源自 Leontief（1936）⑥提出了投入产出分析,投入产出表给出了各个行业之间的总产出与中间品投入之间的关系,根据这种联系就可以追踪一个单位产品产出的各个生产阶段。这样,当每个产业的总产出以及关联的最终需求已知时,增加值的产生和贸易就可以根据该产业的总产出与增加值率相乘来得到。基于投入产出的经典方法,在前期的工作中,我们构造了测量从产业链环节到消费者距离的方法,从而衡量一个国家或地区在纵向产业

① Koopman R , Wang Z , Wei S J. Estimating domestic content in exports when processing trade is pervasive [J]. Journal of Development Economics, 2012,99(1): 178-189.

② Parro, Fernando, Caliendo, etal. Estimates of the trade and welfare effects of NAFTA[J]. The Review of Economic Studies, 2015, 82(1): 1-44.

③ Antràs Pol, Davin Chor. On the Measurement of Upstreamness and Downstreamness in Global Value Chains [M]//World Trade Evolution: Growth, Productivity and Employment. London: Taylor & Francis Group, 2018: 126-194.

④ Antràs Pol, Teresa C Fort, Felix Tintelnot. The Margins of Global Sourcing: Theory and Evidence from U.S. Firms[J]. American Economic Review ,2017, 107 (9): 2514-2564.

⑤ Antras Pol, Chor D, Fally T. etal. Measuring the Upstreamness of Production and Trade Flows [R]. NBERWorking Paper,2012: 17819.

⑥ Leontief W. Quantitative Input and Output Relations in the Economic System of the United States[J].Review of Economic and Statistics,1936(18):105-125.

链中的位置。[1][2]

在一个 IO 表中，一个产业的总产出等于中间产品与最终产品的总和：

$$X = AX + Y \qquad (4\text{-}1)$$

这里，X 是 $N \times 1$ 维的总产出向量，Y 是 $N \times 1$ 维的最终需求向量，并有 A 是 $N \times N$ 维投入产出矩阵。

通过对上式进行变形，可以得到

$$X = (I - A)^{-1}Y = BY \qquad (4\text{-}2)$$

这里的 B 矩阵是一个 $N \times N$ 维的方阵，也称作 Leontief 逆矩阵，表示某产业增加一个单位的最终需求时，其他产业产出增加的最终需求矩阵。根据上式中变换的一般性假设，矩阵 B 可以写成矩阵 A 的幂级数形式，

$$B = I + A + A^2 + A^3 + \cdots \qquad (4\text{-}3)$$

这样公式（4-2）中所表现的最终需求对总产出的影响可以被解释为公式（4-3）中直接需求的叠加的形式。最初始的影响是最终需求 Y 自身被生产制造出来，为了生产这些额外的产出则需要额外的中间产品，也是第 1 轮的生产产出 AY；接下来在第二轮的影响中，为了生产第 1 轮的额外产出 AY，则要投入额外的中间产品 A^2Y 的投入，以此类推直到无限轮次。这样，最终需求 Y 对产出的总影响则是每一轮产出的加总 $(A^2 + A^3 + \cdots)Y$。

在 IO 表中，我们定义 V 为一个 $1 \times N$ 维的直接增加值系数向量，那么向量 V 中的每一个元素表示总产出中直接增加值的份额，该份额等于 1 减去中间投入品的份额，

$$V = u[1 - A] \qquad (4\text{-}4)$$

这里，u 是一个 $1 \times N$ 的单位向量，同时向量 V 中每个元素也就是直接增加值系

① Ye M, Meng B, Wei S J. Measuring Smile Curves in Global Value Chains[R].IDE Discussion Paper,2015：530.

② Meng B, Ye M, Wei S J. Measuring Smile Curves in Global Value Chains[J]. Oxford Bulletin of Economics and Statistics,2020,82(5)：988-1016.

数可以改写为

$$v_j = va_j/x_j = 1 - \sum_{i}^{n} a_{ij} \qquad (4\text{-}5)$$

这里 va_j 是产业 j 的直接增加值。

这样,可以定义总的增加值系数矩阵($\boldsymbol{VB}$)如下:

$$\boldsymbol{VB} = \begin{bmatrix} v_1 & v_2 & \cdots & v_n \end{bmatrix} \begin{bmatrix} b_{11} & b_{12} & \cdots & b_{1n} \\ b_{21} & b_{22} & \cdots & b_{2n} \\ \vdots & \vdots & & \vdots \\ b_{n1} & b_{n2} & \cdots & b_{nn} \end{bmatrix} = \begin{bmatrix} v_1 b_{11} + v_2 b_{21} + \cdots + v_n b_{n1} \\ v_1 b_{12} + v_2 b_{22} + \cdots + v_n b_{n2} \\ \vdots \\ v_1 b_{1n} + v_2 b_{2n} + \cdots + v_n b_{nn} \end{bmatrix}^{\mathrm{T}}$$

$$(4\text{-}6)$$

注意,上述向量中的每个元素等于1,构成了一个单位向量。下面再结合产业的增加值和最终品消费可对增加值的消费情况进行进一步分解,

$$\widehat{\boldsymbol{VB}}\widehat{\boldsymbol{Y}} = \begin{bmatrix} v_1 & 0 & \cdots & 0 \\ 0 & v_2 & 0 & 0 \\ \vdots & \vdots & & \vdots \\ 0 & 0 & \cdots & v_n \end{bmatrix} \begin{bmatrix} b_{11} & b_{12} & \cdots & b_{1n} \\ b_{21} & b_{22} & \cdots & b_{2n} \\ \vdots & \vdots & & \vdots \\ b_{n1} & b_{n2} & \cdots & b_{nn} \end{bmatrix} \begin{bmatrix} y_1 & 0 & \cdots & 0 \\ 0 & y_2 & 0 & 0 \\ \vdots & \vdots & & \vdots \\ 0 & 0 & \cdots & y_n \end{bmatrix}$$

$$= \begin{bmatrix} v_1 b_{11} y_1 & v_1 b_{12} y_2 & \cdots & v_1 b_{1n} y_n \\ v_2 b_{21} y_1 & v_2 b_{22} y_2 & \cdots & v_2 b_{2n} y_n \\ \vdots & \vdots & & \vdots \\ v_n b_{n1} y_1 & v_n b_{n2} y_2 & \cdots & v_n b_{nn} y_n \end{bmatrix} \qquad (4\text{-}7)$$

上述矩阵中的各个元素标明了每个产业的最终消费所包含的各个产业增加值的额度,每个元素分布表示该增加值额度的来源产业以及最终去向。在该矩阵中,沿着矩阵行的方向表示该产业增加值最终的去向,也就是说被其他产业吸收的情况。这样,将矩阵中第 i 行加总就可以得到投入产出表中第 i 个产业所创造的所有增加值,换句话说也就是该产业所创造的 GDP 数量,写成数学表达如下:

$$v_i(b_{i1}y_1 + b_{i2}y_2 + \cdots + b_{in}y_n) = va_i = GDP_i \qquad (4\text{-}8)$$

同时，同样是在上述矩阵中，沿着矩阵列的方向表示对于某产业最终消费品中每个产业增加值的来源情况。这样，将矩阵中第 j 列加总可以得到第 j 个产业的最终消费额，数学表达如下：

$$v_1 b_{1j}y_j + v_2 b_{2j}y_j + \cdots + v_n b_{nj}y_j = y_j \qquad (4\text{-}9)$$

这两种不同方式分解增加价值和最终产品生产在经济分析中具有各自的经济解释，因而有不同的角色。具体而言，沿着矩阵 $\hat{V}B\hat{Y}$ 行的分解给出了该产业部门所创造的增加值被其他部分吸收的情况，它横跨所有的下游产业，因而是从供给的角度看的增加值的前向联系。沿着矩阵 $\hat{V}B\hat{Y}$ 列的分解给出了该产业部门最终消费中所包含的其他部门的增加值情况，它横跨了该产业对应的所有上游产业，因而是从用户的角度来看增加值的后向联系。

从增加值传播的角度来重新定义产业部分的上下游距离，对增加值在前向和后向的传播与分解进行了界定，根据公式(4-8)和公式(4-9)可以得到：

$$\frac{v_i}{va_i}(b_{i1}y_1 + b_{i2}y_2 + \cdots + b_{in}y_n) = 1 \qquad (4\text{-}10)$$

$$v_1 b_{1j} + v_2 b_{2j} + \cdots + v_n b_{nj} = 1 \qquad (4\text{-}11)$$

在具体的 IO 表中，可以用矩阵形式表达来重新改写上式，

$$\hat{V}(BY)/VA = \hat{V}(I + A + A^2 + A^3 + \cdots)Y/VA = \boldsymbol{\mu} \qquad (4\text{-}12)$$

$$VB = V(I + A + A^2 + A^3 + \cdots) = \boldsymbol{\mu}^{\mathrm{T}} \qquad (4\text{-}13)$$

这里，$\boldsymbol{\mu}$ 表示一个单位向量。同样，可以对公式(4-12)和公式(4-13)的幂级数的表达方式给予经济上的解释，在公式(4-12)中，公式的第一项是产业最终需求中增加值的份额，第二项表示在第 1 轮制造过程之后所产生的中间品进入制造过程所附带的增加值份额，其他项目则表示在第 2 轮以及随后轮次的制造过程之后所产生的中间产品进入制造过程附带增加值的份额。同样，在公式(4-13)中，公式的第一项表示初始投入的增加值份额，公式的第二项表示在投入之

后所拉动的第 1 轮的中间产品生产中的增加值份额,其他项目则表示所拉动的第 2 轮以及随后轮次的中间产品生产中的增加值份额情况[1]。

由于公式(4-12)和公式(4-13)中各个元素的和为 1,因此可以用来构建增加值传播长度的权重,因为可以得到从增加值传播的角度来定义的产业的下游距离,即本书所指的步长:

$$D = \hat{V}(1I + 2A + 3A^2 + \cdots)Y/VA = \hat{V}(0I + 1A + 2A^2 + \cdots)Y/VA + \mu$$

$$= \hat{V}B^2Y/VA = \hat{V}(B^2 - B)Y/VA + \mu \tag{4-14}$$

指标 D 给出了产业从初始的增加值到最终消费中之间所要经历的平均生产阶段。换句话说,它可以测算出从增加值传播的角度上来看产业总的向后连接长度,该指标可以标定一个产业在整个产业链中的位置。比如 D 越大,则表示该产业越处于上游,也就意味着该产业的增加值需要经历很多个生产阶段才能到达最终的消费者;反之,D 越小则表示该产业越处于下游,该产业的增加值经历很少的生产阶段就可以直接被消费者消费掉。

二、产业链整体步长(VAPL)及其变化

参考 Chen(2017)[2]、Wang(2017)[3]的方法,将中国省际投入产出表嵌入全球投入产出表中。其中,中国数据采用 2012、2017 年各省投入产出表,全球投入产出表采用了亚洲开发银行全球投入产出数据库。

图 4-1 显示了全球主要国家(地区)的产业链整体步长的变化情况。与此不同,美国、法国、英国、日本等发达国家对全球最终需求的增加值平均传递步

---

① Miller R E,Temurshoev U. Output Upstreamness and Input Downstreamness of Industries Countries in World Production[R].GGDC Working Papers, 2013:133.

② Chen G, Hadjikakou M, Wiedmann T. Urban carbon transformations:unravelling spatial and inter-sectoral linkages for key city industries based on multi-region input-output analysis[J]. J Clean Prod, 2017,163: 224-240.

③ Wang Y, Geschke A, Lenzen M. Constructing a time series of nested multiregion input-Output tables[J]. Int. Reg. Sci.2017,40: 476-499.

长（VAPL）相对较低，且基本保持稳定。长三角三省一市相对于其他国家和经济体，产业链增加值平均传递步长（VAPL）较长，并且，2017年与2012年相比步长整体具有增加的趋势。这说明，长三角的产业链处于全球分工的上中游，与全球最终需求产品之间的距离相对较远。主要可能存在以下原因：总体上来说，长三角地区是上游资源和中间品切入全球市场，以电子信息为代表的产业中，长三角的外资企业和民营企业参与产品内分工，提升了产业链的位势；同时，在消费者驱动型的价值链中，跨国公司仍然是渠道和品牌的主导者，长三角企业直接面对消费者形成知名品牌的比重仍然较少。当然，产业链位势与产业链现代化、产业升级等方面的关系，需要做进一步深入的分析。

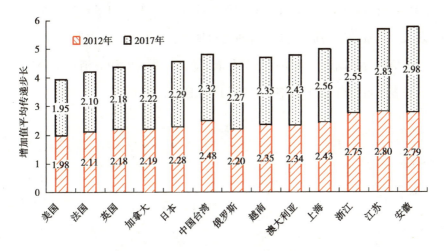

图 4-1　主要国家（地区）及长三角对全球最终需求的增加值平均传递步长

三、分产业步长（VAPL）及其变化

我们继续测算了长三角三省一市制造业相关产业的 VAPL 的数值及其变化[①]。从测算结果来看，上海、江苏、安徽的 VAPL 的数值总体变大，这些代表性产业包括纺织服装鞋帽、信息传输、软件和技术服务、通用和专用设备、交通运

[①]　包括金属制品、纺织服装鞋帽、食品和烟草、信息传输、软件和技术服务、纺织品、通用和专用设备、非金属矿物品、交通运输设备、批发和零售、通信设备和计算机等设备、木材加工/家居、交通运输、仓储和邮政、金属冶炼制品、化学产品、造纸/文教用品、石油、炼焦和核燃料加工业、金属矿产采选业。

输设备、通信设备和计算机等设备、金属冶炼制品等。浙江的情况有所不同,除了金属制品产业外,其余产业基本都是 VAPL 的数值变小。这与前一部分的总体测算是一致的,沪、苏、徽三地的产业链位置一定程度上向产业链上游移动,浙江的产业链位置向下游移动。进一步,下文选取通信设备和计算机等设备产业、交通运输设备这两个典型产业,就产业链位置与产业增加值之间的关系进行分析。

(一)通信设备和计算机等设备产业

图 4-2 呈现了 2012 年和 2017 年全球主要国家(地区)及长三角的通信设备和计算机等设备产业的增加值平均传递步长(横轴)与增加值率(纵轴)之间的变化关系。根据上文所述的步长和增加值计算方法,按照计算结果绘制出产业的"步长—增加值率"曲线,其中横轴表示价值链参与方(各产业部门)在计算机、电子信息设备制造产业中所处的位置,横轴左侧表示距离消费者较近的位置,纵轴表示价值链参与方(各产业部门)的增加值率。

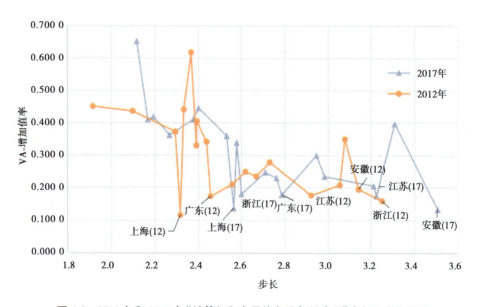

图 4-2 2012 年和 2017 年"计算机和电子信息设备制造业"步长和增加值率

表 4-1　2012 年和 2017 年"计算机和电子信息设备制造业"步长和增加值率

2017 年 国家/地区	2017 年 步长	2017 年 增加值率	2012 年 步长	2012 年 增加值率	2012 年 国家/地区
美国	2.119 6	0.651 7	1.916 5	0.450 7	加拿大
加拿大	2.170 4	0.410 2	2.099 8	0.436 6	英国
英国	2.196 4	0.418 9	2.297 0	0.372 8	俄罗斯
意大利	2.270 4	0.362 3	2.319 6	0.115 1	上海
法国	2.379 2	0.410 3	2.335 4	0.441 2	德国
德国	2.403 2	0.445 7	2.369 5	0.617 0	美国
俄罗斯	2.533 0	0.359 6	2.393 2	0.329 6	意大利
上海	2.565 7	0.135 2	2.395 6	0.404 6	法国
日本	2.579 2	0.338 9	2.439 5	0.341 6	日本
浙江	2.601 3	0.180 6	2.458 1	0.173 8	广东
泰国	2.710 9	0.246 7	2.558 2	0.209 8	新加坡
新加坡	2.763 6	0.230 0	2.619 5	0.249 2	泰国
广东	2.788 4	0.178 1	2.669 2	0.234 8	马来西亚
韩国	2.947 6	0.299 4	2.732 4	0.278 3	韩国
马来西亚	2.985 3	0.234 8	2.923 7	0.176 6	江苏
越南	3.212 5	0.206 3	3.056 1	0.208 4	越南
江苏	3.225 9	0.175 2	3.079 5	0.349 6	中国台湾

续表

2017 年 国家/地区	2017 年 步长	2017 年 增加值率	2012 年 步长	2012 年 增加值率	2012 年 国家/地区
中国台湾	3.308 9	0.397 5	3.142 6	0.195 7	安徽
安徽	3.507 6	0.133 9	3.251 6	0.159 7	浙江

根据表 4-1 可知,与 2012 年相比,2017 年计算机和电子信息设备制造业产业的整体步长呈现增加趋势,这说明在整体上各产业部门参与该产业的生产制造的链条更长、产业链环节更复杂。此外,总体上看,该产业步长较短和较长的环节附加值较高,也就是说,处于产业上游和下游的国家增加值较高,而中游的国家附加值相对较低。这与直觉相符,比如产业下游的苹果等跨国公司以及掌握芯片核心技术的上游科技公司,在该产业能够获得较高的附加值。

从长三角地区来看,长三角三省一市的增加值率总体处于较低水平,低于上述参与主体的均值。但是从趋势上看,江苏的增加值基本持平,安徽的增加值有所下降,上海和浙江的增加值均显著提升。同时,除了浙江步长下降外,其余三地的步长均显著增加。这说明,在计算机和电子信息设备制造业这一产品内分工比较明显的产业,长三角的产业整体往上中游移动,但是并没有移动到上游高技术、高壁垒的环节。这可能与此期间的全球价值链分工中,部分外资企业将部分模块和零部件转移到中国生产,同时部分中国本土企业以产品内分工形式嵌入全球价值链有关,而相对低附加值的部分转移到长三角工业化程度相对不高的地区。

（二）交通设备制造产业

图 4-3 呈现了 2012 年和 2017 年全球主要国家(地区)及长三角交通运输设备制造业的平均传递步长 VAPL(横轴)与增加值率 VA(纵轴)之间的关系。

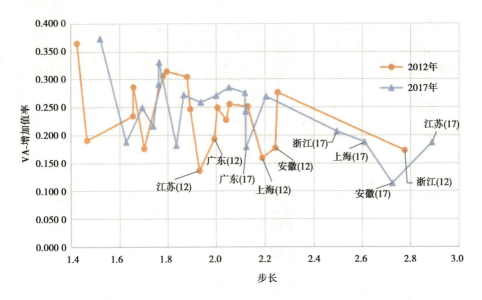

图 4-3　2012 年和 2017 年"汽车等交通运输设备制造业"步长和增加值率

表 4-2　2012 年和 2017 年"汽车等交通运输设备制造业"步长和增加值率

2017 年国家/地区	2017 年步长	2017 年增加值率	2012 年步长	2012 年增加值率	2012 年国家/地区
泰国	1.521 6	0.372 6	1.425 6	0.364 5	泰国
越南	1.630 0	0.186 8	1.467 0	0.190 0	越南
加拿大	1.697 2	0.248 6	1.657 9	0.234 0	法国
法国	1.742 7	0.215 6	1.659 8	0.285 8	加拿大
美国	1.765 2	0.290 6	1.705 3	0.175 7	马来西亚
德国	1.767 2	0.329 8	1.782 7	0.305 6	美国
马来西亚	1.837 8	0.180 6	1.798 3	0.314 0	德国
意大利	1.868 4	0.271 3	1.882 1	0.304 0	新加坡
韩国	1.938 9	0.258 0	1.895 4	0.246 3	韩国

续表

2017 年 国家/地区	2017 年 步长	2017 年 增加值率	2012 年 步长	2012 年 增加值率	2012 年 国家/地区
新加坡	2.002 6	0.270 4	1.933 2	0.135 6	江苏
英国	2.054 0	0.284 6	1.994 3	0.192 2	广东
日本	2.120 1	0.274 9	2.007 1	0.248 8	意大利
俄罗斯	2.122 7	0.241 8	2.042 9	0.227 2	俄罗斯
广东	2.125 4	0.178 1	2.056 4	0.255 0	英国
中国台湾	2.206 3	0.268 6	2.130 9	0.250 9	中国台湾
浙江	2.498 0	0.206 1	2.190 0	0.158 4	上海
上海	2.612 2	0.186 6	2.243 9	0.176 4	安徽
安徽	2.727 2	0.112 9	2.253 5	0.276 2	日本
江苏	2.890 1	0.185 6	2.778 0	0.171 8	浙江

根据图 4-3 和表 4-2 可知,相对于 2012 年,2017 年全球交通运输设备制造业的步长也呈现增加趋势,而整体的增加值率也略有上升。从增加值产业链环节的分布来看,处于产业链下游的国家和地区具有相对较高的附加值,处于上中游的环节附加值较低。这与现实中的产业观察也是相符的,在汽车等交通运输制造业中,终端的整车行业往往占据品牌和技术的相对高端,因此获得较高的附加值。从长三角来看,长三角三省一市的交通运输行业总体处于全球产业链下游,浙江有往下游的趋势,江苏、上海、安徽则继续往上游移动,除安徽之外产业增加值率有所增加。这说明浙江的汽车等交通运输行业向品牌端移动,这与浙江拥有吉利等主要国产汽车品牌相关。

从上述两个典型产业分析,总体上,长三角地区在全球产业链的位置向中上游移动,附加值有所提升;同时也考虑到产业特性的不同,长三角产业链尚未计入全球产业链的核心环节。在当前的产业链位置中,长三角作为我国产业发展的地区,仍然存在着相当的风险。一方面,这两个产业的测算都表明我们主要处于产业的上中游位置,如果由于成本因素或非经济因素,产业链下游的企业可能就会把订单转向东南亚、中南美国家的企业,或者自己出面重新建设供应链,那么中国企业的全球价值链地位就可能发生动摇。比如,近年美加墨新贸易协定(USMCA)的一个主要内容,就是试图通过税收优惠等措施,把三国制造的汽车零部件比例提高到75%,这将导致原本处于汽车产业零部件供应链位置的企业受到很大的挑战。另一方面,长三角总体产业在下游环节市场势力较为缺乏,说明下游终端企业可能面临供应链"卡脖子"的问题,在某些情况下就存在供应链中断的风险。

第三节　长三角产业链发展的微观调查与政策梳理

上文在根据投入产出表测算了长三角产业链在全球分工中的位置以及附加值情况,从理论和实证分析可以看出,长三角产业链发展仍然面临着下游跨国公司将其供应链转移、上游关键技术和投入品"卡脖子"等问题。为进一步从微观层面分析这一问题,本书结合"后疫情"时期的背景对部分企业进行调查,了解企业对产业链发展及其风险的考量,并梳理政府部门典型的应对政策。

一、长三角产业链发展的微观层面分析

编写组于2020年7—9月对149家长三角企业进行访谈和问卷调查,其中,江苏104家(占比69.70%)、上海21家(占比14.00%)、浙江10家(占比6.7%)及其他地区14家(占比9.6%)。从行业角度,调研企业集中于制造业领域,共105家,占比达70.47%。其中,制造业细分行业涉及24个,医药制造业(占比

7.38%)、普通机械制造业(占比 7.38%)、纺织业(占比 6.04%)和专用设备制造业(占比 4.70%)等细分产业占比最高。此次调研覆盖企业产业链上中下游,约 17%的企业位于上游、60%的企业位于中游、25%的企业位于下游。从企业所有制看,民营企业、外商及港澳台企业有较大比例位于产业链中游,分别约占 62% 和 52.38%,国企和集体企业则在产业链上游和下游相对偏多。调查表明,后疫情时代长三角企业仍面临产业链供应链断链、下游需求萎靡等风险,同时也在产业链供应链的金融、研发等方面的合作,努力利用好国内、国际两个市场形成对产业创新的牵引。

(一)上游供应链的影响

根据调研反馈,约 80%的企业上游供应链受到影响。主要表现为交货滞后和不确定性增加(46.98%)、原材料投入品等价格上升(39.60%)。形成上述情况的主要原因,包括境外疫情导致停工停产或上游产能不足(占比 41.61%)及中美贸易摩擦加剧(占比 20.13%)。约 10%是直接技术限制导致的,具体为关键零部件无法采购(6.71%)、终止知识产权授权或技术合作(3.36%)。产业链供应链上游呈现的总体特征包括:

第一,上游供应链对企业的冲击造成的影响总体显著,并且预期持续时间较长。约 50%的企业受影响程度较小或一般,20%左右的企业受影响较严重,但不至于影响企业生存;经营受到严重冲击以至于影响生存的企业数占比约 6%,制造业企业约 3%。从持续时间上看,调研企业预计上游供应链影响将以中期为主,预计一年以内的占比约 40%,有 5%左右的企业认为将是长期影响。

第二,上游配套以国内循环为主,部分关键核心零部件或供应商来源于美欧日韩。主要集中于长三角地区(占比 64.43%)和国内其他地方(占比 40.27%),美国(占比 18.79%)、欧洲(占比 18.12%)、日韩(占比 15.44%)是部分企业核心供应商所在地,贸易战等国际因素可能冲击对外国核心供应商存在较大依赖的企业。

第三,上游供应链不稳定产生的成本基本难以通过产业链转嫁。调研样本公司自身全部承担全部成本的占21.48%,公司承担大部分成本的占33.56%,公司承担小部分成本的占19.46%,而全部转嫁成本的只占4.03%。大部分企业主要处于中下游组装环节,企业在产业链供应链中的谈判势力较弱,掌握的核心环节不多。

(二)产业链下游的影响

从供应链情况看,下游终端客户有65.77%的企业受到疫情影响,有约10%的客户由于中美贸易摩擦的原因而经营下降。调研企业销售总体受到影响较大,上半年31.54%的企业销售下降20%以上;但2020年全年情况好于上半年,大部分企业(59.73%)表示全年销售小幅波动,13.42%的企业表示全年同比超过20%的较大幅度上升,26.85%的企业表示影响下降20%以上。产业链下游总体呈现的特征包括:

第一,下游阻碍经济畅通循环的因素主要在需求方。70%的受调研企业表示,其下游客户经营受到冲击较大,因为国外、国内需求下降导致产品循环受阻的比例大致相当。中美贸易摩擦直接导致需求下降的企业占4.70%,而物流等疫情阶段阻碍产业链畅通的因素已占很小比例。部分企业销售上升的原因主要是疫情后国内需求的快速复苏(占31.54%)和企业竞争力上升(占28.19%),海外需求的利好(占1.4%)占比较少。

第二,下游需求不确定性影响产业新增投资。疫情阶段对小企业的冲击要显著大于小企业,国企和大型企业集团对宏观经济预期看好比例较高,企业对经济预期持不确定态度主要是民企(46.60%)和外资企业(57.14%)。样本内40%左右企业持有新增投资计划,其中,国企新增投资计划比例约为62%,民企和外资相对较低。从选址看,多数企业选择长三角(占比40.54%)或珠三角等国内其他地方(占比35.14%)为新增投资地,选择跨国投资的较少。

调研企业正在积极应对产业链循环中的风险,形成了部分特色做法:

扩宽产业链供应链金融合作。除了银行贷款、积极上市等传统融资方式之外,通过上下游参股或战略投资和开展供应链金融融资等金融手段,可在一定程度上增加上下游企业之间的黏性,起到稳定产业链供应链的作用。近20%的调研企业采取上下游参股或战略投资的手段,主要是稳定零部件供应或者销售渠道,其中15%的龙头企业帮助上下游中小企业融资。其次,部分供应商正积极争取供应链金融资金支持(比例约为11.41%),但作为供应商获得核心企业或金融机构供应链融资的比例不高,约为6.71%,供应链金融在产业链融资中的作用仍有潜力。

第二,开展产业链供应链的研发合作。从稳定产业链供应链的研发策略看,当前多数企业重视与高校和各类研究机构的产学研合作(比例约42.28%)。其次,相当比例企业重视上下游联合技术研发(比例约39.60%)及加入核心企业的技术合作联盟(约占21.48%),通过对外购买专利或技术转让的(约占6.04%)为主要来源的企业占比不高。同时,为应对疫情部分企业将部分原外协的零部件自己生产(约占11.43%),也缓解了上游供应链不稳定的冲击。

第三,开展产业链供应链的市场调整。从市场开拓策略看,大多数企业重视国内市场机遇,积极开拓国内客户和国内市场(占比约68.46%),这在一定程度上能缓解国外疫情对企业外贸的冲击,更好利用国内率先复苏的市场需求。同时,当前调研企业对"'一带一路'沿线新兴市场"的重视程度已提高到与"传统欧美日发达国家市场"基本一致的水平,力争形成多元分散的市场经营格局,不过度依赖发达国家市场,也在一定程度上缓解大国经贸摩擦对产业链供应链的冲击。

第四,防范产业链供应链断裂的替代战略。为防止关键核心材料或关键零部件断供造成产业链供应链断裂风险,多数企业认为有必要增加国外核心材料或零件的可替代性(约占51.01%)。在可替代材料的来源方面,约67.79%的企业可在国内找到替代国外材料或零件的来源,也有20.13%左右的企业在国外找到替代源。但部分企业（约 22.82%）虽在积极寻找替代来源，但目前尚未有明确目标；一定比例的企业（约 12.08%）当外部供应来源受到冲击时，很难找到替代来源，只能依赖自己研发。

第五，提升产业链供应链合作的稳定性。从核心供应商数量及核心伙伴合作时间看，多数企业关键投入品的核心供应商超过 3 家，且合作时间超过 3 年，这种分散合作和持续合作的方式，有利于当前企业应对国际经贸不利因素对产业链和供应链的冲击。

二、长三角产业链发展的政策梳理：以江苏为例

江苏是中国制造业大省，实体经济占比超 80%，"江苏制造"享誉全球，制造业总产值约占全国 1/8、全球 3%，全国超过 1/5 的高新技术产品出口来自"江苏制造"。习近平总书记在视察江苏时指出："必须始终高度重视发展壮大实体经济，抓实体经济一定要抓好制造业。"与此同时，江苏历来比较强调市场与政府并重，在发展中有"强市场"与"强政府"双强的提法，政府政策对产业链发展总体上起到比较重要的引导作用。应该说，梳理江苏的产业链发展政策具有典型意义。

2020 年，江苏结合后疫情时代产业链发展的背景，围绕提升产业链供应链现代化水平，出台了《江苏省产业强链三年行动计划（2021—2023 年）》，在 13个先进制造业集群培育的基础上，提出实施产业链递进培育计划，打造 50 条重点产业链，其中 30 条优势产业链、10 条卓越产业链。作为未来江苏制造业参与国际竞争的重点领域，也是构建自主可控现代产业体系的主战场。在重点领域的选择上，按照习近平总书记强调的"巩固传统产业优势、强化优势产业领先地位、抓紧布局新兴产业和未来产业"的要求，主要把握三个方面的原则：

一是重视"扬长"。就是在对现有的优势传统产业领域进行对标分析，综合考虑规模基础实力、骨干企业影响力、市场空间和潜力等因素，遴选若干国内领

先、具有比较优势的重点产业领域,支持行业领军企业加快技术、模式、业态创新,提升产业链关键环节的掌控力,搞出更多独门绝技。重点培育的50条产业链中的智能电网、品牌服装、起重机、风电装备等18条产业链,这是要"锻长板"的领域。

二是加快"补短"。主要是针对具有一定的产业基础、市场占有率不高、总体处于中低端环节,但国内和省内市场需求潜力巨大的产业领域,要支持这些行业以应用为牵引加快企业技术追赶和迭代,尽快缩小和发达国家产品的差距,进入产业链价值链的中高端环节。由此遴选出的50条重点产业链中,工业机器人、高技术船舶、高档数控机床、新型医疗器械等21条产业链,必须尽快"补短板"。

三是注重"育新",就是要面向未来产业和技术发展的趋势,针对目前还处于孕育期的新兴产业领域以及具有前瞻性的前沿技术领域,通过集聚人才团队、完善应用场景等形成产业生态,抢占未来新兴产业发展先机。50条产业链中,车联网、工业互联网、纳米新材料、大数据+、5G等11条产业链,就属于这一类新兴产业链。

按照上述思路,江苏的产业链政策主要包括以下几个方面:

第一,分类梳理做强产业链。江苏制造业门类齐全,但全不代表优,更不代表强,产业链既有长板也有短板。有些产业链具备从原材料到终端产品的全产业链优势,但关键装备、核心部件需要改造升级,如工程机械、晶硅光伏等;有些产业链具备关键环节优势,但存在"卡脖子"技术难题需要组织攻关,如集成电路、工业机器人等;有些产业链具备技术和标准优势,但上下游整体控制力不强,需要延伸拓展环节,如航空发动机和燃气轮机、信息技术应用创新等。要全覆盖、全产业链进行梳理摸排,摸清家底、动态建库、聚焦支持、强链补链。江苏提出按照"八个一"机制推动50条重点产业链提升工作,即每条产业链确定一位产业链首席专家、培育一批产业链发展支撑机构、明确一个产业链专业化智库单位、建设一批产业链发展园区载体、打造一个产业链供需对接平台、梳理一批产业链龙头骨干企业和重点项目、形成一个产业链专属政策组合包、建立一张产业链关键核心技术短板长板动态表。其中30条优势产业链分别明确一位省领导进行挂钩联系。工信厅、发改委、科技厅牵头组建了50个产业强链专班，整合20多个省级部门、40多位首席专家、100多家支撑机构和智库单位，先期开展产业链条图、区域分布图、重大项目图、重点企业图、产品品牌图的编制工作。

第二，提升产业基础能力。按照工信部的定义，产业基础包括核心基础零部件（元器件）、关键基础材料、先进基础工艺、产业技术基础和工业基础软件等"五基"领域，产业基础水平决定着工业整体素质和核心竞争力。当前，我国产业链水平与发达国家的差距主要集中在产业基础能力方面，如工业数据和设计软件、研发设备、测试仪器、关键零部件和材料等。基础能力薄弱导致进口依赖增多，制约产业链创新发展和转型升级。以起重机产业链为例，工程机械是江苏在国内具有领先优势的领域，徐工集团的起重机达到了国际领先水平，但是在部分原材料、核心零部件等产业链关键环节上仍然存在短板，如移动式起重机需要的700兆帕以上的低碳合金钢板材、500马力以上大功率发动机、变速箱以及高端电子元件和控制系统均需要进口。基础能力薄弱也导致产品质量和可靠性难以满足需要，品牌美誉度大打折扣。如我国通用零部件产品寿命一般仅为国外同类产品的30%～60%，模具产品一般使用寿命较国外低30%～50%，存在巨大差距，这也是造成我们的企业不想用、不敢用国产产品的现实原因。工信部出台了提升产业基础能力的指导意见，专门出台了《基础元器件产业发展行动计划》，江苏在贯彻落实好国家相关任务的基础上，持续推进产业基础再造工程，实施基础领域重点产品、工艺产业链"一条龙"应用计划。也就是推动产业链上中下游企业的产品和工艺创新成果应用，促进整机、系统和基础技术互动提升发展，分类组织补短板专项行动。对单一受制于美国等西方国家的短板进行产业化突破,对战略必争领域关键技术和产品开展校企联动攻关,对优势产业的短板实施技术改造升级,对基础和通用性工业软件实施软件铸魂行动,全面提升产业基础高级化水平。

第三,促进产业链区域协同发展。打破行政区域限制,在更大范围内推动产业链协同发展是构建现代化产业链的客观要求。各自为政、缺乏协同的产业链发展模式必然导致恶性竞争、资源错配。要力争尊重规律、以更加开阔的视野,坚持错位布局、协同联动、做强特色、合作共赢,打造自主可控、安全可靠、服务全国的产业链供应链。从制造业大循环来看,根据江苏省工信厅的介绍,江苏本省制造业可以实现 50% 左右内部产业循环,长三角三省一市可以实现 70%~80% 的产业循环,加入以广东为主的珠三角可以实现 90% 左右的产业循环,以国内为主体的大循环是构建现代化产业链的重要基础。

第四,面向企业实施揭榜挂帅技术攻关。党的十九届五中全会、2020 年中央经济工作会议等都提出了要实施"揭榜挂帅"攻关机制。"揭榜挂帅",就是政府为了解决重点领域的技术难题,面向全社会开放征集创新成果的技术攻关组织方式,这个方式实现了从竞争拿项目向竞争出成果的转变,是创新激励机制的重大制度创新。从 2019 年开始,江苏省工信部门就围绕梳理出来的 175 项"卡脖子"技术清单,探索通过揭榜挂帅的方式,发布揭榜任务 98 个,支持企业开展关键核心技术攻关项目 66 个,目前 45 个项目取得了阶段性进展。实践表明,揭榜攻关机制在带动企业加大技术研发投入、积极开展技术创新等方面实现了良性循环,有力地激发了企业的创新动力和活力。下一步,将建立跨部门的"卡脖子"技术清单动态调整机制,进一步加大揭榜攻关的支持力度,力争在部分领域率先取得突破。

第五,加快数字赋能。智能制造、工业互联网化、数字化转型、数字孪生等新概念层出不穷,但本质上就是通过新一代信息技术与制造业的融合,推动制造模式和企业形态发生根本性变革。信息化、数字化、网络化和智能化代表着推动两化融合发展的不同阶段,智能制造是未来两化融合的最高级形态,5G、工业互联网、物联网是实现智能制造的基础设施和技术保障。江苏是制造业大省,传统产业比重较高,正处于转型升级的关键时期,产业数字化转型的需求非常迫切,任务也十分繁重。为此,一要加快生产全过程数字化改造升级。基于生产过程的数字化改造可以显著提高产品质量和生产效率,降低生产成本。江苏提出以大规模技术改造为抓手,推动规模以上制造企业加快制造环节装备和软件改造升级,实现"数控一代"产品普及,"十四五"期间计划推动1万家以上规模以上企业完成新一轮技术改造。例如,天合光能是江苏光伏行业的领军企业,企业通过与阿里云合作,实施电池片生产全流程数字化改造和A品率提升技术攻关,打通生产设备数据,实现设备异常及工艺参数异常的提前预警,通过运用云计算、大数据、数据模型等技术,对各个生产环节进行诊断与优化,产品A品率由40%左右提升至47%,达到国际领先水平。二是强化工业互联网对智能制造的融合支撑。江苏提出推动工业互联网创新发展,尽快实现5G、工业互联网等信息基础设施建设全覆盖,布局建设一批高水平的行业级、企业级工业互联网平台,推进5G+工业互联网融合应用示范,大力推动企业上云、上平台,加快实现产业链上下游数据流、资金流、物流的贯通。三是积极培育智能制造新模式业态。通过重点培育一批智能制造示范工厂,引导企业主动适应消费新需求、新趋势,推行共享制造、大规模个性化定制等智能制造的新模式新业态,最终实现供给与需求、制造与消费的精准对接,提升江苏制造的竞争力。

第四节　长三角产业链发展的政策建议

近年来,长三角各省市都提出要为我国构建自主可控的现代产业体系做出贡献。在新的历史时期,产业链供应链安全稳定已经成为构建新发展格局的基础,长三角毫无疑问要在增强产业链供应链自主可控方面有新的作为。

一、注重在扩大内需战略中推进产业链供应链补短板和锻长板

习近平总书记2020年8月24日在经济社会领域专家座谈会上的讲话指出,要依托我国超大规模市场和完备产业体系,创造有利于新技术快速大规模应用和迭代升级的独特优势,加速科技成果向现实生产力转化,提升产业链水平,维护产业链安全①。在构建双循环新发展格局的过程中,利用国内巨大的市场创造关键产业发展的"需求窗口",这是关键产业链和关键环节实施追赶战略的重要优势。我国具有某些相对独特并且巨大的市场,市场因素将促进前沿技术的运用,也将为技术创新提供物质基础。比如在移动支付、移动社区方面积累了海量用户和数据,这是其他国家没有的优势。我国的互联网企业的规模和实力已经处于国际前列,通过强化反垄断和防止资本无序扩张,我国数字经济与规模经济相结合的特征将进一步趋利避害,也将有利于长三角地区物联网、大数据等重点产业集群进行突破。又比如,我国是世界上制造业产能和规模最大的国家,理论上说工业机器人将在中国得到最广泛的运用,从服务传统制造业的角度,长三角的先进企业在这一领域布局较为充分,要努力在工业自动化的产业链重点环节继续突破。

新冠肺炎疫情引发了对全球产业链供应链安全的担忧,同时也涌现出众多前所未有的新兴技术、产品和商业模式,表现为从传统技术模式到新技术模式的非线性、不连续性和跳跃式发展。内需成长和新兴技术相结合,这为我们提供了直接切入的机会,这种弯道超车的机会是非常难得的。疫情之后,全球汽车行业电动化的速度显著高于预期,新能源汽车将替代传统能源汽车逐渐成为共识。在新能源汽车领域的发展过程中,我们没有走"以市场换技术"的旧路,通过适当的产业政策努力进行赶超,在新能源电池等关键环节培育出宁德时代等国际主流企业,已经具备与松下、三星、LG等国际一线厂商竞争的能力。当

---

① 习近平.在经济社会领域专家座谈会上的讲话[N].人民日报,2020-08-25.

前,我国正对 5G 通信网络等新基建领域进行率先投资,这意味着更强大的通信基础设施和更广泛的应用场景,也是我们在信息化领域前所未有的超车机会,长三角需要在若干重要领域进行这样的前瞻性布局,抓住科技革命的红利。

在制度层面要扩大对内对外开放水平,为长三角企业进一步抓住扩大内需的机遇,实施科技创新创造条件。一方面,要抓住国家层面的改革红利。对于国家支持在航空飞行、无人驾驶、文化娱乐等新技术、新模式等领域的潜在消费,长三角要为相应的产业提供机会。以民用产品需求推动军用技术成果转化,这是美国等发达国家推动产业创新的重要经验,当前我国军民融合正在进入实质性阶段,长三角可以发挥大院大所聚集的优势,进一步为国家科技创新服务。另一方面,长三角地区的经济总量已经占全国 1/4,这是一个巨大的内需市场,长三角一体化要更加注重在共同市场建设中发挥作用,为企业创新进一步开创市场空间。

二、更加发挥基础研究在产业链供应链自主可控中的作用

基础研究是创新的源头活水。如果把技术发展比作一座大厦的话,那么基础研究如同地基,地基薄弱,就谈不上技术的创新和进步,颠覆性、关键核心技术就很难冒出来。正如华为创始人任正非在访问北京大学时表示,只有长期公认的基础研究,才有工业的强大,只有长期公认的基础教育,才有产业振兴的人才土壤。从技术创新的规律来看,产业链供应链关键环节的突破并不能独立摆脱现阶段总体科技水平和工业水平的限制,新产业之"新"技术并不会凭空产生,而是在一国现有科技水平和工业水平基础之上的提升。这些技术并不是专用于新兴产业,而是在既有产业中长期积累形成的。尤其是新兴产业的发展是多学科多产业的交叉发展的系统工程,往往是以碎片化形式存在的,在新材料、新能源、生物医药、信息技术等行业,涉及相当多的基础科学和应用科学学科之间的渗透,各个学科和产业间相互支撑、相互补充。

过去我们常常说,长三角的科教资源丰富,要努力转换为产业创新优势。现在看来,努力弥合这两者之间的鸿沟固然重要,但如果未来不加大对基础科学的规划和投入力度,科技竞争力则难以长期保持。当前,各个地区都意识到基础研究对科技资源和人才集聚的极端重要性,广东提出2022年全社会基础研究经费投入占研发经费投入达到8.5%,正在以深圳为龙头建设大湾区综合性国家科学中心;浙江杭州正在全力支持之江实验室、西湖国家实验室打造国家实验室,积极谋划国家科技创新基地;安徽合肥利用中科院系统的布局优势,建设同步辐射、全超导托卡马克(EAST)、稳态强磁场、聚变堆主机关键系统综合研究设施四个大科学装置,全力推动战略性科技力量的建设;江苏南京着力打造网络通信与安全紫金山实验室和扬子江生态文明创新中心,将此作为基础研究的标志性项目。上海作为长三角龙头,更是定位于创新策源地,为全国经济社会发展提供支撑。这些可能带来珠三角和长三角地区基础科学区域布局的重塑。"十四五"时期,长三角要依托重点城市,要把提升基础科学研究能力放在突出位置,立足学科和科研优势,努力在挑战前沿科学问题、探索原创性成果上取得新突破,促进基础研究、应用研究与产业化对接融通,坚持基础研究和产业创新两手抓,努力实现双重优势。

三、打造跨区域产业集群,构建产业链供应链整体优势

从长三角协同领域来看,工信部组织的国家先进制造业集群决赛结果显示,长三角三省一市入选集群有12个,占全国一半,涉及生物医药、集成电路、工程机械、新材料、物联网、电力装备、数字安防、智能语音等集群,这些都是长三角产业企业协作、产业链供应链协同的重点领域。以生物医药产业链为例,上海的张江形成了研发创新、高端人才、先进技术的集聚,成为长三角的龙头,江苏的生物医药总量占全国14.4%,在创新和产业化等方面具有错位优势,连云港中华药港、泰州医药城、南京基因城、苏州中国药谷各具特色,在细分赛道

形成了显著优势,信达、恒瑞、扬子江、药明等成为产业链排头兵企业。集成电路产业链也是如此,产业高度集聚、长三角规模占全国一半,创新高度集聚、仅有的3家国家级制造业创新中心布局上海和江苏,地区之间错位竞争、良性发展的格局将加快形成。产业集群是长三角稳产业链供应链的主要载体,也是产业链"领导挂钩联系"制度的主要实现方式。但另一方面,在单个行政区域或者产业集聚区内进行产业链和供应链的保障是既不经济,也不现实的,迫切需要长三角范围内的协同合作。在未来发展格局中,如果能够实现将分散的地区产业整合成整体产业链或大产业群,并通过对具有上下游供应关系的产业集群进行有效的跨区域联结,则既能够提高整体产业链上企业的竞争优势,又能够利用区位比较优势提供产品、技术、服务以及相似背景人力资源方面的配套共享,那么区域经济就容易形成分工协作的产业格局,实现区域分工与竞争的均衡,提升整个产业的国际竞争力。也就是说,跨区域的产业集群可以在稳产业链供应链中发挥更大作用。

从国际经验看,美国硅谷的互联网经济和西雅图的航空产业集聚,日本、德国的汽车产业集聚,中国台湾新竹的集成电路产业集聚,以及珠三角深莞以华为、中兴为代表的通信行业集聚,这些产业集群的边界并不是以严格的地理界限为标志的,而是因为科技要素的网络化共享形成的。要集中力量打造世界级的产业集群,就要突破一市、一县这样较小的地理尺度,应当强调跨区域的集群合作和资源整合。以江苏为例,推进部分先进制造业产业集群是两个或三个市联合推进集群建设,比如,海工装备和高技术船舶是南通、泰州、扬州联合推进,生物医药和医疗器械是泰州、连云港、无锡联合推进,但由于缺乏顶层体制机制设计,市与市之间互动协调仍显得不够。在长三角交通枢纽一体化的背景下,产业集群可以实现跨区域发展。建议在长三角层面上建立跨区域的产业集群建设协调机构,为各市联合建设的产业集群提供协调的联系平台,发起成立长三角产业链发展研究中心,联合四地主管部门、研究智库、集群促进机构等,形成跨地区协调议事、强链补链机制,构建产业链发展命运共同体。在长三角一体化的背景下优先建设地理上毗邻地区的产业集群,尤其重视苏南、浙北地区的产业天然形成跨市集群,防止机械地因为集群"称号"的分布而忽视区域之间的产业联系。为了鼓励跨区域合作与产业协同,改变各产业集群之间独自发展、过度竞争的状况,考虑将长三角一体化示范区、飞地经济等已有探索运用到跨区域产业集群的合作中,制定跨区域集群的投资产出指标考核、土地资源共享的税收分享制度等,允许地区生产总值、工业总产值、项目投资、税收等经济指标在合作地区之间分解,为长三角一体化的产业合作探路。

5

协同：长三角创新合作一体化发展

第一节　创新一体化发展的理论内涵与特征

一、创新一体化发展的理论内涵

目前,对于创新一体化理论内涵,尚缺乏系统、明确的界定。然而,学术界对与创新一体化具有密切相关另外一个概念——协同创新,展开了较为广泛的研究。学者对于协同创新概念的界定,主要是基于创新主体和区域维度,后者也被称为区域协同创新。基于创新主体维度,胡恩华和刘洪(2007)①认为协同创新是集群内企业与环境之间既相互竞争,又相互协同,通过复杂的非线性相互作用产生的企业自身所无法实现的整体协同效应的过程。陈劲和阳银娟(2012)②认为协同创新是企业、政府、大学和研究机构、中介服务机构等各类创新主体通过整合形成的网络化创新组织模式。

基于区域维度,王志宝等(2013)③指出区域协同创新具有狭义和广义之分,狭义的区域协同创新是区域科技创新协同,是科技创新在区域内部实现联动发展,区域内的科研机构、人员和项目实现协同合作,共同打造各类区域协同创新平台,最终实现区域科技创新效益最大化和区域科技创新能力的提升,而广义的区域协同创新则是区域协调的高级阶段,涉及社会、经济、文化和环境等多个方面,以实现区域效益最大化、缩短区域差异为根本目标。吴和成和胡双钰(2020)④认为跨区域的协同创新是政府、企业和高校研究等创新之间以各自的利益需求为基础,做出的跨越组织、地理和制度边界的有机体,协同创新的各个主体以自身创新资源为依托,基于资源要素之间的相互作用和有机配合而形

① 胡恩华,刘洪.基于协同创新的集群创新企业与群外环境关系研究[J].科学管理研究,2007(6):179-180.
② 陈劲,阳银娟.协同创新的理论基础与内涵[J].科学学研究,2012,30(2):161-164.
③ 王志宝,孙铁山,李国平.区域协同创新研究进展与展望[J].软科学,2013,27(1):1-4,9.
④ 吴和成,胡双钰.跨区域协同创新研究综述与展望[J].管理现代化,2020,40(1):121-125.

成整体效率最优的过程。

最近,也有学者在探究区域一体化的过程中初步提出了创新一体化的概念,认为其作为区域一体化的重要内容之一,是通过创新系统内部各个主体之间的协调互动,对区域的创新资源进行整合,推动区域内部创新成果的交流共享,并围绕前沿科技创新领域形成创新的源头高地[①]。参考借鉴已有研究成果,本文认为与协同创新相比,创新一体化反映了区域创新合作的更高水平和质量,区域内创新主体之间具有广泛的协调互动,创新要素可以完全跨越区域内组织、地理和制度边界,实现无障碍流动和最优化配置,从而推动形成区域创新高地,实现区域科技创新效率最大化。同时,创新一体化既是一个过程,也是一个状态。具体而言,创新一体化既是一个消除区域内创新要素自由流动障碍的过程,也是创新要素实现自由流动的状态。

基于相关概念解读,本书认为创新一体化的内涵主要体现在以下方面:①在一定时期内,创新一体化具有相对明确的区域边界,区域内外创新合作和发展情况存在显著差异,但是区域边界不是一成不变的,具有动态性,会随着时间的演变而不断扩展和优化;②区域内各个创新主体之间围绕创新形成紧密的合作关系,政府、高校和研究机构、企业和中介服务机构之间构成一个复杂而高效的区域创新系统;③区域内通过"强""弱"两种连接方式形成密切的创新合作网络;④人才、技术、信息、资本等创新要素可以在区域内实现无障碍的自由流动;⑤围绕某一关键技术问题,可以迅速集结区域内部的各种创新主体和要素,围绕该技术问题开展联合攻关。

二、创新一体化发展的主要特征

基于创新一体化的概念和理论内涵解析,创新一体化发展具有系统性、开放性和有序竞争性的主要特征。

---

① 刘志彪,孔令池.长三角区域一体化发展特征、问题及基本策略[J].安徽大学学报(哲学社会科学版),2019,43(3):137-147.

(一)系统性

在创新一体化发展下,政府、高校和科研机构、企业和中介服务机构等各类创新主体,通过知识流、资金流、人才流、技术流和信息流等联系构成一个复杂的区域创新系统。从创新的结构角度看,创新一体化发展构成的区域创新系统是由创新主体子系统、创新基础子系统、创新资源子系统和创新环境子系统所构成,以促进区域创新活动、提高区域整体创新水平和创新效率为基本目标。其中,创新主体子系统包括政府、高校和科研机构、企业和中介服务机构和用户等;创新基础子系统包括技术标准、数据库、科技基础设施等;创新资源子系统包括人才、资本、技术、信息等;创新环境子系统包括政策法规、管理体制等[1]。在创新一体化发展下,要求不同创新主体依据自身功能开展协同合作,区域内部形成统一的技术标准、开放共享的数据库和科技基础设施,具有广泛包容性、鼓励创新和促进合作的政策法规与管理体制,实现人才、资本、技术和信息等创新资源实现跨区域自由流动,最终实现创新链、产业链和服务链的协调推进,提高区域整体创新效率。

(二)开放性

创新一体化发展的开放性体现在对内开放和对外开放两个方面。对内开放是创新一体化发展的必然要求。创新一体化发展的基本目标就是消除区域内创新主体合作、创新要素跨区域流动的各种障碍,达到区域内各类创新主体合作密切、创新要素跨区域流动自由的状态,进而促进区域整体创新水平和创新能力的提升。同时,创新一体化发展形成的一体化创新区域作为一个相对完整的整体,并不是处于一个孤立的、封闭的状态,而是与国内外其他创新区域形成一个更大的开放式创新系统,与其他创新区之间保持着频繁的物质、能量和信息交换,涉及人才流动、技术转移、资金供给等各个方面。此外,对外开放性还体现在创新一体化发展形成的一体化创新区域的边界不是固定不变的。一

---

① 吕拉昌,等.创新地理学[M].北京:科学出版社,2017:24.

体化创新区域周边地区为了推动地区发展，以地理邻近性为基础，与一体化创新区域在知识、技术和人才等方面具有紧密的联系和互动，形成明显的"核心—边缘"结构。随着时间的推移这种联系变得更为紧密，互动也更加频繁，最终导致一体化创新区域的边界不断向外扩展。

（三）有序竞争性

在创新一体化发展过程中，区域内各个主体和各地区之间不仅存在密切合作关系，同时也存在有序的竞争关系。只有在有序的充分竞争环境下，才能实现区域内部创新要素的自由流动，实现区域创新效率最大化。一方面，合理有序的竞争关系有利于推动各创新主体不断优化和提高自身的创新能力和服务水平。例如，在创新一体化发展过程中，各地方之间在吸引创新要素和创新型企业上具有较强的竞争关系，伴随着创新要素跨区流动障碍的消除，为了获得更多和更优质的创新要素和创新型企业，地方政府将不断提高政策供给强度和建设更优质的创新基础设施。又如，创新型企业为了获得更多的利润必须不断增强与高校和科研机构以及中介服务机构的联系，推动产品和服务的创新水平提高，从而进一步推动区域创新一体化的进程和水平。另一方面，合理有序的竞争关系有利于优化资源要素的配置。创新要素跨越组织、地理和制度边界实现自由流动之后，合理有序的竞争为各类创新要素的流动提供了明确的方向，实现创新要素向最优区域集聚，进而促进区域整体创新水平和创新效率的提高。

第二节　长三角创新一体化发展的现实基础

一、政策基础

长三角城市群的创新合作可以追溯至改革开放初期，其雏形是上海的"星期日工程师"。改革开放之后,苏南地区的乡镇企业和浙江以小商品制造和贸易为主要形式的块状经济发展迅猛,对专业技术人才产生了大量需求,而上海具有丰富的专业技术人才,可以为苏南和浙江地区乡镇企业和块状经济发展提供技术支撑。由此,上海高校和研究机构以及国有企业的技术骨干,开始利用周末休息时间为苏南地区的乡镇企业和浙江的块状经济提供技术指导,"星期天工程师"架起了长三角城市群创新合作的第一座桥梁。同时,国务院提出了成立"上海经济区",正式开启了江浙沪企业之间的联系。20世纪90年代是江浙沪探索区域合作的关键时期,建立了江浙沪政府联席会议制度,并设立了专利的合作负责机构。1999年,在杭州召开的第二次长三角协调会上,重点围绕构建国内合作信息网、积极强化区域科技合作展开了讨论,标志着长三角创新一体化发展进程正式开启。

进入21世纪,国家和地方为了进一步加强长三角城市群的创新合作,推动地区经济发展,出台了一系列合作政策,并初步建立了地区创新合作机制(表5-1)。2003年,由科技部指导,协同上海市科委、江苏省科技厅和浙江省科技厅经过深入研究,签署了《沪苏浙共同推进长三角创新体系建设协议书》,并建立了长三角创新体系建设的联席会议制度,设立了长三角区域创新体系建设联席会议办公室,标志着长三角城市群的创新合作正式从"对话式合作"走向"制度性合作",是长三角创新合作的重要里程碑。2006年,长三角出台了《长三角"十一五"科技发展规划》,确立了长三角创新合作的战略方向和基本内容,对于推动长三角创新合作产生了重大影响。2008年,长三角区域创新体系建设联席会议办公室印发了《长三角科技合作三年行动计划(2008—2010年)》,该计划成为推动长三角科技合作的具体行动纲领,进一步完善了长三角创新合作机制。同年,安徽省科技厅应邀参加长三角区域创新体系建设联席会议,会议明确指出安徽省携手沪苏浙共同建设长三角区域科技创新体系,标志着在科技创新领域,沪苏浙皖形成了完整的长三角城市群拼图。随后,在历年的长三角协调会议上,创新合作都是各地政府关注的主题,围绕前沿技术开发、知识产权合作、产业集聚与创新转型等方面进行重点研讨和编制落实计划,长三角创新一体化程度不断加深。

　　2012 年之后,伴随着国家创新驱动发展战略的实施,长三角创新一体化发展进入新阶段,创新一体化的政策供给空前增强,推动长三角创新一体化的深度不断增强、广度不断扩展。2014 年,第十四次长三角协调会上提出了成立"长三角科技发展战略研究联盟"的倡议,进一步完善了长三角城市群创新一体化的机制。2016 年,国务院批复《长江三角洲城市群发展规划》,提出了沪苏浙皖三省一市共同推动建设具有全球影响力的科技创新高地的战略目标。2017 年,沪苏浙皖共同制定了《长三角区域协同创新网络建设三年行动计划(2018—2020 年)》,并签署了《长三角城市群加快构建区域创新共同体战略合作协议》,提出共同推动区域内大科学装置建设和科技资源共享,并提出在长三角区域范围试行长三角科创券的通用通兑。同年,长三角各地方政府围绕科技创新提出了多个倡议和计划。上海、杭州和嘉兴签署了《沪嘉杭 G60 科创走廊建设战略合作协议》,南京市出台文件提出创建具有全球影响力的创新名城计划,并提出了建设"长三角科创圈"的倡议。2018 年,沪苏浙皖共同制定了《长三角地区关于共同推进技术转移体系建设合作协议》,为地区创新一体化提供了政策保障。同年,习近平总书记在首届中国国际进口博览会上宣布,支持长三角区域一体化发展并上升为国家战略,进一步提升了长三角区域一体化的地位。在创新驱动发展战略和长三角区域一体化发展战略的影响下,长三角创新一体化的地位更加突出。2019 年,《长江三角洲区域一体化发展规划纲要》出台,并提出要构建区域创新共同体,促进创新链与产业链深度融合,不断提升在全球价值链中的位势等要求。2020 年,科技部印发了《长三角科技创新共同体建设发展规划》,进一步推动了长三角创新一体化的进程。

表 5-1 长三角创新一体化发展政策和规划文件梳理

时间	政策和规划文件	内容
2003.11	《关于沪苏浙共同推进长三角创新体系建设协议书》	长三角创新体系建设"联席会议"制度的确立,区域科技合作的组织和工作机制逐步形成
2005.05	《长三角"十一五"科技发展规划》正式启动	要求上海、江苏和浙江以长三角城市群为对象,对区域科技创新发展及规划编制的背景、现状、必要性和可行性、重点内容等问题开展研究
2008.05	《长三角科技合作三年行动计划(2008—2010)》	提出长三角 2008—2011 年,科技创新发展的四大基本任务和五大科技行动,并制定了相应的保障措施
2008.09	《关于进一步推进长江三角洲地区改革开放和经济社会发展的指导意见》	提出了长三角地区的发展定位与目标,首次将长三角一体化写入国家文件,文件对创新做出明确要求:到 2012 年,创新能力显著增强,科技进步对经济增长的贡献率大幅提升;到 2020 年,在重要领域科技创新接近或达到世界先进水平
2016.06	《长江三角洲城市群发展规划》	明确提出打造具有全球影响力的科技创新高地的战略定位,并提出 2020 年高附加值现代产业体系和区域协同创新体系全面建成的目标,并围绕长三角的开放创新网络、推动创新转型升级,提出共建内外聚合的开放创新网络,推动创新链产业链深度融合,营造创新驱动发展良好生态等发展计划

2018.06	《长三角区域协同创新网络建设三年行动计划(2018—2020年)》	明确了构建长三角区域协同创新共同体的时间进度和主要任务
2019.06	《共建长三角科创圈创新平台倡议书》	在4个方面达成共识:一是秉持创新、协调、绿色、开放、共享的新发展理念,聚力联合打造长三角科创圈创新平台。二是共建技术转移服务平台,促进长三角科技成果转移转化。三是共建科技资源共享服务平台,促进科技条件服务一体化。四是共建科技创新战略智库平台,促进区域创新研究一体化
2019.12	《长江三角洲区域一体化发展规划纲要》	提出建设全国发展强劲活跃增长极的战略定位,并确立2025年科创产业融合发展体系基本建立的基本目标,长三角城市群区域协同创新体系基本形成,成为全国重要的创策源地
2020.04	《共建长三角科技创新战略智库联盟框架协议》	为进一步实务推动长三角创新共同体建设奠定了重要基础
2020.12	《长三角科技创新共同体建设规划》	提出长三角创新共同体建设的战略定位和发展目标,确定2025年成现代化、国际化的科技创新共同体;2035年全面建成全球领先的科技创新共同体。在此基础上,提出了长三角创新体建设的主要内容

二、实践基础

在国家和地方政策的指导下,长三角城市群围绕推动创新一体化进行了丰富的实践,极大地加快了长三角城市群创新一体化的进程,为进一步加快和提升长三角城市群创新一体化的速度和质量奠定了坚实基础。目前,长三角城市群围绕创新一体化开展的主要实践活动包括 G60 科创走廊、沪宁合科创走廊和宁杭生态经济带的规划建设。

(一)G60 科创走廊

G60 科创走廊的概念率先由上海市松江区政府提出,随后快速发展成为包含沪苏浙皖九个地区在内的长三角科技创新空间发展计划。为了适应经济新常态的发展需求,推动地区产业转型升级,2016 年上海松江召开 G60 科创走廊建设推进大会,以促进高端创新要素向 G60 高速沿线集聚,实现产业走廊向创新走廊转型,从而形成了 G60 科创走廊的 1.0 版本(图 5-1)。2017 年 7 月,在上海与浙江两地社会经济发展座谈会上,上海松江与杭州和嘉兴签署了《沪嘉杭 G60 科创走廊建设战略合作协议》,由此形成 G60 科创走廊的 2.0 版本(图 5-2),G60 上海松江科创走廊升级为沪嘉杭 G60 科创走廊,成为推动沪浙两地科创合作的空间载体。2018 年,除沪嘉杭三市之外,金华、苏州、合肥、芜湖等 6 市同时加入,共同召开了第一次 G60 科创走廊联席会议,提出九地共同建设 G60 科创走廊,形成了 G60 科创走廊的 3.0 版本(图 5-3)。随后,G60 科创走廊被写入《长江三角洲区域一体化发展规划纲要》和国家"十四五"规划中,成为国家发展战略和发展规划的重要组成部分,受到党和国家的高度重视。

为进一步落实 G60 科创走廊建设,国家和地方政府陆续出台了更具体的实施方案、空间规划和保障制度。2019 年,科技部、国家发改委、工信部和中国人民银行、沪苏浙皖科技委(厅)和 G60 科创走廊城市政府等共同成立了国家推进 G60 科创走廊建设专责小组。同时,专责小组在第一次全会上审议并通过了

《推进 G60 科创走廊建设专责小组工作规则》《推进 G60 科创走廊建设专责小组办公室工作规则》等文件,形成了国家推动 G60 科创走廊建设的领导工作机制。2020 年,浙江省发布了国内首个 G60 科创走廊规划——《G60 科创走廊(浙江段)规划》,为浙江省落实 G60 科创走廊建设明确了方向,并提出构建"一廊六平台、主副双支点"的空间结构,为浙江省 G60 科创走廊的建设提供空间支撑。同年,科技部会同国家发改委、工信部等联合印发了《长三角 G60 科创走廊建设方案》,确定了 G60 科创走廊的战略定位和建设目标,并明确了 G60 科创走廊的主要任务,提出了建设保障措施。

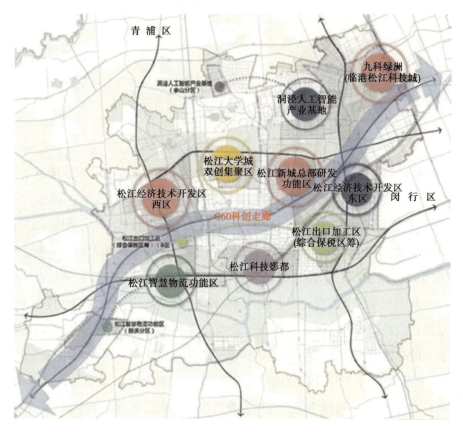

图 5-1　1.0 版 G60 科创走廊①

_____

① 资料来源于 G60 科创走廊官方网站。

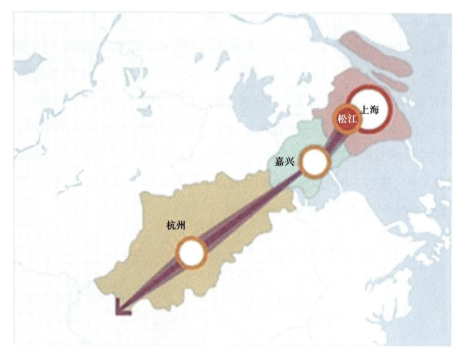

图 5-2　2.0 版 G60 科创走廊①

　　G60 科创走廊建设取得初步成效。G60 科创走廊的建设一方面推动了资本要素的集聚,为沿线九大城市的创新发展提供了大量资金支持。截至 2020 年 9 月,长三角 G60 科创走廊九大城市完成"双投债"发行 6 单、融资 31.7 亿元,培育首批拟上科创板企业 280 家,上海证券交易所受理九大城市科创企业 81 家,已发行上市 35 家,两者占比均达到全国的 1/5,同时 G60 创新综合指数和战略新兴产业成分指数分别上涨 34.5% 和 48.2%②。另一方面,G60 科创走廊通过搭建公共服务平台极大地推动了沿线九大城市人才、技术、信息等高端创新要素的跨区域流动,促进了地区创新水平的整体提升。以"G60 科创云"平台为例,截至 2020 年 9 月,该平台的"九成纳贤"云招聘社区联系了九大城市 176 所高校和万余家企业,围绕七大战略性新兴产业提供了 3 万多个中高端岗位和 10 万多用人需求。

---

① 资料来源于 G60 科创走廊官方网站。
② 数据来源于 G60 科创走廊官方网站。

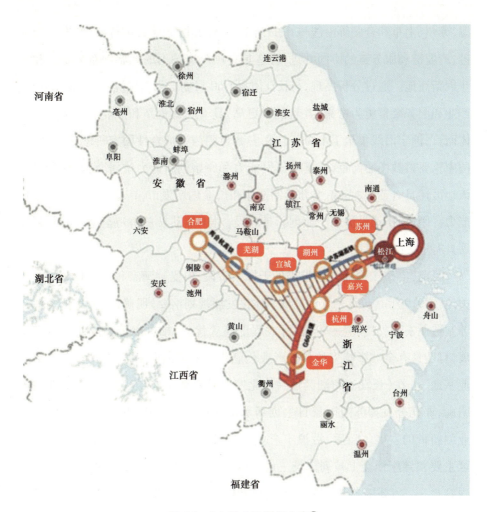

图 5-3　3.0 版 G60 科创走廊①

（二）沿沪宁产业创新带

以长江南翼 G60 科创走廊建设为基础,地方政府和专家学者针对长江北翼 "上海--南京—合肥"一线的创新发展提出了众多相似概念,例如,沿沪宁产业 创新带、沪宁科创走廊、沪宁合科创走廊和沪宁合产业创新带等。这些说法虽 然存在细微差异,但其内涵基本一致,均是以沪宁合快速交通廊道为依托,对上

①　资料来源于 G60 科创走廊官方网站。

海、苏州、南京和合肥等沿线城市的创新、产业和服务要素进行整合,推动创新链、产业链和服务链的协同共进,打造具有国际影响力的原始创新策源地和产业创新高地。通过分析发现,与长江南翼G60科创走廊相比,沪宁一线的创新、产业和服务要素更为密集,并且能级更高,具有更大创新和产业发展潜力。具体而言,沪宁沿线集聚了上海张江和安徽合肥两大综合性国家科学中心,以及国家重要科教中心南京,其基础研发能力和原始创新能力位居全国前列,同时该地区还具有苏州、无锡、常州等制造业和产业创新强市,具有较强的产业创新能力。因此,推动沿沪宁产业创新带建设,对于推动长三角乃至全国的创新发展具有重大战略意义。

目前,沿沪宁产业创新带仍处于探索阶段,但受到国家和地方政府的广泛关注。2019年,《长江三角洲区域一体化发展规划纲要》明确提出"充分发挥江苏制造业发达、科教资源丰富、开放程度高等优势,推进沿沪宁产业创新带发展,打造具有全球影响力的科技产业创新中心和具有国际竞争力的先进制造业基地"。在《长江三角洲区域一体化发展规划纲要》江苏实施方案中进一步明确,要充分发挥苏南国家自主创新示范区的引领作用,积极推动沿沪宁产业创新带的发展。随后,沿沪宁产业创新带在2020年6月召开的长三角地区主要领导座谈会上被列为长三角区域一体化发展2020年工作计划的重要内容之一。江苏省在南京召开了建设G42沪宁沿线人才创新走廊联席会议,并审议通过了《建设G42沪宁沿线人才创新走廊行动计划方案(2020)》,积极推动南京、苏州、无锡、常州和镇江实现人才资源共享,标志着沿沪宁产业创新带由规划探索进入实施建设阶段。2021年,沿沪宁产业创新带与G60科创走廊共同被写入国家"十四五"规划,成为推动长三角高质量一体化发展的重要抓手。

第三节　长三角创新一体化发展的历史演变

一、基于网络视角的长三角创新一体化水平测度方法构建

近年来，从知识和创新联系视角分析城市群创新网络的研究逐渐增多。国内学者基于引力模型、专利合作、论文合作等衡量城市间知识联系的间接与直接数据，对美国东北部城市群[①]、长三角城市群[②③④⑤]、京津冀城市群[⑥]、粤港澳大湾区[⑦]、长江中游城市群[⑧]等典型城市群的知识创新网络进行了探讨，部分学者还对不同城市群的区域协同创新模式进行了比较[⑨]。学者从网络视角以长三角城市群为实证对象研究发现：长三角城市群城市创新网络具有多尺度特征，空间尺度越大，城市创新网络多功能中心程度越低[⑩⑪]；近年来，长三角城市群创新模式从外部型向综合型转变，上海和南京的创新带头作用十分显著，"Z"字形交通干道沿线城市的协同创新得到快速提升，但是长三角城市群内部城市尚

①　陆天赞,吴志强,黄亮.美国东北部城市群创新城市群落的社会网络关系、空间组织特征及演进[J].国际城市规划,2016,31(2):51-60.

②　吴志强,陆天赞.引力和网络:长三角创新城市群落的空间组织特征分析[J].城市规划学刊,2015(2):31-39.

③⑩　LI Y,PHEIPS N.Knowledge polycentricity and the evolving Yangtze River Delta megalopolis[J].Regional Studies,2017,51(7):1035-1047.

④　徐宜青,曾刚,王秋玉.长三角城市群协同创新网络格局发展演变及优化策略[J].经济地理,2018,38(11):133-140.

⑤⑪　李迎成.大都市圈城市创新网络及其发展特征初探[J].城市规划,2019,43(6):27-33,39.

⑥　吕拉昌,孟国力,黄茹,等.城市群创新网络的空间演化与组织:以京津冀城市群为例[J].地域研究与开发,2019,38(1):50-55.

⑦　马海涛,黄晓东,李迎成.粤港澳大湾区城市群知识多中心的演化过程与机理[J].地理学报,2018,73(12):2297-2314.

⑧　谢伟伟,邓宏兵,苏攀达.长江中游城市群知识创新合作网络研究:高水平科研合著论文实证分析[J].科技进步与对策,2019,36(16):44-50.

⑨　马双,曾刚.网络视角下中国十大城市群区域创新模式研究[J].地理科学,2019,39(6):905-911.

未形成合理的创新分工,区域创新共同体建设亟待加强①;同时,长三角内部正在形成以核心城市为中心的创新型都市圈,成为带动区域创新一体化发展的重要空间载体②。

(一)数据收集与处理

知识是人类对物质世界和精神世界探索结果的总和,是创新产生的基础,具有抽象性和扩散性。目前,论文合作数量是学术界普遍采用的衡量知识合作的指标。CNKI 是全球最大的中文期刊文献数据库,具有中文期刊收录数量多、范围广、类型丰富的特点,是研究国内城市知识联系的常用数据库之一。为此,本书以 CNKI 期刊全文数据库作为长三角城市群城市间论文合作的数据来源。考虑到某些城市群城市的论文合作数量较少,以及个别年份异常值的影响,本书以 2011—2015 年和 2016—2020 年两个时间段为研究期限,基于网络视角探索近 10 年来长三角城市群创新一体化发展水平的演变特征。

在 CNKI 期刊全文数据库中检索 2011—2015 年和 2016—2020 年长三角城市群内部各城市的论文合作数量的具体步骤如下:首先,将检索年份设置为 2011—2015 年;其次,检索作者单位为城市群某城市,如上海市,则输入检索词为"上海",同时增加一个作者单位检索选项,检索词输入另外一个城市,如"南京",进行模糊检索;最后,记录检索篇数即为这两个城市的论文合作数量。同样地,2016—2020 年的论文数据收集过程与 2011—2015 年一致。对于长三角城市群而言,2011—2015 年 CNKI 期刊全文数据库共收录合作论文 56 111 篇,城市间论文合作最多的城市对是上海和南京,共合作论文 5 536 篇;2016—2020 年 CNKI 期刊全文数据库共收录合作论文 61 278 篇文章,城市间论文合作最多的城市对同样也是上海和南京,共合作论文 4 939 篇。

① 徐宜青,曾刚,王秋玉.长三角城市群协同创新网络格局发展演变及优化策略[J].经济地理,2018,38(11):133-140.
② 吴志强,陆天赞.引力和网络:长三角创新城市群落的空间组织特征分析[J].城市规划学刊,2015(2):31-39.

（二）测度方法

下面通过引入创新网络关联度的概念探究长三角城市群创新一体化发展的演变进程。网络关联度的概念是国内学者利用企业"总部—分支"数据在探究我国城市体系网络结构的过程中提出的一种网络测度方式[1][2]，城市之间的网络关联度越高，表示城市之间的联系越强，反之则越弱。参考借鉴已有的研究成果，本书提出创新网络关联度的概念对长三角城市群创新联系程度及发展演变过程进行定量测度，进而反映长三角城市群创新一体化发展水平和演变过程。具体而言，长三角城市群总体网络关联度越大，网络联系越密集，表明城市群的创新一体化程度越高。其中，长三角城市群的创新合作通过区域内部各城市之间的论文合作情况表示，创新网络关联度的具体计算公式如下：

$$TM_i = \sum_{j}^{n} P_{ij} \tag{5-1}$$

式中，TM_i 表示城市 i 在长三角的总体创新网络关联度，P_{ij} 表示城市 i 和城市 j 的创新网络关联度，本书中使用论文合作数量表示，n 表示长三角城市群城市的数量，n 的值为 41，TM_i 值越大表示城市 i 在长三角城市群内部具有越强的创新联系，反之表示创新联系越弱。

二、长三角创新一体化的发展演变特征

（一）多数城市创新网络关联度明显增强，区域核心城市增长幅度更大

根据表 5-2 的测度结果可以看出，长三角城市群内部大多数城市创新网络呈现出明显的增强趋势。根据统计，长三角城市群内创新网络关联度明显增强的城市有 35 个，占城市群城市总数的 85.4%，仅有 6 个城市出现了负增长，表明

---

[1] 唐子来，赵渺希.经济全球化视角下长三角区域的城市体系演化：关联网络和价值区段的分析方法[J].城市规划学刊，2010(1)：29-34.

[2] 唐子来，李涛.长三角地区和长江中游地区的城市体系比较研究：基于企业关联网络的分析方法[J].城市规划学刊，2014(2)：24-31.

随着时间的演变,长三角城市群创新一体化程度明显提高。同时,区域核心城市创新网络关联度的增长幅度显著高于其他城市。例如,南京、上海、徐州、苏州、宁波、杭州等区域核心城市的创新网络关联度的增长幅度均在 600 以上,显著高于 307 的平均值,表明城市群核心城市的创新辐射带动作用明显增强。

表 5-2　2011—2015 年和 2016—2020 年长三角城市群各城市创新网络关联度

城市名称	2011—2015 年	2016—2020 年
上海	14 886	15 519
南京	30 692	31 895
无锡	6 762	6 648
苏州	9 116	10 029
南通	3 363	3 578
泰州	2 979	3 137
常州	5 061	5 104
扬州	3 204	3 247
镇江	835	929
连云港	1 685	2 132
徐州	3 185	4 390
杭州	3 978	4 607
宁波	2 653	3 621
舟山	440	643
绍兴	800	1 011
湖州	723	950
嘉兴	982	1 339
台州	1 348	1 482
金华	531	693
衢州	302	430
丽水	834	769
温州	2 773	2 983

城市名称	2011—2015 年	2016—2020 年
合肥	2 252	2 575
盐城	2 083	2 508
马鞍山	369	432
芜湖	420	491
滁州	455	502
淮安	2 967	3 136
淮南	454	425
宿迁	1 261	2 027
铜陵	472	404
安庆	553	621
池州	237	323
宣城	181	370
蚌埠	1 090	1 242
黄山	411	420
六安	202	320
淮北	586	465
宿州	320	349
亳州	234	306
阜阳	543	504

（二）长三角城市群内创新联系"东强西弱""北密南疏"的格局尚未改变

虽然长三角城市群创新网络格局不断优化，但是"东强西弱""北密南疏"的格局仍然存在。从图 5-4 和图 5-5 可以看出，伴随着时间演变，长三角城市群创新网络格局不断优化。2011—2015 年，中关联度、中高关联度和高关联度的联系主要分布在长江北翼和南京市以东，集中在上海、南京、苏州、无锡、常州和徐州等上海和江苏省内各城市之间。2016—2020 年，中关联度、中高关联度和高关联度的联系开始向长江南翼扩展，浙江省的杭州、宁波、温州等城市的创新网络关联度和城市创新联系强度不断增强,"北密南疏"的格局在一定程度上有所改善,而"东强西弱"的格局尚未改观。对创新网络关联度排名靠前的城市进行对比发现(表5-3),"东强西弱""北密南疏"的格局尚未好转。2011—2015 创新网络关联度排名前十的城市包括南京、上海、苏州、无锡、常州、杭州、南通、扬州、徐州、泰州,位于江苏的城市数量达到 8 个;2016—2020 年创新网络关联度排名前十的城市基本保持不变,位于江苏省的城市数量达到 7 个,说明长三角内部创新网络联系仍然主要集中于上海与江苏省内各城市之间,浙江和安徽的城市与城市群内其他城市之间的联系仍然十分匮乏。

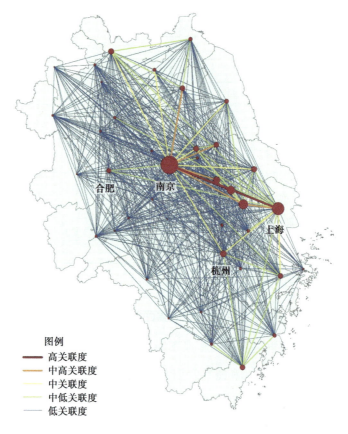

图 5-4　2011—2015 年长三级角城市创新关联网络示意图

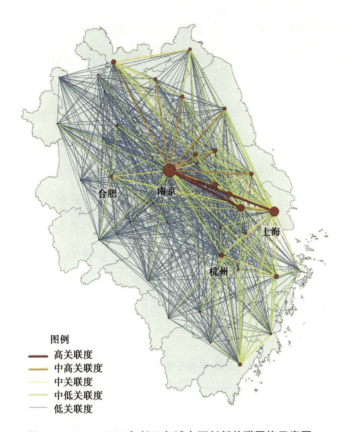

图 5-5 2016—2020 年长三角城市群创新关联网络示意图

表 5-3 2011—2015 年和 2016—2020 年长三角城市群创新网络关联度前十城市统计表

序号	城市名称	2011—2015 年	城市名称	2016—2020 年
1	南京	30 692	南京	31 895
2	上海	14 886	上海	15 519
3	苏州	9 116	苏州	10 029
4	无锡	6 762	无锡	6 648
5	常州	5 061	常州	5 104
6	杭州	3 978	杭州	4 607
7	南通	3 363	徐州	4 390
8	扬州	3 204	宁波	3 621
9	徐州	3 185	南通	3 578
10	泰州	2 979	扬州	3 247

(三)与区域核心城市的联系强度显著高于其他城市,并存在强化趋势

根据表 5-4 可以看出,长三角城市群内部城市与区域核心城市[①]的创新合作最为密切。2011—2015 年,与各城市创新网络关联度排名第一的城市中,区域核心城市的数量为 39,仅有温州和亳州的创新网络关联度排名第一的城市不是区域核心城市。2016—2020 年,与各城市创新网络关联度排名第一的城市中,除温州外其余城市创新网络关联度排名第一的城市均是区域核心城市。从排名前三的城市中可以看出,2011—2015 年和 2016—2020 年与长三角城市群城市创新网络关联度排名前三的城市中,至少有一个城市是区域核心城市。同时,2011—2015 年,存在两个以上核心城市的城市数量为 38 个,三个均为核心城市的城市数量为 27 个,占比分别为 92.7% 和 65.9%;2016—2020 年,存在两个以上核心城市的城市数量为 39 个,三个均为核心城市的城市数量为 27 个,占比分别为 95.1% 和 65.9%。

表 5-4 2011—2015 年和 2016—2020 年长三角各城市创新网络关联度排名前三城市统计表

城市名称	2011—2015 年			2016—2020 年		
上海	南京(5536)	苏州(1948)	杭州(901)	南京(4939)	苏州(2217)	宁波(1072)
南京	上海(5536)	无锡(4749)	苏州(3166)	上海(4939)	无锡(4501)	苏州(3166)
无锡	南京(4749)	苏州(597)	上海(509)	南京(4501)	苏州(542)	上海(475)
苏州	南京(3166)	上海(1948)	常州(1023)	南京(4066)	上海(2217)	常州(542)
南通	南京(1195)	上海(561)	苏州(467)	南京(1298)	上海(580)	苏州(453)
泰州	南京(2245)	扬州(215)	南通(122)	南京(2318)	扬州(151)	苏州(136)
常州	南京(2571)	苏州(1023)	上海(448)	南京(2595)	苏州(799)	上海(538)
扬州	南京(1163)	上海(362)	苏州(241)	南京(1232)	上海(360)	苏州(245)
镇江	南京(377)	苏州(72)	上海(64)	南京(432)	上海(54)	扬州(94)

---

① 本书中长三角区域核心城市包括上海、南京、杭州、合肥、苏州、徐州、宁波、温州等城市。

续表

城市名称	2011—2015 年			2016—2020 年		
连云港	南京（628）	徐州（382）	苏州（118）	南京（939）	徐州（562）	上海（114）
徐州	南京（1016）	上海（383）	淮安（382）	南京（1396）	连云港（562）	淮安（521）
盐城	南京（964）	苏州（248）	上海（193）	南京（1233）	苏州（256）	上海（216）
淮安	南京（1935）	徐州（382）	扬州（178）	南京（1961）	徐州（521）	扬州（145）
杭州	南京（1182）	上海（901）	宁波（381）	上海（1065）	南京（793）	宁波（577）
宁波	上海（783）	南京（433）	杭州（381）	上海（1072）	杭州（577）	南京（432）
舟山	温州（116）	宁波（97）	上海（68）	宁波（225）	上海（116）	温州（112）
绍兴	杭州（165）	温州（153）	宁波（108）	杭州（269）	宁波（120）	上海（115）
湖州	上海（172）	杭州（128）	南京（75）	杭州（173）	上海（152）	南京（119）
嘉兴	上海（302）	杭州（129）	南京（105）	上海（406）	杭州（198）	温州（93）
台州	温州（498）	杭州（196）	上海（177）	温州（572）	杭州（242）	上海（151）
金华	上海（109）	温州（95）	杭州（73）	杭州（139）	上海（104）	温州（71）
衢州	杭州（69）	金华（38）	上海（36）	杭州（99）	上海（58）	宁波（47）
丽水	温州（392）	上海（91）	杭州（84）	温州（248）	杭州（109）	南京（70）
温州	台州（498）	上海（438）	丽水（392）	台州（572）	上海（490）	杭州（248）
合肥	上海（503）	南京（367）	蚌埠（113）	上海（549）	南京（381）	宣城（192）
马鞍山	南京（139）	合肥（43）	铜陵（27）	南京（110）	合肥（64）	上海（21）
芜湖	南京（125）	合肥（77）	上海（65）	南京（118）	上海（94）	合肥（93）
滁州	南京（162）	合肥（85）	上海（30）	南京（187）	合肥（89）	上海（33）
淮南	南京（133）	合肥（90）	上海（46）	合肥（82）	南京（59）	蚌埠（56）
宿迁	南京（918）	徐州（76）	上海（52）	南京（1271）	徐州（356）	上海（71）
铜陵	南京（137）	合肥（71）	安庆（67）	南京（89）	合肥（67）	安庆（56）

续表

城市名称	2011—2015 年			2016—2020 年		
安庆	南京（134）	上海（83）	合肥（81）	南京（162）	合肥（129）	铜陵（56）
池州	南京（50）	合肥（30）	上海（26）	合肥（55）	上海（41）	南京（38）
宣城	合肥（57）	南京（31）	芜湖（17）	合肥（192）	南京（41）	上海（19）
蚌埠	上海（240）	南京（201）	合肥（113）	上海（222）	南京（178）	合肥（101）
黄山	南京（120）	合肥（68）	上海（46）	南京（90）	合肥（65）	上海（56）
六安	合肥（55）	南京（31）	上海（18）	合肥（68）	蚌埠（45）	南京（26）
淮北	上海（102）	合肥（95）	南京（47）	南京（84）	上海（69）	合肥（54）
宿州	南京（60）	合肥（50）	淮北（47）	南京（62）	淮北（45）	蚌埠（40）
亳州	淮北（46）	合肥（38）	阜阳（29）	合肥（50）	南京（38）	蚌埠（31）
阜阳	上海（131）	南京（97）	合肥（78）	上海（103）	合肥（78）	南京（56）

第四节　长三角创新一体化发展的对策建议

一、优化区域创新格局，推动区域创新一体化发展

通过对长三角城市群的定量化测度发现，长三角城市群创新联系"东强西弱""北密南疏"的区域创新发展格局亟待优化，从而推动区域创新一体化发展进程不断加快。首先，长三角城市群应积极推动创新型都市圈建设，放大长三角城市群核心城市创新资源丰富的优势，带动周边城市创新一体化发展。具体而言，分别围绕上海、南京、杭州和合肥四个区域中心城市，分别发挥四个城市特色创新资源优势，打造特色化创新型都市圈。例如，杭州可以依托强劲的数字经济基础，与周边湖州、金华等城市打造以数字经济创新为特色的创新型都

市圈;南京可以依托其强大的基础教育资源优势和制造业发展基础,打造以智能制造为特色的创新型都市圈。其次,积极推动城际科创走廊建设,将其作为推动长三角城市群创新一体化发展的核心空间抓手。城际科创走廊的建设有利于推动区域创新要素的高效集聚和扩散,对于推动区域创新一体化发展具有重要意义。根据国家"十四五"规划,长三角城市群各地政府应积极推动G60科创走廊建设和沿沪宁产业创新经济带建设。此外,政府和相关研究机构应对长三角城市群的各类园区、高校和科研院所、创新服务机构等创新主体的空间分布情况进行系统梳理,确定长三角城市群的潜在创新走廊,从整体层面规划长三角城市群城际创新走廊体系,解决目前城市群面临的创新联系"东强西弱""北密南疏"的困境。

二、强化基础设施建设,促进创新生态环境优化

长三角城市群公路网和铁路网密集、水域发达,并且具有众多机场,形成了世界级机场群,区域交通基础设施网络化、立体化特征日益显著。但是,长三角交通基础设施建设仍存在突出短板,部分城市与区域核心城市之间的快速交通干道尚未打通,区域交通网络化格局尚未完全形成,严重制约了区域一体化进程和城市群创新能力的提升。因此,为了推动长三角创新一体化进程,首先要不断加强区域交通建设,尽快实现区域城市的互联互通。加快长三角西部地区高铁网络建设,加大东西向交通要道建设力度,推动核心城市城际轨道交通网络建设,扩大同城化效应,全面实现长三角城市群高铁网络化,打造轨道上的长三角。同时,不断提高机场建设力度,改善区域航空网络不完善的局面,积极打造以上海国际机场为龙头,以南京、杭州和合肥的机场为枢纽,以其他机场为补充的功能完善、分工明晰、运行高效的区域机场体系。

其次,积极推动5G、工业互联网、大数据中心、特高压等新型基础设施建设,迅速抢占智慧城市群建设高地,助推长三角创新一体化发展。通过新型基础设施建设,系统构建区域产业、创新和服务一体化网络,整合区域专利、资金、

人才和知识等各类创新资源,实现区域创新资源要素的开放共享,并基于大数据、云计算和人工智能等为政府、企业、高校和研究机构、中介服务机构等区域主体提供区域创新情况、创新产品应用情况的系统化分析和反馈,为提高区域创新效率提供技术支撑。

此外,建设区域创新资源共享平台,对长三角区域创新要素进行整合,为创新要素的区域共享提供基础。一是建设功能互补、形式多样的区域创新服务平台。围绕人才、技术、资金、知识和信息等各类创新要素,分别建设人才服务平台、技术交易平台、创新投融资平台、创新知识服务和信息服务平台等,同时针对不同的产业探索建立产业基础创新联盟。二是建设共享数据库。依托网络技术,搭建长三角论文共享数据库、专利数据库和创新信息数据库,推动实现创新资源全部入库。

三、发展创新服务机构,完善区域创新服务体系

创新服务机构是促进区域创新一体化的纽带,对于实现创新一体化具有重要意义。自党的十八大报告提出国家创新驱动战略以来,伴随着"大众创新,万众创业"日益深入人心,长三角各地区建设了大量的创新服务机构,涉及研发服务、金融服务、技术交易、法律咨询等方方面面,为加快各地区的创新发展进程做出了巨大贡献。但是,一方面区域创新要素不统一,严重限制了创新要素的跨区域流动;另一方面,缺乏区域整体的创新创业服务机构和专门的技术服务机构,在长三角内部形成了众多的"孤岛"。此外,各地区创新服务机构良莠不齐,创新要素不断向创新服务机构品质较高的地区流动,客观上限制了创新一体化的发展。

因此,为了进一步优化和发展长三角城市群的创新服务机构,首先要建立创新要素一体化服务市场,主要包括人才一体化服务市场和技术一体化服务市场。不断完善和优化线上人才和技术服务市场,对长三角的人才和技术资源进行整合,打造新时代的"星期天工程师"景象,并促进实现技术成果的跨区域高

效转化。其次,积极建设各类创新服务机构。在长三角层面建设区域创新法律服务机构、技术咨询服务机构、设计研发服务机构等各类中介服务机构,为企业、高校和科研机构等提供法律、咨询、设计等各种专业服务。同时,三省一市联合建设区域创新创业服务中心,并对各地相关创新创业服务机构进行整合,实现信息共享。最后,搭建长三角技术创新交流平台。围绕战略性新兴产业,由三省一市政府联合打造长三角技术创新交流平台,联合企业、高校和科研机构、中介服务机构等相关产业创新主体定期举办技术创新交流会,并组织出版相关刊物,为创新主体提供最新的技术动向和市场咨询。

四、完善创新一体化制度，破除创新要素流动壁垒

随着长三角一体化上升为国家战略,国家和地方政府正在进行积极的制度和政策创新探索,并且有些制度和政策已经形成并出台实施。例如,由科技部和其他多个中央部委及沪苏浙皖共同形成了国家推动 G60 科创走廊建设的领导工作机制。但是,总体而言,长三角城市群创新一体化制度尚不完善,不同省市之间存在较强的行政壁垒,成为创新要素难以实现跨区域自由流动的症结所在。因此,中央和地方政府亟需通力协作,不断改革和完善长三角创新一体化制度。

首先,改革刚性人才引进制度,出台更加灵活的人才聘请制度。政府积极推动刚性人才引进制度改革,不断完善各地区的人才引进政策,消除人才跨区域流动的障碍,同时建立更加灵活的聘请制度,鼓励高校和科研机构、企业等的科研和技术骨干人才在长三角区域内自由设立研究工作室,不断提高人才资源要素的利用效率,提高地区整体创新水平。其次,尽快出台关于创新要素市场一体化和创新成果异地转化的政策法规,并颁布相关配套政策,包括利益分配、贡献评定等方面的措施和意见,实现区域创新要素流动的自由化、正规化和健康化。最后,建设更加完善的区域创新券制度,实现科技创新券在长三角范围通用通兑,为创新要素的跨区域流动奠定基础。

6

窗口：长三角数字化新基建一体化发展

2020年4月，国家发改委首次明确新型基础设施的范围，提出新型基础设施是以新发展理念为引领，以技术创新为驱动，以信息网络为基础，面向高质量发展需要，提供数字转型、智能升级、融合创新等服务的基础设施体系，包括了5G、特高压、城际高速铁路和城市轨道交通、新能源汽车充电桩、大数据中心、人工智能、工业互联网等七大领域。主要涵盖三方面内容：

一是信息基础设施。主要是指基于新一代信息技术演化生成的基础设施，比如，以5G、物联网、工业互联网、卫星互联网为代表的通信网络基础设施，以人工智能、云计算、区块链等为代表的新技术基础设施，以数据中心、智能计算中心为代表的算力基础设施等。

二是融合基础设施。主要是指深度应用互联网、大数据、人工智能等技术，支撑传统基础设施转型升级，进而形成的融合基础设施，比如，智能交通基础设施、智慧能源基础设施等。

三是创新基础设施。主要是指支撑科学研究、技术开发、产品研制的具有公益属性的基础设施，比如，重大科技基础设施、科教基础设施、产业技术创新基础设施等。

与传统基建相比，数字化新基建内涵更加丰富，涵盖范围更广，更能体现数字经济特征。对于长三角一体化发展而言，以最高标准、最高水平发展新基建，是确保实现长三角一体化发展战略目标的重要前提，将有力地推动长三角以数字经济为代表的经济的快速发展。尤其是在新冠肺炎疫情暴发后，新基建的兴起将有助于解决疫情冲击下的经济增速下行，提升区域整体竞争力。同时，通过新基建将带动和激发整个区域的创新能力和经济活力，推动新经济，形成新动能。

第一节　长三角数字化新基建一体化发展的时代背景

一、习近平总书记高站位远谋划，一以贯之推进数字化新型基础设施一体化建设

2020年8月20日，习近平总书记在合肥主持召开扎实推进长三角一体化发展座谈会并发表重要讲话，强调"在这次疫情防控和恢复经济过程中，一体化机制和互联互通基础设施发挥了作用"，充分肯定了长三角一体化率先构建互联互通基础设施的重要意义。习近平总书记还强调："推动长三角区域经济高质量发展，要发挥数字经济优势，加快产业数字化、智能化转型，提高产业链供应链稳定性和竞争力。"①产业的发展离不开基础设施的支撑，加快新基建部署，其意义不仅仅是为长三角一体化生产生活提供基础服务的公共设施，更重要的是激发经济发展的内生动力，为产业发展、城市转型等提供助力。

习近平总书记亲自谋划、亲自部署、亲自推动了长三角一体化发展战略的实施，自始至终都将信息化作为实现一体化的重要手段和方式。2003—2007年习近平同志在浙江任职期间，就多次对加强长三角基础设施建设的合作与交流提出前瞻性见解。2004年2月，习近平同志在浙江全省民营经济工作会议上的讲话中指出，"进一步推动民营企业成为接轨上海，参与长三角合作与交流的主力军，鼓励民营企业、民间资本参与长三角一体化的基础设施建设"。② 2007年1月，习近平同志在"积极参与长三角合作与交流"工作座谈会的讲话中指出，"进一步加强交通互联，努力建设快速、高效、便捷的交通体系""加快高压输变电设施与电网建设，重点在沿海地区增加新的电源点""进一步加强要素共享，

---

① 习近平主持召开扎实推进长三角一体化发展座谈会并发表重要讲话[EB/OL].新华网,2020-8-22.
② 资料来源于2004年2月3日习近平同志在浙江全省民营经济工作会议上的讲话。

努力优化区域资源的配置"。① 历史和实践证明,习近平总书记给长三角新基建一体化发展留下了取之不尽、用之不竭的宝贵财富,成为区域基础设施始终保持又好又快发展的指引性力量。

二、党中央高度重视顶层设计,一贯到底谋实谋细新基建一体化发展

长期以来,国家都十分重视长三角新基建一体化发展,随着长三角一体化于 2005 年正式上升为国家战略,国家发改委正式启动编制《长江三角洲地区区域规划》。2010 年,国家发展改革委制定出台《长江三角洲地区区域规划》,内容中提出要"加快完善信息网络基础设施,优化现有网络结构,挖掘网络潜力,适应信息网络技术发展的需要引进新技术,加快新一代移动通信、下一代互联网、地面数字电视等系统建设。积极推进'三网融合',提高网络资源综合利用和信息交互能力。加强网络安全设施建设和网络安全管理,实施区域无线电协同监管",成为当前推进新基建一体化发展的雏形。2016 年,国家发展改革委、住房和城乡建设部制定出台《长江三角洲城市群发展规划》,提出"构建泛在普惠的信息网络,加快建设覆盖区域、辐射周边、服务全国、联系亚太、面向世界的下一代信息基础设施"。并强调,"完善区域网络布局,加快通信枢纽和骨干网建设,推进网间互联宽带扩容,优化主要城市的通信网络结构,提升网络质量。促进骨干网、城域网、数据中心和支撑系统 IPv6 升级改造。加快实现无线局域网在热点区域和重点线路全覆盖,率先实现城市固网宽带全部光纤接入。"新基建一体化发展进入提质增效阶段。2019 年,中共中央、国务院印发《长江三角洲区域一体化发展规划纲要》,提出共同打造数字长三角,基础设施互联互通基本实现。新一代信息设施率先布局成网,提出到 2025 年 5G 网络覆盖率达到

---

① 资料来源于 2007 年 1 月 23 日习近平同志在"积极参加长三角合作与交流"工作座谈会上的讲话摘要。

80%。强调要"加快构建新一代信息基础设施,推动信息基础设施达到世界先进水平,建设高速泛在信息网络,共同打造数字长三角。加快推进 5G 网络建设、深入推进 IPv6 规模部署,加快网络和应用升级改造,打造下一代互联网产业生态。统筹规划长三角数据中心,推进区域信息枢纽港建设,实现数据中心和存算资源协同布局"。同时,对长三角政务数据资源共享共用、工业互联网、物联网、人工智能等提出建设新要求,新基建一体化发展体系基本健全。

三、"三省一市"结合地方优势积极落实,一体化高质量走在全国前列

新基建一体化是一项目前国内前所未有的开创性工作,没有成型的经验可循,没有固定的模式可鉴,在长三角一体化国家战略统筹下,"三省一市"积极部署,上海市出台了《上海市推进新型基础设施建设行动方案(2020—2022 年)》,提出要通过实施新一代网络基础设施("新网络")建设行动、创新基础设施("新设施")建设行动、一体化融合基础设施("新平台")建设行动等,全面提升新基建发展能级,强调到 2022 年新型基础设施建设规模和创新能级迈向国际一流水平,高速、泛在、融合、智敏的高水平发展格局基本形成,新型基础设施成为城市经济高质量发展和城市高效治理的重要支撑。江苏省制定出台了《深入推进数字经济发展的意见》,提出通过加强新一代通信网络基础设施建设,统筹建设数字算力基础设施,高标准布局新技术基础设施,加快推进千兆光纤网络建设,推动南京国家互联网骨干直联点扩容升级和江苏互联网交换中心建设,构建数据中心评价和监测体系,支持无锡、昆山国家级超算中心建设,探索构建"边云超"结合的计算服务体系。同时,发布 29 条"新基建"建设内容,加快新型信息基础设施建设,扩大信息消费。浙江省出台《浙江省新型基础设施建设三年行动计划(2020—2022 年)》,提出奋力建设新型基础设施投资领先的标杆省份,建成领先的新一代数字基础设施网络,打造领先的基础设施智慧化融合应用,创建领先的新型基础设施产业链生态。强调到 2022 年建成 5G 基站 12 万

个以上,大型、超大型云数据中心 25 个左右,率先完成双千兆宽带网络布局,实现重点领域基础设施智能化水平提升 20% 以上,培育形成 10 个以上产业示范基地,培育形成 100 家以上标杆企业,新建成 100 家以上高能级创新平台。安徽省出台了《支持数字经济发展若干政策》,支持应用基础设施建设,鼓励有条件的市建设云计算中心、超算中心、数据中心、灾备中心等,同时提出全面扩大 4G 网络覆盖面,加快 5G 网络建设步伐,加快部署基于 IPv6 的下一代互联网,统筹推进"一中心两基地多园区"的云计算大数据产业布局,引导各地因地制宜发展物联网的战略部署。各地区之间各有差异、各有侧重,协同布局新型信息基础设施发展。

第二节　长三角数字化新基建一体化发展的窗口担当

随着数字革命时代的加速到来,经济社会的数字化转型越来越依赖于新基建,新基建正成为国家和区域的核心竞争优势之一,更应成为长三角增强地区创新能力和竞争能力的重要抓手。

一、更高级别经济形态的窗口担当

数字经济是继农业经济、工业经济之后更为高级的经济形态,代表着经济社会发展的主流。纵观全球经济发展历史,已经完成的三次工业革命都是以相应时代的"新型"基础设施建设为标志和必要条件的。由蒸汽机推动的第一次工业革命,是以铁路和运河建设为标志和必要条件的;由内燃机和电力驱动的第二次工业革命,是以高速公路、电网建设为标志和必要条件的;由计算机和通信技术推动的第三次工业革命,是以互联网和信息高速公路建设为标志和必要条件的。在全球进入第四次工业革命的初始阶段,以新一代信息技术和以数字化为核心的新型基础设施正在成为全球产业竞争和投资布局的战略高地。[①②]长三角作为全国经济体量最大的城市群,拥有较强的科技创新实力,而打造全球数字经济发展高地,是长三角更高质量一体化发展的重要目标。长三角数字经济规模达到 8.63 万亿元,占全国数字经济总量的 28%[③],超过珠三角和京津冀的总和,占三省一市经济总量的 41%,已经成为全国数字经济最活跃、体量最大、占比最高的地区。因此,建设现代化的信息基础设施体系是长三角打造全球数字经济发展高地的核心要素。

二、更高质量经济发展的窗口担当

新一代信息技术与实体经济正在加速走向深度融合,信息基础设施将对实体经济产生全方位、深层次、革命性的影响。新基建的发展将不断推动云计算、大数据、人工智能、物联网等产业的快速发展,催生出数据服务、云平台等新业态,带动智能穿戴设备、智能硬件等新产品的生产制造,创造出无人零售、分享经济等新型商业模式,不断为经济发展创造新的增长点。同时,将加快传统产业的转型升级和提质增效,通过与传统行业的相互融合发展,引领传统产业向信息化、网络化、智能化方向发展,推进智能制造、绿色制造、柔性制造等新型生产方式。长三角地区是中国经济发展最活跃、开放程度最高、创新能力最强的区域之一,经济总量约占全国的 1/4,成为引领全国经济发展的重要引擎,加快发展新基建是长三角成为全国发展强劲活跃增长极和高质量发展样板区的先决条件。

三、更高能级社会投资的窗口担当

当前我国总体上已进入工业化后期阶段,传统基础设施建设已经进入或越

---

① 殷利梅,李宏宽,李端.面向"十四五"时期的"数字基建":概念框架、发展现状与推进举措[J].互联网天地,2021(2):14-19.

② 徐宪平.新基建:构筑数字时代的新结构性力量[J].宏观经济管理,2021(8):2.

③ 资料来源于中国信通院《中国数字经济发展与就业白皮书(2019 年)》。

过峰值，投资建设的边际收益已经趋于递减，对我国经济结构的优化作用已经有限，同时还会带来一定的债务和金融风险。发展新基建是拉动有效投资的新增量，是现阶段拉动内需、促进经济增长的主要手段，5G、人工智能、工业互联网、物联网等新型基础设施建设将产生长期性、大规模的投资需求，可以在稳投资中发挥越来越大的作用，同时可以拉动新一代信息技术、高端装备、人才和知识等高级要素的投入，带动传统领域加大高质量发展建设投入，优化全社会整体投资结构。长三角传统基础设施建设水平全国领先，交通干线密度较高，航运体系初步形成，机场群体系基本建立，重大基础设施基本联通，建设一体化的新基建体系是当前长三角最需要补的短板和最有效的投资领域。

四、更高效率营商环境的窗口担当

区域公共服务的能力和水平是经济发展核心软实力的集中体现，更是以人为本发展理念的贯彻执行。新基建一头联系着社会公众、市场主体，一头联系着各级政府。一方面，新基建的发展将大幅提高公共服务供给能力，利用移动互联网、可穿戴智能设备、智能摄像头等新产品和新技术，可以提升教育、医疗、安全、养老等公共服务的可获取性、供给数量和质量，为广大人民群众提供更加优质、开放、共享的公共服务资源；另一方面，新基建的一体化，有利于打破区域间公共服务的不均衡，可以在不大幅增加基础设施的条件下大大提升现有公共基础设施的效率；同时，新基建的发展尤其是大数据、云计算、人工智能的应用，将通过更高效的信息化服务，优化精简公共服务流程，聚集整合社会治理资源，提升行政管理能力，不断推动政府的"放管服"改革，实现政府治理体系和治理能力的现代化。长三角社会事业加快发展，公共服务相对均衡，社会治理共建共治共享格局初步形成，建设一体化新基建发展体系是打造公共服务普惠共享的区域一体化发展示范区的重要支撑。

五、更高水平协调发展的窗口担当

新基建日益成为长三角一体化协同发展的先导与基础。发展新基建将加快长三角城市同城化、云网端一体化以及公共服务共享化,推动"三省一市"互联互通,实现一体化协同发展。首先是加快交通同城化。作为新基建的重点,城际高铁、城际轨道交通以及新能源汽车充电桩的加快布点,形成高速、便捷、绿色、智能的城市交通基础设施建设,将有利于推动城市群交通便捷化、都市圈交通同城化以及市域交通通畅化。其次是实现云网端在线一体化。在原有物理空间、社会空间联通的基础上,依托5G网络、工业互联网强化信息空间的联通,推动城市群都市圈的数字化以及在线一体化,进一步补全经济社会能源连接。另外,新基建建设包括对传统基础设施的数字化改造提升,联通中心城市、县城、中心镇、中心村的新基建,将有利于缩小城区之间、城乡之间原有基础设施的差距,提高区域交通、通信通达和其他基础设施的综合配套水平。

第三节　长三角数字化新基建一体化发展的发展基础

一、战略层面：搭建共建共享机制

经过多年努力,长三角政府层面合作形成了"高层领导沟通协商、座谈会明确任务、联络组综合协调、专题组推进落实"的省(市)级政府合作机制,区域合作不断走向纵深,在多个方面谋求重大突破。先后签署了《长三角5G协同发展白皮书》《长三角地区智能网联汽车一体化发展战略合作协议》《5G先试先用推动长三角数字经济率先发展战略合作框架协议》等省际合作文件,共同编制了《长三角区域信息化合作"十三五"规划(2016—2020年)》《长三角工业互联网一体化发展示范区建设规划》《长三角城域物联专网建设导则》等规范性文件,开通运行长三角地区政务服务"一网通办"平台,率先探索异地就医门诊费用直接结算,成为全国首个医保一体化统筹结算区域,推动建立了一体化的长三角卫星定位基准服务系统,为全国重大新型信息基础设施共建共享积累了经验。2020 年 6 月 5 日至 6 日,年度长三角地区主要领导座谈会在湖州召开,达成了19 项重大合作事项的签约,为长三角一体化按下了快进键。习近平总书记2020 年 8 月 20 日在合肥主持召开扎实推进长三角一体化发展座谈会并发表重要讲话,赋予了长三角一体化新的使命。

二、战术层面：各地加强顶层设计

（一）上海市

近年来,上海市相继出台《上海市人民政府关于加快推进本市 5G 网络建设和应用的实施意见》《上海市推进新型基础设施建设行动方案（2020—2022年）》《上海"双千兆宽带城市"加速度三年行动计划（2021—2023 年）》等规划,加快发展新基建。在区级层面,浦东新区人民政府与上海市经济信息化委签署了《共同推进浦东新区新一代信息基础设施建设合作框架协议（2014—2017年）》。黄浦区制定出台了《黄浦区信息基础设施建设专项规划》《黄浦区关于加强新型智慧城区顶层设计的实施意见》等。静安区搭建了以 5G 为引领的新一代信息基础设施总体架构。长宁区发挥"数字长宁"品牌优势,以智能网联和在线新经济为重点推进经济数字化,以完善新型基础设施为重点推进生活数字化。普陀区制定了《普陀区推进智慧城市建设实施方案》和《普陀区信息基础设施规划》。另外,宝山区出台了《智慧城市信息基础设施专项规划》,松江区积极打造数字新基建发展样板,嘉定区、宝山区等纷纷布局新基建发展,都将新型基础设施作为进一步提升城市的数字化、网络化、智能化水平的关键举措。

（二）江苏省

近年来,江苏省相继出台了《江苏省"十三五"信息基础设施建设发展规划》《省政府关于进一步推进信息基础设施建设的意见》《中共江苏省委 江苏省人民政府关于加快新一轮基础设施建设为推进"两聚一高"提供坚强保障的意见》《关于切实加快信息基础设施建设若干政策措施》,实现了从提升"智慧江苏"信息基础设施到全力实施"宽带江苏""无线江苏""高清江苏"等重点工程,再到构建宽带、融合、泛在、共享、安全的新型信息基础设施网络体系的跨越。其中,南京市提出了新基建行动计划,推出总投资 5 454 亿元的 346 个新基建及关联产业项目加快建设。苏州制定了《苏州市推进新型基础设施建设行动方案(2020—2022 年)》《关于做好苏州市 2020 年信息网络新基建的工作意见》等文件,推动打造完备的信息基础设施体系。无锡市出台了《关于加快推进数字经济高质量发展的实施意见》,加快布局新型数字基础设施。

(三)浙江省

近年来,浙江省相继出台了《浙江省信息基础设施建设三年行动计划》《"宽带浙江"发展"十三五"规划》《浙江省促进大数据发展实施计划》《关于扩大和升级信息消费的实施意见》《浙江省深化推进"企业上云"三年行动计划(2018—2020 年)》《浙江省新型基础设施建设三年行动计划(2020—2022年)》,并率先制定了《浙江省信息基础设施建设"十四五"规划》,顶层设计不断完善。杭州市提出要加快推动以数字基建为核心的"新基建"布局建设,全面赋能新消费、新制造、新电商、新健康、新治理,以"六新"推动杭州高质量发展。宁波市出台了《宁波市推进新型基础设施建设行动方案(2020—2022 年)》,提出将通过实施 100 个重大新型基础设施项目,释放 2 000 亿元投资,将宁波打造成为全国新型基础设施建设标杆城市。嘉兴市以 5G 基建为突破口,积极抢抓国家大力支持新基建项目建设的政策机遇。温州市将 5G、大数据、云计算等信息技术项目和新型研发机构等新型信息基础设施项目列入政府年度重点工作。金华市出台了《金华市新型基础设施建设"十大行动"实施方案》,加快建立高质量、现代化的新型基础设施体系。舟山市提出加快建立新型基础设施体系,支撑新区和自贸试验区发展。

（四）安徽省

近年来，安徽省出台了《安徽省信息网络基础设施发展专项规划（2017—2021）》，发布了全国首个新基建领域技术产品服务名录——首批新型基础设施建设领域技术产品服务目录，涵盖了 5G、人工智能、工业互联网、数据中心、超算中心、物联网等领域的新技术、新产品、新服务，旨在加快实现信息基础设施提升、融合基础设施提速、创新基础设施提质。其中，合肥市出台了《合肥市 5G 通信基础设施专项规划（2019—2021）》《合肥市推进新型基础设施建设实施方案（2020—2022）》等文件，全面加速新基建发展。芜湖市出台了《芜湖市推进新型基础设施建设行动方案（2020—2022）》，加快推进全市新型基础设施建设，构筑未来发展新优势。

三、实践层面：各地发展活力彰显

（一）以 5G 为引领的通信网络基础设施发展

1.移动网络发展情况

长三角 3G 网络基本覆盖所有区域，4G 网络全面商用发展，基本实现所有地市、县城主要城区及中心镇区全覆盖，免费 Wi-Fi 无线宽带基本覆盖所有省辖市城区主要公共区域。4G 网络下载速率上海、江苏、浙江分别在全国省级行政区排名第一、第三、第五位。长三角 5G 融合提速，截至 2020 年上半年，累计建成 5G 基站约 19 万个，重点领域创新应用示范近 300 个，全国首个跨省 5G 视频通话在上海、苏州、杭州、合肥四城实现互联互通，5G 商用引领全国。具体而言：

上海重点推进长三角生态绿色一体化发展示范区、自贸区临港新片区等重点区域的 5G 建设，完成浦东、虹桥两大机场，以及 298 个地铁的地下展厅站台等交通枢纽 5G 覆盖。截至 2020 年 7 月底，上海累计建设 5G 室外基站 2.5 万个,5G 室内小站 3.1 万个①。

江苏 5G 网络和终端商用快速发展,到 2020 年,全省累计开通 5G 基站 7.1 万个,5G 终端(省内用户)连接数达到 1 778 万,5G 网络已经覆盖各县(市、区)城区、重点中心镇及产业园区②。地铁、高速公路以及机场、车站等交通枢纽,也实现了 5G 网络全覆盖。

浙江在 2019 年制定出台了《浙江省人民政府关于加快推进 5G 产业发展的实施意见》,进一步明确了浙江 5G 发展的定位和目标,围绕网络建设、产业发展和融合应用三条主线推动 5G 发展。到 2020 年,全省已建成 5G 基站 6.26 万个③,其中,杭州、宁波、温州、嘉兴主城区及县市城区和乌镇实现了连续覆盖,台州、金华、绍兴、湖州、丽水、衢州、舟山实现了热点覆盖。

安徽加速网络建设布局,2020 年完成建设 5G 基站 29 415 个,累计建成 5G 基站 30 547 个④,并组织编制完成 5G 基础设施资源"一张图",打造完成"合肥滨湖科学城""合肥万象城"2 个 5G 网络标杆示范工程,实现 9 个重点开发园区 5G 网络深度覆盖。

2.固定宽带发展情况

2018 年上海已率先实现固网宽带千兆全覆盖,成为全球千兆光网覆盖规模最大的城市。固定宽带家庭普及率方面,浙江、江苏、上海分别排全国第一、第二、第五位。固定宽带下载速率上海、江苏率先超过了 30 Mbit/s,位列全国前三位,且领先幅度较大。全国第一个城镇宽带接入网在上海全面建成。

3.广电网络发展情况

三省一市按照下一代广播电视网(NGB)建设规划,其中江苏全面实施国家广电骨干网江苏核心枢纽节点建设,适度超前推进广播电视骨干承载网建设,大力推进广电网络光纤化双向化改造和优化,加快内容集成系统平台建设和新

---

① 数据来源于上海市经信委。
② 江苏省 5G 基站数全国第二"5G+工业互联网"大有可为[EB/OL].新华网,2021-2-1.
③ 资料来源于《浙江省政府工作报告》。
④ 2020 年安徽省新开通 5G 基站 2.9 万个[EB/OL].人民网,2021-1-12.

型智能终端推广,为大规模发展高清互动电视用户奠定了基础。江苏省 IPTV 用户数居全国第一位。

4.下一代互联网(IPv6)升级改造情况

三省一市积极部署基于 IPv6 的下一代互联网,加快接入网、城域网、互联网数据中心(IDC)、业务系统、支撑系统等信息基础设施的 IPv6 升级改造,推动大规模公共网络、移动互联网业务向 IPv6 平滑演进和过渡,联合产业链重点终端厂商,加快信息终端更新换代步伐。组织开展下一代互联网示范城市建设,上海、南京、苏州、杭州、无锡等城市均列为国家下一代互联网示范城市,规模数量居全国城市群中的第一位。IPv6 普及率安徽、上海分别排全国第三位和第六位。

5.信息枢纽建设情况

从骨干层面看,全国 10 个骨干网直联点中,有 3 个(上海、南京、杭州)位于长三角,大幅降低了地区网络流量绕转,国家(杭州)新型互联网交换中心试点获批并基本建成运行。从国际通信看,上海拥有一个区域性国际出口局,肩负对外国际性通信枢纽和区域信息汇集中心的发展重任。长三角国内信息枢纽地位优势非常明显。

(二)以数据为引领的算力基础设施发展

1.数据中心、计算中心发展情况

"十二五"以来,三省一市以产业基地、骨干企业和重大示范应用为抓手,积极开展虚拟化、云安全、云储存等核心技术的研发,大力推动互联网数据中心(IDC)、云计算中心等重点功能性基础服务平台建设,组织开展绿色数据中心试点创建工作。据不完全统计,区域内规模化数据中心达 90 个,各类数据中心总规模居全国前列,集聚优势日益凸显,为区域内产业发展提供了良好支持。其中,浙江数据中心数量超过 180 个,全国排名第三名,主要分布在杭州、宁波、金华、湖州等地,总机架数约 15.6 万个,阿里、杭钢等企业强强联合加快超大型数据中心布局,打造国内设计建造最节能、全国单元区计算能力最大的数据中心。

2.工业互联网、云平台发展情况

工业互联网正成为推进长三角高质量发展的重要支撑。上海已经形成 15 个具有影响力的工业互联网平台,带动 6 万多家中小企业上云上平台,企业降本、提质增效、减存效果显著。江苏省深入实施工业互联网"528"行动计划,通过标准先行、建用并举、组织攻关、打造生态等政策举措,推进江苏省工业互联网快速发展,6 个平台入选全国工业互联网产业联盟首批星级平台。近年来,浙江工业互联网快速发展,累计培育 110 家省级工业互联网平台,基本实现 17 个重点传统制造业行业和主要块状经济产业集聚区全覆盖,supET 平台入选全国十大跨行业跨领域工业互联网平台名单,阿里云已成为国内领先、全球第三的云服务提供商。安徽省大力组织开展工业互联网大数据应用服务试点,重在引导制造企业探索基于工业互联网大数据的应用服务新模式,培育数据驱动型企业,共同构建工业互联网大数据管理、服务和安全体系。

(三)以城市大脑为引领的融合基础设施发展

"城市大脑"计划从杭州开始,已在长三角多地启动,目前绝大多数城市正在实施或拟实施"城市大脑"计划,多地"城市大脑"处于纵深拓展与横向整合的更新迭代之中。

上海"城市大脑"应用于公共安全、社区治理等多个方面。普陀区率先在全市建设区级"城市大脑",形成了"智联普陀"的智能化工作平台,布设了 10 万个小型传感器,在全区域、全时段采集数据,实现了对违法建筑、夜排档、乱张贴、乱堆物等"顽疾"的全方位监控、受理和处理。浦东上线"城市大脑3.0",全区的实有人口、安全隐患、轨道交通、消防井盖、电力设施等涉及"人、事、物"等的治理要素实现全域覆盖。

江苏的南京、苏州率先建设"城市大脑",成为江苏智慧城市样本。苏州城市大脑侧重全局数据、全局交通,已经从交通治理领域向外延伸拓展,在公共安全领域,推动实现在大数据背景下构建针对城市各类公共安全风险事件的预测、预警、预防新模式;在城市治理领域,有效提升社会治理智能化水平,支撑社会综合治理联动机制建设。南京"城市大脑"汇集1.21亿条数据,建立了多空间、全方位智慧城市平台。

浙江出台了全国首个省级指导性文件——《浙江省"城市大脑"建设应用行动方案》,已基本形成由 ICT 设备供应商、电信运营商、系统集成商、软件开发商、互联网企业等组成的"城市大脑"技术产业链及生态,并集聚了一批龙头优势企业。11 个设区市都已建成或在建"城市大脑",部分县市区正在建设或谋划建设,其中杭州先行先试开展"城市大脑"应用创新,已在警务、交通、城管、文旅、卫健等 11 个应用系统、48 个场景同步推进,多游一小时、便捷泊车、舒心就医、非浙 A 急事通、一键护航等场景应用广受好评。衢州在平安、交通等领域分别开发 40 余个应用场景,涉及车辆人员轨迹图搜、出租屋指数分析、吸毒指数分析、异常车辆人员分析、人工智能信号灯优化、公交信号优先、信号特勤保障等。同时,还积极探索创建基于"城市大脑"的社会管理和公共服务综合标准化试点。湖州形成了 40 个左右的应用场景,主要在政务协同、普惠金融、智慧医疗、执法监管等领域,比较有特色的是一体化政务、绿贷通、医后付、大气污染防治、社会综合治理等。

安徽正全面启动"城市大脑"建设试点,铜陵市率先探索打造"城市超脑",目前已经在城市管理、社区治理、重点安全、生态环境、民生服务、宏观决策 6 大领域规划了 50 个智慧场景。合肥市积极搭建"城市大脑",统筹构建市级大数据平台、新一代政务云、政务信息能力支撑平台三位一体的"城市大脑"底座,"长三角"首个市级智慧停车系统正式在安徽省合肥市启用。

(四)以科技创新为引领的创新基础设施发展

长三角是全国创新最活跃地区之一,拥有较强的科技创新实力。各地分布着实力雄厚的支撑科学研究、技术开发、产品研制的具有公益属性的重大科技基础设施、科教基础设施、产业技术创新基础设施等。

上海加快建设具有全球影响力科技创新中心的核心载体,提出实施创新型基础设施建设行动,主要推进四类设施建设。持续推进光子科学大设施群建设,总体处于国际领先地位;在系统生物学设施、无人系统多体协同设施、深远海驻留浮式研究设施及生物医学大数据设施等方面,争取国家支持布局新一轮重大科技基础设施;打破管理分割,提升生物医药、医疗器械及新材料等产业支撑能级,建设若干先进产业创新型基础设施;围绕量子物理、材料基因组、人类表型组、脑与类脑等前沿科学研究方向与集成电路、生物医药、智能制造、新材料、新能源汽车、大数据等产业前沿布局建设重大创新平台。在重大科技基础设施建设方面,上海已建成和在建的重大科技基础设施有上海光源、上海神光Ⅱ装置等10余个。

其中,张江综合性国家科学中心依托重大科技基础设施群,借助张江实验室的综合性集成平台,集聚全球高端创新资源,实现基础科学突破和引领未来技术发展,为其他各类创新主体提供支撑、开放与协同服务,力争成为具有广泛国际影响的引领型、突破型、平台型的科技创新基地。目前已建成的大科学装置包括:上海光源一期、国家蛋白质科学中心、上海超级计算中心等。

江苏注重高端创新型平台载体建设,着力加强原始创新、协同创新和管理创新,目前全省有2个重大科技基础设施获批建设,分别是南京的国家未来网络试验设施和连云港的国家高效低碳燃气轮机试验装置。同时,还组建了国家超级计算无锡中心,与中科院共建纳米真空互联实验站,另有作物表型组学研究设施、生物医学大数据基础设施项目正在建设培育。依托丰富的省部属高校和科研院所,建设布局了一批国家级和省级重点实验室,基本覆盖了战略性新兴产业,涵盖了生物医药、新材料、装备制造、电子信息等领域,共承担国家级科技计划项目1 600余项,有力地推动了关键共性技术攻关。另外,以创建国家实验室为目标的南京紫金山实验室已开始筹建,明确建设国家未来网络等重大科技基础设施、卫星通信工程化平台等重大工程化创新平台,聚焦国家重大战略,以未来网络、新型通信和网络通信内生安全为主攻方向,形成面向网络通信与安全领域的多学科交叉、汇聚一流人才的综合性科研平台。

浙江根据自身数字经济和新制造业发展的需要,聚焦信息科学、量子科学、生命科学等领域,持续推进之江实验室、阿里巴巴达摩院(杭州)科技有限公司、西湖大学(浙江西湖高等研究院)、北京航空航天大学杭州创新研究院、浙江大学杭州国际科创中心、浙江省北大信息技术高等研究院、中国科学院肿瘤与基础医学研究所等新型研发机构及浙江大学超重力实验室重大科技基础设施项目建设。

其中,之江实验室成立以来一直以国家目标和战略需求为导向,致力于打造国家实验室和一批世界一流的基础学科群,围绕智能感知、智能计算、智能网络、智能系统四大方向开展基础前沿研究。西湖大学是由社会力量举办、国家重点支持的新型研究型大学,子科学与技术列入省一流A类学科。浙江清华长三角研究院是浙江省实施"引进大院名校,共建创新载体"战略的先行者、引领者,研究院积极打造云上创新综合服务平台——科学家在线,通过"大数据+人工智能"的方式,集聚中国松散的技术创新智力,深入收集产业一线的技术和项目需求,促进科技成果转化落地、技术需求对接,服务产业转型升级,目前已经成为国内最大的科技创新要素集聚平台。阿里巴巴达摩院是一家致力于探索科技未知,以人类愿景为驱动力的研究院,是阿里在全球多点设立的科研机构,立足基础科学、颠覆性技术和应用技术的研究,目前已成立14个实验室,在机器智能、数据计算、机器人、金融科技等"4+X"研究领域开展技术研发。

安徽重大科技基础设施主要分布于合肥,最早起步于20世纪80年代,目前已建成同步辐射装置、全超导托卡马克核聚变实验装置和稳态强磁场实验装置等。安徽积极引进国内外高校和科研院所科技资源,全力推动新型协同创新平台建设,先后建设运行中科大先进技术研究院、合工大智能制造技术研究院、中科院合肥技术创新工程院、清华大学合肥公共安全研究院、安徽大学绿色产业创新研究院、合肥能源研究院,北京航空航天大学合肥创新研究院、哈工大机器人(合肥)国际创新研究院等新型协同创新平台20余家。新型协同创新平台在科技体制机制创新、核心技术突破、科技成果转移转化方面,起到了积极的推动作用,已成为合肥市乃至安徽省产业转型升级的创新引擎。

第四节　长三角数字化新基建一体化发展的主要任务

聚焦一体化建设部署,加快构建技术多样、主体多元、模式创新的新型信息基础设施供给格局,打造"连接、枢纽、存算、创新、感知、应用、共享"七大体系,引领经济发展,服务社会民生,为长三角数字一体化提供适度先行的新基建支撑。

一、协同建设长三角更快捷通信网络

(一)重点推进 5G 商用网络建设

5G 建设是大势所趋,三省一市应统筹编制 5G 基站建设专项规划,科学合理布局,加快整合边界地区站址、频道资源,加快基站共建共享,率先推进区域一体化 5G 独立组网建设,并做好与城市总体规划、控制性详细规划的衔接。迎合物网融合发展趋势,试行推广"以产权界面进行职责划分,光交箱以上光缆路由电信运营商完成,以下部分由开发商业主配套建设,最后一千米交给民间资本"的建设模式。推进运营商针对不同区域开展合建、漫游等方式开展基站建设,让长三角居民享受"无感漫游"5G 网络体验。成立长三角智慧杆产业联盟,促成运营商与电网公司紧密合作,充分利用市政设施,有效整合站址资源,推进智慧杆(塔)建设和一杆多用。

(二)加快卫星导航定位基准服务系统联合部署

当前,卫星时空信息服务的重要性日益凸显。新基建一体化,应联合部署卫星信息基础设施。应以安徽省为重点,根据新《测绘法》和国家测绘地理信息局的相关文件精神,结合中国卫星导航系统管理办公室批准发布的中国第二代卫星导航系统重大专项标准,进一步完善适应社会化应用的长三角北斗地基增强系统基准站网。建立适应社会化应用的省级北斗卫星导航定位基准服务数据中心,针对社会不同用户需求,开发各种解决方案,为广大用户提供高精度、高品质服务。采用基于北斗的位置状态监测传感器,通过差分校正、位置差异比较、目标状态识别等手段,借助北斗的精确定位、短报文通信等功能,联合实施基于位置监测的北斗系统创新应用。大力支持建设联合国全球地理信息知识与创新中心、南京位置服务数据中心,强化与5G、物联网等多种技术的融合创新。

(三)共同推进新型互联网基础设施建设和应用

促进下一代互联网发展是国家的一项重大系统工程。长三角应协同完成城域网、接入网、互联网数据中心(IDC)、业务系统、支撑系统等基础设施的IPv6(下一代互联网协议)升级改造。积极推动商业网站系统及政府、学校、企事业单位外网网站系统的 IPv6 升级改造,实现各类业务向 IPv6 平滑过渡。鼓励和支持运营商和互联网应用企业向重点设备、软件和终端制造商采购基于IPv6 的产品和服务。以特色应用先行,结合各地实际,加强政策引导,探索 IPv6的商业部署策略,实现 IPv6 的规模应用。统筹布局和规划建设量子保密通信干线网,与国家广域量子保密通信骨干网络无缝对接,构建合肥—广德—(杭州)量子干线,以实现长三角量子环网闭环。协同推进面向 5G 的有线电视网改造建设。

二、全力打造长三角世界级信息枢纽

(一)打造世界级通信枢纽

长三角地区应利用自身优势,加快建成中国移动海光缆临港登陆站,助力上海确立国际通信枢纽地位。扩容跨太平洋直达海光缆(TPE)、亚太二号海光缆(APCN2)、新跨太平洋直达海光缆(NCP)和亚太海光缆(APG)等系统,建设东南亚—日本二号海光缆(SJC2),实现在上海登陆的海光缆容量达到 35 Tbps,占全国的 1/2,互联网国际出口带宽达到 5 Tbps,占全国的 1/3,进一步树立上海在长三角、全国乃至全球信息通信领域的核心枢纽地位。以上海亚太信息通信枢纽和南京、杭州等国家级互联网骨干直连点为基础,支持合肥建设国家级互联网骨干直连点,优化重点区域国际通信服务能力,联合 5G 网络部署,加快区域通信枢纽和骨干网建设,打造世界级信息通信枢纽。

(二)打造长三角数据信息港

持续优化长三角三省一市间通信网络架构,提升互联互通质量,启动沪浙苏毗邻区的长三角数据信息港建设,探索建立基于直连的数据信息港区新模式和三省一市共建共享机制,推动长三角地区的数据中心直连,使高密度信息流成为长三角经济发展的新型驱动要素。持续扩容、优化城域骨干网络,拓宽互联网省际出口能力。

(三)打造新型互联网交换中心

充分发挥杭州具备的全国较为领先的互联网网络基础与资源和产业发展优势,高水平运作国家(杭州)新型互联网交换中心,以开放、共享为核心,优先开展流量交换等基础业务服务,提供多种互联接入方式,并根据不同需求提供增值业务服务,与接入企业共建互联网交换中心生态共同体,有力地推动电子商务、云计算、游戏等互联网产业的繁荣发展,打造未来承载 5G、工业互联网、4K/8K 高清视频、VR/AR 等新技术新业务的关键公益性基础设施。

三、统筹部署长三角存算资源同城化

(一)建设 E 级高性能计算中心

以优先服务国家科学中心,同步提升公共服务平台能力为定位,建设上海高性能计算体系,着力形成计算科学研究枢纽,打造重点领域计算应用高地,建立高性能计算设施和大数据处理平台。结合张江实验室建设,创新高性能计算体系体制机制,开展 E 级高性能计算机研制工作,面向国家重大科学研究建设E 级计算设施和科学数据中心,支撑上海建设具有全球影响力的科技创新中心。

（二）统筹数据中心布局优化

建立长三角层面互联网数据中心项目建设统筹机制,综合考虑需求、能源、土地、气候、地质、水资源等多种因素,指导开展限额管理、动态管理以及与功能相挂钩的推进模式,推进数据中心集约化建设。引导企业采用合并、迁移、腾退等措施,整合和迁移小散老旧互联网数据中心,淘汰一批生产率和能效水平低、功能单一、资源浪费严重的数据中心,加强对存量互联网数据中心节能技术改造,提高设备利用率,优化存量结构。推进数据中心服务交付模式改革,推进数据中心向专业化社会化服务方向发展,推动专业运营商建设面向社会的云数据中心和云服务平台。[①]

（三）推进边缘计算资源池节点规划布局

面向 5G 网络演进,打破行政区划和主体边界,推动既有电信设施改造,加快形成共建共享、规模适度、服务快准、响应及时、主体多元的边缘计算节点布局,建设一批集内容、网络、存储、计算为一体的边缘计算资源池节点,全面支撑 5G 商用及应用部署。在远边缘,基于现有的 CDN 节点,构建边缘计算资源池;在近边缘,引入运营商合作资源,将计算节点下沉至城域网或基站;在最边缘,基于客户业务现场,提供计算资源以及应用服务支持。

四、聚力打造科技创新基础设施系统

（一）推进重大数字科技基础设施建设

加快合肥、上海张江综合性国家科学中心建设,支持新建杭州湾综合性国家科学中心。推动张江国家实验室、合肥国家实验室建设,支持之江实验室、紫金山实验室创建国家实验室,探索建设一批跨区域联合实验室。推动智能计算、未来网络等重大数字科技基础设施升级和联合建设,共建数字科技重大基

---

① 梅雅鑫.专家解读长三角数据中心的未来发展之路[J].通信世界,2020(9):13-17.

础设施集群。加快建设量子信息、人工智能、网络安全等领域的重大科学装置、重大科教设施。支持长三角协同实施或参与数字技术相关的国际大科学计划和工程。

（二）推进产业技术创新基础设施建设

发挥社会主义市场经济优势，支持科教基础设施建设，鼓励企业和科研院所组建创新联合体，共同承接一批具有前瞻性、战略性的国家重大科技项目。大力培育高新技术企业和科技型中小企业，发挥数字经济领域头部企业的引领支撑作用，开展数字化转型伙伴倡议活动，推动产业链上中下游大中小企业融通创新。支持企业建设开源数字科研平台，打造国家重点实验室、工程研究中心、企业研究中心等高能级研发平台，前瞻部署基础研究和应用研究。加大国内外一流高校、科研机构、领军企业和高层次人才团队吸引力度，建设面向市场的新型研发机构，强化数字经济产业技术供给。

五、加快推进长三角泛在感知智能化

（一）推进城市神经元节点部署

建设深度覆盖的物联网络，聚焦物物连接多样的网络架构，宽窄结合、公专结合、长短结合、固移结合，实现亿级物物连接能力，部署与城市规模和管理要求相匹配的神经元节点，城乡各基层单元应连尽连。将城市要素变成数据要素，精准反映城市运行态势，存量数据实现有效共享和更新。根据各市各区特点科学测算，配置足量服务器，做实区级节点，做精街镇级节点，形成市、区、街镇三级架构，实现横向到边、纵向到底的广泛联通，为基层社会治理的各类应用提供支撑。

（二）共建长三角"区域大脑"

支持阿里输出"城市大脑"杭州经验，基于人工智能和 5G 物联的"城市大脑"，实施和完善基于城市管理的市、区、街镇、行业分级体制机制，形成与连接、数据、算法适配的综合服务平台,实现汇聚、计算、预警、管理、展示高度耦合。鼓励先行城市运行"城市大脑"升级版,推动"城市大脑"向公共服务、市场监管、社会管理、环境保护等领域拓展,形成一批跨领域、跨行业的超级应用。聚焦打造一个库(基础数据库)、一个章(优化营商环境)、一张卡(民生一卡通),谋划长三角区域共建共治的"区域大脑",逐步实现长三角城市间的数据打通与场景融合。

(三)推进神经元应用服务创新

条块结合、以块为先做深做细基层单元,提升城市公共服务供给水平,形成一批海量数据和人工智能驱动下的跨行业创新应用,发布新型城域物联专网建设及评估评价导则并定期修编,推进区域物联垂直行业应用和在城市管理和社会治理领域的应用示范。推动算法模型和人工智能服务体系建设,利用深度学习、跨界融合等关键技术打造城市运行规则和算法引擎,使城市和社会运行可建模、可计算,形成基于新算法的超大城市精细化管理和社会治理服务体系。

六、合力共建长三角数据应用大平台

(一)合力共建长三角工业互联网

推进以"互联网+先进制造业"为特色的工业互联网发展,打造国际领先、国内一流的跨行业、跨领域、跨区域工业互联网平台体系。聚焦汽车、装备制造、电子信息、石油化工、轻工纺织等重点行业,打造长三角工业互联网平台群,推动区域内平台差异定位、功能互补、资源共享的集群式发展。加快构建长三角工业互联网标识解析服务体系,率先推进标识解析二级节点在钢铁化工、工程机械、装备制造、工业车辆等行业的试点应用。深入实施"企业上云"行动,推进云计算广泛覆盖,推广设备联网上云、数据集成上云等深度用云,建立完善企业"上云用云"标准体系,推动企业数字化转型。

(二)合力共建联防联控信息平台

推进5G应用,创新互联网、大数据、智能辅助决策等技术应用,采用数字分析手段深入研究突发事件发生发展的动态演化规律,加快打造"1 个长三角综合数据中心+N 个各类突发事件专业数据中心"的联防联控数字平台体系,配套建设应急物流体系和储备物资产业基地,加强各类应急预案专业制定和集成共享,不断提高长三角指挥调度和应急响应水平。以保障长三角地区整体应对处置能力为重点,建立应急数据标准规范和共享机制,打通沪苏浙皖三省一市应急管理数据共享通道,大范围、宽领域、长时间跨度分析突发事件发生的耦合形态,着力提高综合预防和新发应急状况预警、处置能力。结合沪苏浙皖各类突发事件发生概率和应对处置经验优势,分类有序推进 N 个专业数据中心建设,加强基础信息采集能力建设,着力提高单项突发事件应对和处置能力。

(三)合力共建信用长三角平台

实现三省一市信用信息的按需共享、深度加工、动态更新和广泛应用。实现公共信用信息共享。依托三省一市公共信用平台和数据归集成果,推动行政许可、行政处罚等双公示数据、失信被执行人信息、重大税收违法案件当事人信息等公共信用信息共享。加大对市场信用信息的采集力度。鼓励行业协会(商会)、信用服务机构、金融机构、大数据企业等机构上报市场信用信息,参与报数机构也可获取平台公共信用信息。打造长三角信用数据资源池,丰富信息主体信用档案,逐步实现完整信用主体的全息画像。建设跨区域的联合奖惩子系统。以"制度+科技"的方式,构建跨区域的信用信息发起、推送、执行、反馈信用联合奖惩机制,实现各类红黑名单信息的跨部门归集和跨区域应用。建立严重失信名单信息公示、动态发布机制,对严重失信企业从投资关系、股东关系等多维度开展信用图谱关联分析,开展大数据信用风险监测、动态预警工作。

七、深度实现长三角大数据开放共享

(一)共破数据共享技术壁垒

研究制定各类数据标准,建立信息资源共享的"标准基石",并按照目录体系标准,对原来的标准不统一的信息资源进行标准化。规范数据的处理流程。数据共享方面,对数据共享的类型、方式、内容、对象、条件等进行规范;数据归集方面,按照责任清、需求清、权限清、资源清、对象清的"五清"要求明确处理流程,梳理数据资源,进而形成可用的数据集;数据清洗比对方面,率先对"人口库""法人库"和"地理信息库"三大信息资源库的清洗比对予以规范。通过制定标准规范和操作流程,政务大数据在采集、导引、整合、比对、交互等方面都将变得更为便捷,为数据共享扫除技术障碍。

(二)共建数据交换共享平台

依托三省一市已经建立起的区域性大数据交换的共享平台,兼容即将建立的全国一体化的国家大数据中心,搭好市场需要的涉及科研、税收、社保、金融、融资的大数据共享平台,以数据流引领技术流、资金流、人才流等生产要素的全面融合,满足事关能源、交通和市政基础设施的居民个性化定制服务需求。成立长三角地区公共数据开放监管部门,由该部门制定可以落地的数据分级分类指导性标准,同时,根据已出台的《中华人民共和国个人信息保护法》,可进一步制定公共数据开放指导性负面清单。针对数据开放过程中涉及的管理、隐私安全保护等问题,建议积极引入英美等国正在探索实施的数据信托模式,并对公共数据的流向和应用进行追踪,切实保护数据安全。

(三)共谋数据市场交易机制

要明确公共管理和服务机构对其实际控制的数据享有控制者权益,并引入市场化运营促进数据开放,允许合理收费,使数据开放产生的权益得到保护,但不享有排他的所有权,由此限制其权力滥用。数据开放主体(公共管理与服务机构)在市场化原则下,通过特许经营模式引入数据建设、运营企业,并鼓励其盈利,同时公共管理与服务机构应当享有分成的权利。由包括公共管理与服务机构在内的多利益相关方共同参与数据定价,制定五层定价体系,综合考虑数据属性、数据利用目的、数据价值竞争性、用户消费能力、应用场景和数据加工难度等五层定价评估标准,选择由免费、边际成本定价、成本定价、市场定价组成的数据定价体系。

第五节 长三角数字化新基建一体化发展的对策建议

新基建一体化应牢固树立"一盘棋"思想,紧紧抓住长三角的基础优势,超前谋划,统筹布局,以强有力的一体化机制创新形成强大合力,推动形成分工合理、优势互补、各具特色的共建共享格局。

一、着力破除新基建一体化发展潜在壁垒

长三角区域发力新基建既要充分发挥现有基础和优势,又要有新思路、新方法,在推动建设过程中需要创新高质量发展制度和一体化协同发展制度,需要解决三个现实需求:

一是三省一市发展基础存在差异:在新基建各领域,当前三省一市的推进存在地区不均衡,而新基建一体化发展,要避免重复建设、攀比竞争,必须优化投资结构。因此,需要结合三省一市的不同特点和基础,进一步加大合作发展的力度,建立新基建规划建设的一体化协调机制,以政策统一性、规则一致性和执行协同性打破行政壁垒和本地市场保护,推动规划衔接、资源共享、创新联动,实现长三角地区之间更为规范、更具效率的良性互动。

二是建设主体需要明确:新基建的技术不确定性以及强关联性需要政府与市场的有效配合。在新基建一体化建设过程中,政府要注重通过市场分散化开展多样性的技术路线和商业模式探索,同时消除民间资本进入相关产业领域的体制性障碍、政策性问题及法律性约束,敢于进一步放开新基建领域的市场准入,要规范并推动 PPP(政府和社会资本合作模式),充分发挥公共财政及政策

的协调和杠杆作用。①

三是激发市场活跃度的需求：新基建中的平台化趋势在一定程度上约束了创业型企业、中小微企业的参与空间。因此，政府推进新基建，要着力推动各类企业主体平等竞争、生产要素自由流动，特别是要为创新型企业和民营企业的进入和参与建设创造更多机会。②

二、将新基建一体化打造成为长三角一体化发展的"窗口"

新基建一体化对长三角的重要意义还在于为长三角更高质量一体化发展提供了新契机和新动力，因此，应以新基建作为长三角一体化发展的新突破口，加快形成长三角新经济、新动能的产业一体化发展的新格局。

一是助力长三角经济一体化发展。在推进新基建的同时，三省一市需以互联网、大数据、云计算、人工智能、工业互联网等新经济产业为抓手，构建以创新策源地为引领，以产业链、创新链双链融合为主轴，带动长三角形成"点—线—面"一体化发展的新动能③。即以新基建带动新经济，形成发展新动能。具体来说就是以新基建推动新经济，打造若干具有全球价值链话语权的新经济，包括数字经济、人工智能等的创新链和产业链集群，结合长三角各主要中心城市各自的禀赋优势和比较优势，通过协调整合，在长三角一体化的决策层面上，识别若干个创新策源地，达成共识，以创新策源地为引领推动区域高质量一体化发展的深化，进而带动新基建和新经济产业链的空间扩张。

二是助力长三角治理一体化发展。以新基建为抓手，三省一市可以更高效快速地构建新经济发展的一体化治理平台，加快形成发展新动能。地区之间可以探索建立长三角政府服务一体化办事平台，重点推进高频精品事项实现跨区

① 丁瑶瑶.城市群已成为"新基建"的核心载体[J].环境经济,2020(7):25-27.
② 孙克强.以新基建促长三角区域经济转型、高质量发展[J].江南论坛,2020(6):14-18.
③ 胡广伟,赵思雨,姚敏,等.论我国智慧城市群建设:形态、架构与路径:以江苏智慧城市群为例[J].电子政务,2020(4):2-15.

域"全程网办"。在后疫情时代,三省一市也应重点完善长三角数字应急一体化协同机制,探索打造长三角重大突发事件应急管理信息平台,提升重大公共安全等风险发现、报告、预警、响应和处置能力。

三是助力赋能传统基础设施智能化发展。新基建包括推进城际和城市轨道建设等交通基础设施、能源基础设施等协同化、智能化改造①。目前长三角内部城市之间的交通系统和城市内部的交通系统,大多分属于多个系统,包括国家、省、市等行政主体,尽管硬件设施不断趋于完备,但是不同交通系统之间的切换,由于牵涉到各个行政主体的闭环管理,面临较高的体制成本,而新基建可以加速实现交通基础设施的体制性机制性改革和创新,实现跨区域互联互通、一体化运营。

三、构建新基建一体化发展支撑体系

加强区域规划引领。三省一市应共同探索一体化规划管理制度,构建统一的规划体系、规划管理体制、规划管理信息平台,开展5G、IDC、新型城域物联专网顶层规划,加快制定新一轮 IPv6 应用协同推进计划,推进重点行业工业网络标准建设。分领域编制新型信息基础设施建设导则,制定新型信息基础设施领域在网络、感知、数据、算法、平台和服务等子领域的标准体系。强化与城市规划的衔接,预留新型信息基础设施空间布局用地,并为未来的网络应用扩张预留充足的接口和空间。

创新投资运营模式。各地应加强对新型信息基础设施的投资、建设和运营进行系统性、规律性研究,理顺政府、企业在新型信息基础设施投资、建设、运营方面的关系探索,创新实践科学的投融资及管理运营模式。在保障基础设施运营安全和公共利益的基础上,探索建立政府和企业职责清晰、分工明确、紧密合作的基于数字化平台的集成管理模式。在投资、建设、运营方面加强国际合作,

---

① 成长春,吴健文.新发展格局引领长三角一体化建设[N].中国社会科学报,2021-3-24(4).

向民营企业和中小企业开放更多的参与空间。

协同突破关键技术。采取"政、产、学、研、用"相结合的协同创新和基于开源社区的开放创新模式，加强海量数据存储、数据清洗、数据分析发掘、数据可视化、信息安全与隐私保护等领域的关键技术攻关，形成自主知识产权。合作成立专业研究机构，围绕数据科学理论体系，开展数据测度、数据相似、数据计算和数据实验等基础研究。支持自然语言理解、机器学习、深度学习等人工智能技术创新，提升数据分析处理能力、知识发现能力和辅助决策能力。

保障信息网络安全。不断强化跨区域新基建一体化工作的顶层设计和工作协调机制，推动以 5G 为引领的长三角信息安全建设，建立以防为主、软硬结合的网络与信息安全保障体系。促成网络空间可识、可控、可管、可响应，基本形成区域联动、行业统筹、专业智能的安全即服务的信息安全保障体系。加强互联网信息内容管理和推动互联网信息传播制度建设，进一步完善三网融合下党管媒体的有效途径。探索建立长三角城市级安全态势感知中心。

加大政策扶持力度。加大相关专项资金支持力度，支持新型信息基础设施发展，分类分级实施名录管理，重点支持 5G、新型城域物联专网、IDC 等新一代信息基础设施的合理布局、示范应用、模式创新等。在我国管理体制改革和政策创新的背景下，研究制定促进新型信息基础设施建设的政策体系，包括财政、金融、税收等政策，同时研究建立与新型信息基础设施相关的评价、考核体系。

7

平台：
长三角开发区一体化发展

中国的开发区是政府设立的具有更加良好的政策环境或者制度安排的一片特定区域①。长江三角洲地区的开发区地处我国沿海地区,具有明显的区位优势,开发区的发展起步较早,经过不断的探索,长三角地区的开发区无论是在发展质量还是发展速度方面都处于全国领先的地位。在 1984 年我国首批设立的 14 家国家级开发区中,有 3 家位于长江三角洲地区,作为开发区发展的先行区,长三角地区在开发区发展方面积累了大量可复制推广的经验。从开发区的数量方面来看,长三角地区的开发区占到了全国总量的 18.3%(2018 年),其中长三角地区开发区的出口额占到了整个地区的 26.9%(2013 年)。可以说,长三角地区的开发区是中国开发区的典型代表,能够反映中国开发区的发展经验。

第一节 长三角开发区的空间分布和演进历程

开发区的设立经历了从沿海向内陆逐渐演进的过程,改革开放以来,长三角地区的开发区逐渐从最初的沿海重点城市向所有城市蔓延,从国家级开发区为主到省级开发区的数量占据主导地位。这部分主要对长三角地区的开发区的空间分布及其演进历程进行梳理。

一、基于 GIS 的开发区界定和区内企业识别

开发区的科学界定是有关开发区研究的基础,本节将详细介绍对开发区的界定方法。具体地,就开发区的界定而言,本部分主要依据开发区的四至范围使用 Google 地图手工绘制开发区的边界,在此基础上,形成长三角地区所有省级和国家级开发区的底图。图 7-1 为使用 ArcGIS 软件得到的长三角地区所有省级开发区、国家级开发区以及省级升级为国家级的开发区在 41 个地级市的空间分布以及演进,可以发现,总体来看国家级开发区的起步较早,但是到了

---

① 林毅夫,向为,余淼杰.区域型产业政策与企业生产率[J].经济学(季刊),2018,17(2):781-800.

2000 年,省级开发区在数量上超越了国家级开发区,再到 2013 年①,省级开发区的空间分布呈现出了遍地开花的态势,而国家级开发区的分布较为集中。

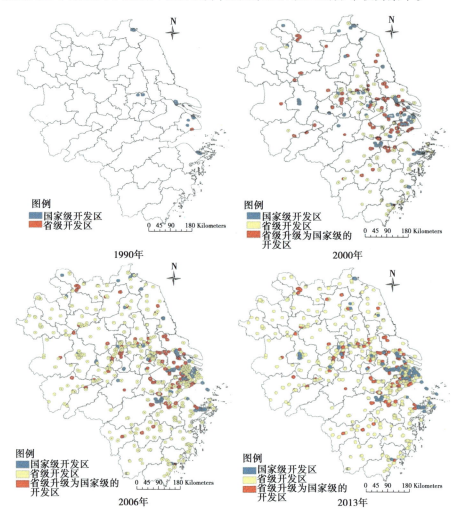

图 7-1　长三角地区开发区空间分布

注:由于开发区的面积较小,为了更加清晰地展示开发区所在地,图 7-1 中的所有开发区外
　　围均增加了 5 千米的缓冲区。

---

①　本部分所研究的开发区主要是长江三角洲地区(江浙沪皖)2013 年及以前成立的所有省级开发区和
　　国家级开发区(共 433 家),其中省级开发区 323 家,国家级开发区 110 家(包括国家级经济技术开发
　　区、高新技术产业开发区、出口加工区和保税区)。

二、长三角开发区的空间分布和集聚特征

中国的开发区按照行政级别可以分为省级开发区和国家级开发区，二者在起步时间、数量、发展质量等方面均存在显著的差异，因此有必要对二者进行对比分析，本部分分别就省级开发区和国家级开发区的空间分布和集聚特征进行描述性分析。

（一）省级开发区的空间分布和集聚特征

省级开发区是指由省（自治区、直辖市）人民政府批准设立的开发区。根据《中国开发区审核公告目录（2018）》，截至 2018 年，全国共有省级开发区 1 991 家，其中长三角地区 320 家，占到了全国总量的 16%，此外，长三角地区开发区的总规划面积为 2 256.1 平方千米，单个开发区的平均面积为 7.05 平方千米。

截至 2017 年，长三角地区省级开发区的数量和总规划面积均远远超过了国家级开发区，此外，值得一提的是，省级开发区对国家级开发区在数量上的超越发生在 1993 年，在此之前，长三角地区只有 3 家省级开发区，但是进入 1993 之后，省级开发区的数量急剧扩张，速度远远领先于国家级开发区。正如前文所述，不同于国家级开发区，省级开发区的批准和审批权限属于地方政府，且国家级开发区的准入门槛较高，在这样的背景下，通过复制国家级开发区的成功模式而争相设立省级开发区成了地方政府促进当地经济发展的重要手段，可以说，省级开发区的扩张式发展在一定程度上也反映了地方政府竞争的结果。

此外，长三角地区省级开发区的空间分布密度达到了每万平方千米 8.9 个，是全国平均水平的 4.5 倍左右。从省级开发区在不同省份的空间分布来看，如图 7-2 所示，截至 2017 年，上海、江苏、浙江以及安徽省的省级开发区数量分别为 39、103、82 以及 96 家。从开发区演进的历程来看，上海是三省一市中最早设立省级开发区的地区，早在 1984 年上海就成立了上海星火工业园区，直到 1992

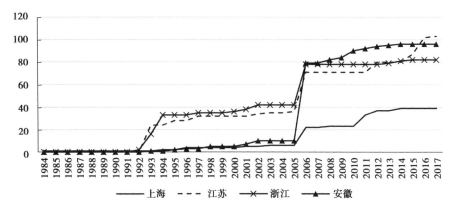

图 7-2　长三角地区不同省份省级开发区数量演进

年浙江省才首次成立了两家省级开发区(浙江淳安经济开发区和浙江舟山经济开发区),1993 年安徽省才设立了第一家省级开发区(安徽亳州经济开发区),也是在同一年,江苏省批准设立了 24 家省级开发区。此外,虽然上海市省级开发区的发展相较于其他三省起步较早,发展速度却相对缓慢,早在 1984 年上海就率先成立了第一家省级开发区,但是直到 1994 年没有新的省级开发区设立,从 1993 年开始,浙江和江苏省级开发的数量迅速增长,但是,截至 2005 年,上海仅有 6 家省级开发区。2003—2006 年,三省一市的开发区数量均保持不变,这主要是因为在这期间国家对开发区尤其是省级开发区进行了清理整顿。2006 年开始,经过了长达 3 年的清理整顿之后,开发区的设立进入规范化,三省一市的省级开发区数量也经历了跳跃式的增加,具体地讲,上海市的省级开发区数量由 2005 年的 6 家变为 2006 年的 22 家,浙江省由 42 家变为 78 家,江苏省由 36 家变为 71 家,安徽省由 10 家变为 79 家,安徽省在数量上实现了对其他三地的超越,成为长三角地区省级开发区数量最多的地区。而且这种领先优势一直保持到 2015 年,在 2016 年江苏省新成立了 15 家省级开发区,超越安徽省,成为长三角地区省级开发区数量最多的省份。截至 2017 年,江苏省依然是长三角地区拥有最多省级开发区的省份,安徽次之,浙江居第三,上海市第四。从上述过程中发现,三省一市的开发区数量存在不断互相超越的现象,这在一定程度上说明开发区作为地方经济发展的平台和抓手，是地方政府吸引要素流入、形成集聚经济的重要手段，各地争相设立开发区从而导致开发区遍地开花的现象从根本上反映了中国政治锦标赛式的地方政府竞争状态。此外，从长三角地区开发区在不同城市的空间分布来看，长三角地区 41 个地级市均拥有 3 家及以上的省级开发区，其中，经济越发达的城市拥有的省级开发区数量越多，比如，上海作为长三角地区的核心城市，有 39 家省级开发区，南京 12 家，台州、金华、盐城、南通、徐州 11 家，合肥 10 家，宿迁和铜陵 3 家，其他城市省级开发区的数量都在 3~10 家。

此外，就省级开发区的空间分布而言，如图 7-2 所示，长三角地区省级开发区的空间演进呈现出了明显的阶段性特征，从区位上来看，省级开发区最先设立于沿海沿江城市以及重要的省会城市，随后逐渐向内陆其他城市扩散；从空间集聚特征来看，整个长三角地区的省级开发区呈现出越来越均匀分布的态势，但是，特别值得注意的是，以长江为轴，开发区呈现出了扎堆分布的特征，同时，在上海与南京、上海与杭州、合肥与南京、杭州与宁波等省会城市、重要港口城市以及上述城市之间省级开发区的分布密度远远高于其他地区。这一方面反映出交通和区位在开发区的选址中具有重要的决定作用，另一方面也说明开发区的设立与当地经济发展水平密切相关，越是发达的城市拥有的开发区数量越多。此外，开发区设立在经济发展水平较高的城市之间更容易同时接受两地的经济辐射。相较于国家级开发区，如此规模和数量的省级开发区在地方经济发展中必将起到重要的作用，而目前的研究中对于省级开发区的关注反而较少。

（二）国家级开发区的空间分布和集聚特征

国家级开发区是指国务院批准设立的开发区。根据《中国开发区审核公告目录（2018）》，截至 2018 年，全国共有国家级开发区 552 家，其中长三角地区有 146 家，占到了全国总量的 26.45%，其中经济技术开发区 65 家，高新技术产业开发区 32 家，海关特殊监管区域 43 家，其他类型开发区 6 家。长三角地区的国家级开发区总规划面积为1 397.96平方千米,单个开发区的平均面积为9.58 平方千米。

图 7-3 给出了长三角地区不同类型开发区数量的变化趋势,可以看出,经济技术开发区是长三角地区最早成立的开发区类型,直到 1990 年成立长三角地区第一家保税区为止,经济技术开发区是开发区起步发展阶段唯一的开发区类型。首批 4 家高新技术产业开发区成立于 1991 年。1992 年成立了第一家出口加工区。此外,经济技术开发区作为中国主要的开发区类型,其在数量上一直领先于其他三种类型的国家级开发区,其起步阶段要早于其他三种类型的国家级开发区。保税区和高新技术产业园区在数量上和发展速度上基本保持一致。截至 2017 年,长三角地区二者的数量均为 32 家,出口加工区的数量在四种类型国家级开发区中是最少的,2010 年以来其数量一直保持在 11 家。近年来,各个地方的出口加工区不断转型升级为综合保税区,这也意味着出口加工区作为改革开放进程中阶段性的产物,会不断被功能更加完善的综合保税区所取代。

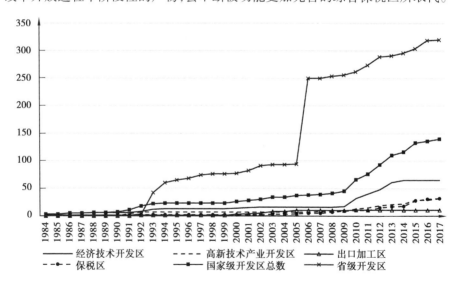

图 7-3　长三角地区不同类型开发区的数量演进

长三角地区的国家级开发区分布密度达到每万平方千米 4 个,是全国平均水平的 8 倍左右。从国家级开发区在长三角地区不同省份的空间分布来看,如图 7-4 所示,上海、江苏、浙江以及安徽的国家级开发区数量分别为 20 家、67 家、38 家以及 21 家。从国家级开发区演进的历程来看,江苏和浙江是长三角地区最早设立国家级开发区的省份,早在 1984 年,江苏省率先设立了连云港经济技术开发区和南通经济技术开发区,浙江省设立了宁波经济技术开发区;紧接着上海市在 1986 年设立了虹桥经济技术开发区和闵行经济技术开发区,这是上海最早设立的两家国家级开发区;安徽省的第一家国家级开发区合肥高新技术产业开发区成立于 1991 年。此外,从图 7-4 可见,截至 2008 年底,上海是长三角地区拥有最多国家级开发区的地区,江苏次之,浙江排第三,安徽省仅有 3 家国家级开发区;2009 年开始,江苏和浙江的国家级开发区数量增速加快,两省国家级开发区总量均超过上海分别居于第一和第二位,截至 2017 年底,江苏省拥有 67 家国家级开发区(其中,经济技术开发区 26 家,高新技术产业开发区 17 家,海关特殊监管区 21 家,其他类型的开发区 3 家),浙江省拥有 38 家国家级开发区(其中,经济技术开发区 21 家,高新技术产业开发区 8 家,海关特殊监管区 8 家,其他类型的开发区 1 家);同年,安徽省的开发区数量也达到了 21 家(其中,经济技术开发区 12 家,高新技术产业开发区 5 家,海关特殊监管区 4 家),超过了上海(20 家)。从上述的分析可见,随着地方经济的发展,国家级开发区的数量不断递增,这在一定程度上说明了开发区在地方经济发展中的重要作用,以及地方政府在发展经济的过程中重视发挥开发区的作用。

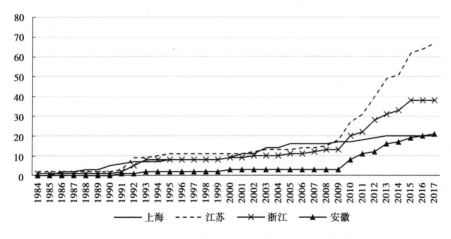

图 7-4 长三角地区不同省份国家级开发区的数量演进

从国家级开发区在不同城市的空间分布来看,与省级开发区的空间分布类似,如图 7-1 所示,长三角地区国家级开发区也主要集中在省会城市和苏州等重要节点城市,但不同的是,国家级开发区在数量上远远少于省级开发区。值得一提的是,与省级开发区遍地开花似的发展模式相比,国家级开发区主要集中在南京、苏州、上海、苏州、宁波等省会和节点城市周围。可见,开发区的空间分布与地区经济发展水平相关,越是发达的城市拥有的国家级开发区数量越多,这也在一定程度上表明了开发区作为地方经济发展的平台和支撑作用。苏州作为长三角地区制造业最为发达的城市,拥有 21 家国家级开发区,其中,6 家国家级经济技术开发区,3 家高新技术产业园区,这三项指标均位列 41 个城市之首;此外,上海中心城市的地位也体现在其国家级开发区的数量上,其国家级开发区的总数为 20 家,其中,海关特殊监管区(保税区和出口加工区)为 10 家,居于长三角 41 个地级市之首,这也在一定程度上表明了上海较高的对外开放程度。宁波、杭州、无锡、南通国家级开发区的数量分别为 9、8、7、6 家,除了台州、淮北、黄山、阜阳、宿州以及亳州 6 座城市尚没有国家级开发区之外,其他城市均拥有 1~5 家国家级开发区。

第二节 长三角开发区的主导产业分布情况[①]

各类开发区是产业发展的重要载体。为促进开发区健康发展,国家发展改革委、科技部、国土资源部、住房和城乡建设部、商务部、海关总署会同各地区开展《中国开发区审核公告目录》修订工作,形成了《中国开发区审核公告目录》(2018 年版)(以下简称《目录》)。根据该目录,我们整理了长江三角洲地区三省一市总计 41 个城市各种类型的国家级开发区、省级开发区的分布情况及其主导产业。

[①] 张学良,李丽霞.长三角区域产业一体化发展的困境摆脱[J].改革,2018(12):72-82.

一、长三角国家级开发区的主导产业分布情况

第一，总体来看，长三角地区拥有国家级开发区 146 家，其中经济技术开发区 65 家，高新技术产业开发区 32 家，海关特殊监管区域 43 家，其他类型开发区 6 家。具体的如图 7-5 所示，从国家级开发区的分布情况来看，苏州拥有的国家级开发区的数量为 21 家，其中，9 家国家级经济技术开发区，3 家高新技术产业园区，这三项指标均位列 41 个城市之首；上海次之，国家级开发区的总数为 20 家，其中，海关特殊监管区为 10 家，是所有城市中最多的；此外，宁波、杭州、无锡、南通国家级开发区的数量分别为 9、8、7、6 家，除台州、淮北、黄山、阜阳、宿州以及亳州 6 座城市尚没有国家级开发区之外，其他城市均拥有数量不等的国家开发区。

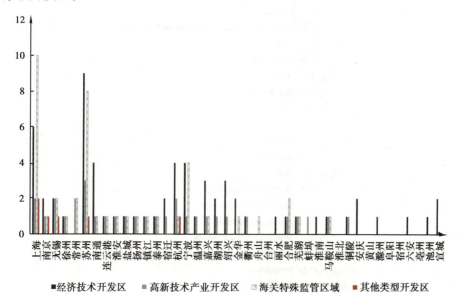

图 7-5 长三角地区国家级开发区在各城市的分布情况①

第二，从国家级开发区的主导产业分布情况来看（图 7-6），长三角地区 146 家国家级开发区中，有 32 家国家级开发区将电子设备信息业作为其主导产业，

① 作者根据《中国开发区审核公告目录（2018 版）》整理。

28 家将装备机械作为其主导产业,23 家将汽车及其零配件作为其主导产业,以这三类产业作为主导产业的开发区数量占到了 56.85%,在一定程度上代表了整个地区开发区的主导产业以这三类产业为主。此外,新材料、新光源、生物医药、机电、化工、纺织服装也是大部分开发区的主导产业。

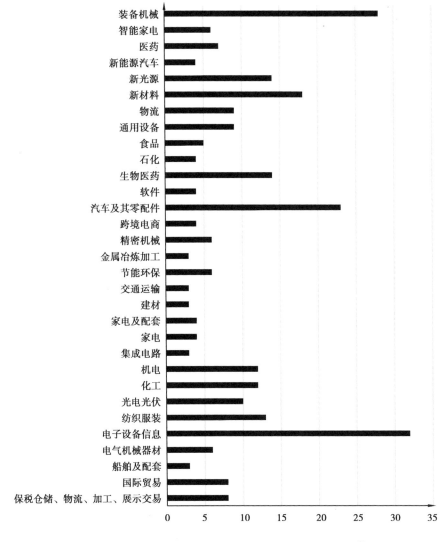

图 7-6　长三角地区国家级开发区主导产业分布情况①

———————————

①　作者根据《中国开发区审核公告目录(2018 版)》整理。

二、长三角省级开发区的主导产业分布情况

长三角地区拥有省级开发区 320 家，其中，上海拥有 39 家省级开发区，位列 41 个城市之首；南京次之，省级开发区的数量为 12 家；台州、金华、盐城、南通、徐州均拥有 11 家省级开发区；合肥省级开发区的数量为 10 家；其他城市省级开发区的数量都在 10 家以下，其中宿迁和铜陵省级开发区的数量为 3 家，在 41 个城市中属于最少的（图 7-7）。

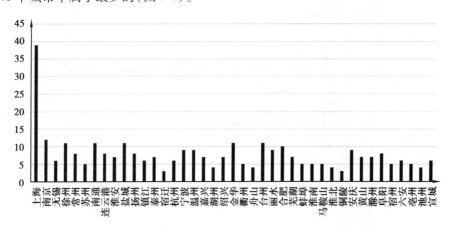

图 7-7　长三角地区省级开发区在各城市的分布情况①

从省级开发区的主导产业分布情况来看（图 7-8），长三角地区 320 家省级开发区中，分别以机械、纺织、汽车、电子、新材料和装备制造作为主导产业的省级开发区为 63、50、42、38、35 和 34 家，可见，长三角地区开发区的主导产业主要集中在上述六大产业，这也与国家级开发区主导产业的分布情况相吻合。此外，以医疗、农产品加工、化工、电子产业为主导产业的开发区数量在 20～30 家。

---

① 作者根据《中国开发区审核公告目录（2018 版）》整理。

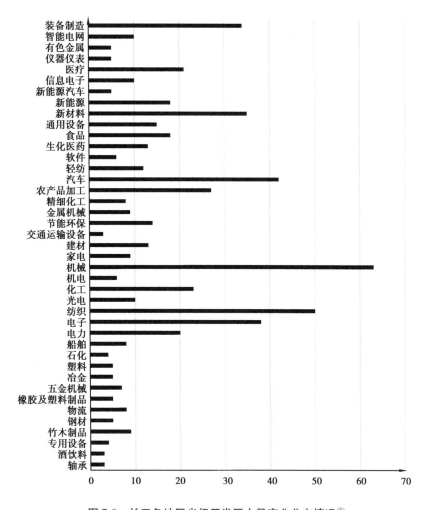

图 7-8　长三角地区省级开发区主导产业分布情况①

第三节　长三角开发区一体化的问题和路径举措

长三角地区的开发区在发展速度和发展质量方面都处于全国领先的地位，具体而言，开发区作为地区经济发展的重要平台，是经济发展的引擎和制度创

① 作者根据《中国开发区审核公告目录（2018 版）》整理。

新的摇篮,在开发区的发展方面积累了大量可复制推广的经验。然而,在长三角一体化的进程中,开发区的平台作用尚没有显现。由于属地的制约,开发区作为政府主导下的重要平台,其主要作用是带动当地的经济发展,在行政区经济为主导的背景下,不同地区开发区之间的竞争大于合作,甚至在开发区设立和经济发展中存在恶性竞争,造成了土地资源的严重浪费以及区域间要素的严重错配。在长三角一体化的背景下,开发区作为数量众多的产业平台,在制度创新和地区合作方面具有更大的灵活性,若能引领开发区从竞争走向合作,必将有利于地区之间的合作和交流。

一、长三角开发区一体化的问题

开发区的设立缺乏统一规划。长三角地区开发区数量众多,突出表现为省级开发区呈现遍地开花之势,由于省级开发区批准设立的权限属于省级人民政府,在一定程度上降低了开发区设立的门槛,开发区数量最少的宿迁和铜陵也设立了3家省级开发区。数量众多的开发区带来的最直接影响是造成了土地资源的严重浪费,此外,开发区现行的行政管理模式也在一定程度上浪费了大量的行政资源。产生上述现象的主要原因是开发区的设立各自为政,地区之间缺乏沟通和协作机制,并没有在长三角地区的层面统一规划开发区的建设。

不同地区之间的开发区竞争大于合作。开发区是地方政府设立的以各种优惠政策引导资源流入的产业平台,各地争相设立开发区在一定程度上更多地体现为政府竞争,并非本地经济发展的需要。在招商引资环节,由于资源相对稀缺,而资本要素自由流动,各地为了吸引企业入驻开发区,甚至出现了恶性竞争,各地相继出台了多种优惠政策,包括税收减免、低价出让土地、财政补贴等,使得要素并没有向效率最高的地区流入,产生了较为严重的资源错配。

开发区主导产业雷同。开发区作为地方的产业平台,其主导产业多体现了地方经济发展的需要,而在长三角地区产业分工体系不完善的背景下,开发区的主导产业更多地体现了地方政府的意志,缺乏差异化的产业分工。具体而言,长三角地区 146 家国家级开发区的主导产业集中在电子设备信息(32 家)、装备机械(28 家)和汽车及其零配件(23 家);320 家省级开发区中,分别有 63、50、42、38、35 和 34 家开发区将机械、纺织、汽车、电子、新材料和装备制造作为主导产业。

开发区发展水平极不平衡。长三角地区开发区之间存在较大差距,经济发展水平极不平衡,从开发区的行政级别来看,国家级开发区往往优于省级开发区;从地区差异来看,发达地区的开发区遥遥领先于落后地区的开发区。一方面,国家级开发区在更加优惠的政策安排下,更容易吸引优质的企业入驻,从而更容易形成集聚。另一方面,发达城市的开发区得益于更大的市场规模和要素市场,也在一定程度上更容易吸引要素流入。现实中,大部分的相对落后城市的开发区,尤其是省级开发区往往由于企业入驻不足而沦为"空城",造成了土地资源的严重浪费。

二、长三角开发区一体化的路径举措

探索开发区设立和发展的评估机制。在长三角地区层面,成立开发区设立和发展的评估委员会,在地区层面统筹开发区的设立,统一开发区的建设标准,对新设开发区进行事前评估,使得开发区的设立为整个长三角地区的经济发展服务。评估现有开发区发展水平,建立省级开发区撤销和升级的统一标准,撤销发展水平较低的省级开发区,而对于经济发展水平较高的省级开发区,积极支持其升级为国家级开发区。

创新更加精简高效的开发区管理体制。开发区在设立之初的重要职能之一便是进行政府机构改革试点,探索精简高效的政府管理模式。现行的开发区管理模式大致分为管委会模式、管委会开发区公司模式、政区合一模式①,长三角地区开发区之间的合作应以探索更加精简高效的管理模式为目标,减少政府

① 赵晓雷,邵帅,杨莉莉.管理体制与中国开发区经济发展效率增长:基于 Malmquist 指数和 GMM 的实证分析[J].财经研究,2011(8):4-15.

对开发区企业发展的行政干预，大力精简对企业的管理和审批程序，更好地发挥市场的决定作用。进一步优化开发区的营商环境，为企业提供高效服务，降低企业的交易成本，使得企业更加专注于自身的生产和经营活动。

积极推进开发区之间的合作或者跨区合作示范区建设。长三角地区拥有146家国家级开发区和320家省级开发区，平均每个城市拥有3.6家国家级开发区、7.8家省级开发区，开发区数量众多，且主导产业相似，具有合作的天然优势。在推进长三角一体化的进程中，需要进一步促进不同地区开发区之间基于产业链、价值链和管理体制创新的合作，发挥比较优势，整合优质资源，使得开发区不再是一个个孤立的产业园，而是基于分工合作的密切联系的开发区集群组织。此外，在行政边界地区建立开发区跨区合作示范区，探索开发区合作和共建的机制体制，创新开发区合作的模式。

建立网络化的以开发区为载体的产业集群组织。产业集群组织是由政府和市场之外的社会力量构成的重要的组织形式，是连接政府和市场的强有力的纽带、科技进步和产业发展之间的桥梁，通过研发合作等方式将具有竞合关系的各种利益相关方整合在一起，能弥补市场和政府在创新驱动发展中的不足与缺陷，成为政府和市场都不能替代的组织，是世界级产业集群计划成功的体制保障[1]。党的十九大报告要求"促进我国产业迈向全球价值链中高端，培育若干世界级先进制造业集群"，而在此过程中，网络化的产业集群组织能够更好地协调各方的利益，加快要素的流动，优化资源的配置，避免重复建设，维护竞争秩序，优化产业结构，推动产业的一体化发展，助力培育世界级产业集群。开发区作为重要的集聚高地和政策高地，具有形成产业集群的天然优势，应推动开发区之间基于产业链、创新链、价值链的合作，实现资源跨区域的整合和优化配置，形成若干具有国际竞争力的产业集群。

---

① 赵作权,田园,赵璐.网络组织与世界级竞争力集群建设[J].区域经济评论,2018(6):44-53.

8

先行：长三角交通一体化与高铁发展

马克思在《资本论》中强调，交通运输是"现代工业的先驱"，在长三角一体化进程中交通运输是重要的支撑和引领。长三角交通虽已具备良好的发展基础，但依然面临交通体系发展不平衡、不协调等瓶颈挑战，综合交通体系如何实现高质量一体化发展，如何理解其内涵，如何推动《规划纲要》实施，服务于长三角一体化发展？本章将对相关问题进行探讨。

第一节　交通一体化发展的时代内涵

一、交通一体化内涵

（一）时代意义

区域一体化的核心是实现要素资源的自由流动，包含人流、物流、信息流等方面，即"一体发展，交通先行"，唯有依托发达的交通基础设施体系，整合区域内交通运输系统的各项优势资源，降低运输成本，才能促进区域人员、物流、资金、信息等要素的高效流动，带动产业优势互补与产业聚集，提升城市群的整体竞争力[1][2]。因此，交通是基础性、服务性、引领性、战略性产业，为国民经济持续快速的发展提供了强有力的支撑，是兴国之要、强国之基[3][4]。新中国成立以来，特别是改革开放以来，我国综合交通运输网络日趋完善，运输服务能力连上台阶，为百姓生活带来巨大便利的同时，也在国民经济发展中发挥了重要的先行作用[5][6]。

① 李平华,陆玉麒.可达性研究的回顾与展望[J].地理科学进展,2005(3):69-78.
② 杨晨,薛美根,吉婉欣,等.长三角交通一体化发展的若干思考[J].城市交通,2020(4):64-70.
③ 马丽梅,刘生龙,张晓.能源结构、交通模式与雾霾污染:基于空间计量模型的研究[J].财贸经济,2016,37(1):147-160.
④ 余菲菲,胡文海,荣慧芳.中小城市旅游经济与交通耦合协调发展研究:以池州市为例[J].地理科学,2015,35(9):1116-1122.
⑤ 傅志寰,陆化普.城市群交通一体化:理论研究与案例分析[M].北京:人民交通出版社,2016:2-32.
⑥ 汪德根,陈田,李立,等.国外高速铁路对旅游影响研究及启示[J].地理科学,2012,32(3):322-328.

具体来看,截至 2019 年底,全国铁路营业里程达到 13.9 万千米,其中高速铁路营业里程超过 3.5 万千米;全国公路里程达到 501.3 万千米,其中高速公路里程 15 万千米;拥有生产性码头泊位 2.3 万个,其中万吨级及以上泊位数量2 520个;内河航道通航里程 12.7 万千米;民用航空颁证运输机场 238 个;全国油气长输管道总里程达到 15.6 万千米,互联互通程度明显加强;邮路和快递服务网络总长度(单程)4 085.9 万千米,实现乡乡设所、村村通邮,综合立体交通网络初步形成,交通强国建设逐步推进①。

交通一体化是区域协调发展的先导和有力推动者②。因此,对于长三角区域来说,交通一体化是其协同发展的基础保障,也是其协同发展的率先突破领域。

(二)具体内涵

一体化交通在于统筹高速公路、铁路、民航、公交、轨道等多种交通运输方式的总体布局,并使其有机衔接,构建多层次综合交通网络,提高区域间的通达性,缩短乘客周转时间,降低交通运输成本,围绕旅客的出行流、货物的运输流、交通综合监管流形成的海陆空铁等一体化综合立体大交通,从而打造一流的综合交通运输服务体系。交通一体化的功能是使各项交通方式功效最大化、换乘效率最大化与换乘服务最优化。因此,交通一体化是指各种交通方式按照其特点进行组合分工且顺畅连接在一起并形成完整高效的交通网布局,除了整合多种运输方式,还可以整合一定范围内的区域交通,包括以前不够畅通的城乡交通,这不仅涉及运输服务设施,还需规划运营管理和信息系统等多个方面③。同时,要求多种类的交通方式应在两个角度完成一体化交通进程,一方面,是交通内部一体化,即交通方式自身的一体化;另一方面,是综合运输系统下的多种交通方式一体化,也就是某一种交通方式与其他平面交通方式的有效链接和协调④。

具体来说,交通一体化的概念可以从广义和狭义的两个维度来解释:从广义上讲,交通一体化要通过整合区域内交通运输资源以实现交通运输方式的优

① 国务院新闻办公室.《中国交通的可持续发展》白皮书(全文)[EB/OL].国新网,2020-12-22.
②③ 傅志寰,陆化普.城市群交通一体化:理论研究与案例分析[M].北京:人民交通出版社,2016:2-32.
④ 樊新舟.中小城市交通一体化发展研究[J].公路交通科技(应用技术版),2019,174(6):356-357.

化,从而带动区域内其他产业结构的调整,经济、人文环境的改善和实现区域协同发展的目标;从狭义上讲,交通一体化是一种通过对基础设施、既有设备的管理,以及统筹协调各种交通因素来解决城市交通问题的方法,同时需注意①:

①交通一体化不仅是区域交通设施的互联互通,还包含运输资源整合、信息互联及数据共享、法规标准统一互认、管理体制机制协同等方面的一体化要求。

②交通一体化不仅是交通体系内部的一体化,还要关注交通体系内外要素之间的一体化,包括交通目标与区域目标的一致性,交通与区域、产业、空间、环境、人口等要素的协调性,体现区域一体化多元目标的统筹和公共政策的平衡。

③一体化不是一样化,区域及城乡之间的交通设施配置和政策导向要有差别化,亦即并非均质化,要体现均衡性、合理性、适应性。在做交通指标的横向比较时,要将交通与人口、经济、产业等要素结合起来考虑。

④一体化也不能单一化,区域一体化不是要改变行政区划,交通一体化的本质是通过各交通方式的有机衔接和高效配合以及各市场主体的健康竞争,产生最大的协同效应。

因此,长三角一体化的发展,交通一体化必然是先行领域和关键支撑,必须牢牢把握住交通"先行官"的定位,推动交通发展由追求速度规模向更加注重质量效益转变,由各种交通方式相对独立发展向更加注重一体化融合发展转变,合力推进交通运输共建共享,构建区域协同发展新格局②③。

二、交通一体化特征

(一)阶段特征

近年来,我国大量中小型城市交通已进入多元化联运体制与节点枢纽设施

①　杨晨,薛美根,吉婉欣,等.长三角交通一体化发展的若干思考[J].城市交通,2020(4):64-70.

②　国家发改委,交通运输部.长江三角洲地区交通运输更高质量一体化发展规划[EB/OL].国家发改委网站,2020-4-2.

③　刘勇.与空间结构演化协同的城市群交通运输发展:以长三角为例[J].世界经济与政治论坛,2009(6):78-84.

链接整合阶段,交通一体化进程稳步发展[1][2]。具体来说,交通一体化发展阶段大致可分为四点:

①多元化交通方式一体化阶段,其关键在于综合交通运输通道的综合性能,强调各种交通方式的分工与合作,即平台综合性。在一体化交通枢纽方面,强调多种交通方式一体化处理功能,即立体综合性。

②城市交通基本方式与一体化方式的紧密衔接阶段,市民通过便捷的公共交通出行,并可在既定小型交通枢纽地区完成零距离转运或换乘,配套的基础设施能实现城市交通一体化人员聚散功能。

③交通与土地一体化科学利用阶段,即城市交通发展应站在土地集约利用的基础上进行,实现交通投入低成本、高回报。

④交通与生态环境的一体化阶段,将环境保护纳入交通一体化范畴,坚持可持续发展战略根本原则。

交通一体化的演化趋势表现[3]为:区域内行政区划淡化,行政主体之间的交流与合作增多,区域内交通资源得到充分的流动和整合,实行统一的规划和建设;区域内将形成安全高效的综合交通运输网络体系,各地区间达到优势互补,各交通运输方式实现分工协作;区域内信息交流更加密切,要素流动更加便捷,交通运输服务质量和运输效率大大提高,从而促进区域内的生产转型升级,带动区域经济的发展。

(二)基本特征

城市内的交通需求多为城市间对原材料和半成品的运输需求,上下游产业链之间的物流需求,以及城市之间的人员流动需求。因此,区域交通需求特性决定了其交通结构要体现出完善的货运通道以及为城市间的人员流动提供快捷、高效服务的特点。这就要求各个城市内部要有发达、完善的交通运输网络

---

① 汪光焘,王婷.贯彻《交通强国建设纲要》,推进城市交通高质量发展[J].城市规划,2020(3):31-42.

② 樊新舟.中小城市交通一体化发展研究[J].公路交通科技(应用技术版),2019,174(6):356-357.

③ 卢同.京津冀交通一体化发展的策略研究[D].天津:天津商业大学,2020:9-46.

体系,城市之间要建立快捷、高效的运输通道,即区域要形成一体化的交通网络系统①。区域的结构特点和交通供求特性决定了城市群交通一体化的基本特征②,主要体现在以下4个方面。

1.跨区域性

提高交通运输系统效率的关键是一体化,这需要解决好交通设施与用地的紧密结合,以及衔接换乘和末端交通及多式联运问题。区域交通一体化就是要打破地域、行政和部门界限的约束,使不同的交通方式合理分工、协调配合,整个交通运输系统之间及交通系统与土地使用深度融合,提供高效、快捷、安全、环保节能的交通运输服务,满足区域内部城市之间的客货交通运输需求。

2.多层次性

区域内的结构特点及城市之间交通需求的多样性,决定了其内部的交通运输方式的多层次性。区域中(城市群)主要城市之间的通道交通需求、都市圈内的城市交通需求是两大类基本的交通需求。从运输对象上看,主要分为客运和货运需求。

3.协调性

区域内交通需求的跨区域性及交通运输方式的多层次需求特性,使得其不同城市内的交通资源(如交通工具、交通基础设施、交通信息等)要完成分工合作、一体化发展,以实现交通资源的充分利用和运输效率的最大化。这就要求区域交通一体化的建设必须与其结构、土地使用、产业布局和资源环境的约束相适应、相协调。

4.统一性

要实现区域交通一体化,必须建立起跨区域的组织机构和运转机制,制定一体化的政策和法规,对交通资源进行统一规划、统一组织、统一管理和统一调

---

① 孙宏日,刘艳军,周国磊.东北地区交通优势度演变格局及影响机制[J].地理学报,2021,76(2):444-458.

② 傅志寰,陆化普.城市群交通一体化:理论研究与案例分析[M].北京:人民交通出版社,2016:2-32.

配,真正实现交通基础设施规划建设一体化、交通方式一体化、交通枢纽一体化、交通组织和信息管理一体化、交通管理政策一体化。

三、交通一体化内容

本书将借鉴傅志寰等学者[1][2]的研究,将长三角交通一体化的内容分为规划建设一体化、交通设施一体化、信息服务一体化和运营管理一体化四个方面内容。

表 8-1　区域交通一体化具体内容

交通一体化	规划建设一体化	规划主体一体化	综合路网规模、综合路网人口面积密度、管理集中度、政策统一度、规费统一度、轨道交通收费统一度、配套设施建设同步度、壁垒消除度、规划主体一体化、路网连接度、结点通达度等
		规划设计体系一体化	
		协同建设一体化	
	交通设施一体化	衔接换乘设施一体化	运输适应度、公交分担率、出行便捷度、平均运距、国道及主干线比重、行政村通公路率、地区间路网衔接情况、硬化路通达水平、公铁联运比重、交通枢纽场站一体化水平、行程利用率、运输市场集中度、车辆结构合理度、综合客运枢纽规模等
		交通枢纽空间布局一体化	
		交通运输网络设施一体化	
	信息服务一体化	信息服务一体化	共享信息利用情况、电子政务利用情况、铁路联网售票率、公路联网售票率、客运站联网售票覆盖率、运营车辆导航系统安装率、客货运信息化水平、车载 GPS 系统普及率、EDI 系统普及率等
		态势分析与决策支持	
		客运与货运服务一体化	
	运营管理一体化	交通政策一体化	综合交通信息共享机制、一体化交通控制诱导与一体化应急智慧体系、枢纽内不同方式间运营时间一体化实现程度、政策落实的监督检查与保障体系等
		体制和机制一体化	
		运营管理一体化	

---

① 傅志寰,陆化普.城市群交通一体化:理论研究与案例分析[M].北京:人民交通出版社,2016:2-32.

② 卢同.京津冀交通一体化发展的策略研究[D].天津:天津商业大学,2020:9-46.

规划建设一体化要解决的核心问题。规划建设一体化发展水平是区域交通一体化发展的重要基础，只有完善的规划建设一体化，才能提高交通一体化的发展水平，进行统一的规划建设，从顶层设计出发确保同目标同方向。

交通设施一体化要解决的核心问题。合理确定不同交通运输网络分工与协调关系，进而合理确定交通供给总量和供给结构；合理布局枢纽、定位枢纽功能、确定枢纽等级及相关配套；实现无缝衔接、零距离换乘等。

信息服务一体化要解决的核心问题。建立区域范围内一票到底无缝衔接的起终点全程客运服务、一单到底的多式联运的货运服务；实现跨区域、跨部门、多交通方式系统信息的整合与共享，实现多途径、多方式的综合信息融合、分析及信息服务；建立动态全过程跟踪的智能物流体系等。

运营管理一体化要解决的核心问题。实现综合交通全环节一体化，提高运营管理水平和效率，最大程度发挥交通系统网络的运行效益和提高系统服务水平；实现对众多部门进行统一管理、统一部署，对各个环节进行规划建设；从制度、政策上保证城市群交通一体化进程。

第二节 长三角交通一体化发展的现状及困境

一、长三角交通一体化发展现状

（一）交通一体化的整体发展现状

交通一体化是长三角区域一体化的显著标志。改革开放以来，特别是党的十八大以来，长三角区域枢纽型机场、枢纽型港口、高铁网络和高速公路网络等区域性快速交通骨干网络已经基本形成，运输服务水平显著提升，综合交通运输体系初步建成，交通一体化发展取得了明显成效，总体适应长三角区域经济社会发展的需要。轨道上的长三角加快推进，省际公路通达能力明显提升，区域港航协同发展有序推进,长三角世界级机场群协同联动。2019 年,长三角地区旅客运输结构中,公路占比 70.2%,铁路占比 23.8%,水路占比 2.3%,航空占比 3.7%;长三角货物运输结构中,公路占比 59.3%,铁路占比 1.8%,水路占比 38.9%,航空占比 0.05%,交通建设总投资达到 5 297.35 亿元;其中,铁路投资占比 27.9%,公路投资占比 60.3%,水路投资占比 8.8%,航空投资占比 3.0%。此外,长三角地区客运量 307 887 万人次,长三角地区货运量 1 010 131 万吨①。近年来,沪苏浙皖交通部门签署的《长三角区域省际交通互联互通建设合作协议(2020—2022 年)》《通州湾新出海口开发建设战略合作框架协议》《南通新机场合作共建协议》等,使得行政壁垒和观念藩篱正被逐步打破,各地协同发展意识不断增强②,为长三角未来的协同发展更添信心与期待。

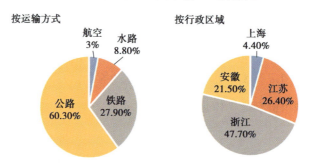

图 8-1 2019 年长三角地区交通建设总投资分布③

具体来说,长三角交通一体化发展主要表现为:

①**一体联通的综合交通网络初步成形。**长三角形成了以高速铁路、高速公路和长江黄金水道为主的多向联通对外运输大通道和城际综合交通网络,高速铁路、高速公路和民用机场覆盖率显著高于全国平均水平。此外,《长三角区域打通省际断头路合作框架协议》明确了首批 11 个省际断头路项目,省际交通互联互通日益增强。

① 资料来源于上海市交通发展研究中心《2020 年长三角交通一体化发展年度报告》。
② 国家发改委,交通运输部.长江三角洲地区交通运输更高质量一体化发展规划[EB/OL].国家发改委网站,2020-4-2.
③ 资料来源于上海市交通发展研究中心《2020 年长三角交通一体化发展年度报告》。

②**一体衔接的运输服务质量不断提升**。长三角客运一体化服务和货运保障能力显著增强，上海、南京、杭州等城市间基本实现高频次城际客运 1～1.5 小时快速通达，江海、铁水等多式联运积极推进，城际速递、同城物流等多样化、专业化物流模式快速发展。

③**一体融合的业态模式深入探索**。长三角区域新业态、新模式蓬勃发展，信息资源区域间共享共用稳步推进，交通与旅游等产业深度融合，枢纽综合开发持续探索推进，枢纽经济发展效能初步显现。长三角区域实施多式联运高效发展工程，引导多式联运枢纽区布局，推行联网售票一网通。

④**三省一市一体化合作持续深化**。三省一市交通运输主管部门签署合作备忘录，确定了加强区域港航协调发展、取消高速公路省界收费站、省际断头路项目建设、毗邻公交、船舶污染防治联动、联合执法管控等六项合作事项。铁路、港口、航空等领域合作持续深化，区域合作工作机制逐步健全。

⑤**一体协同的体制机制持续完善**。长三角不断强化一体化顶层设计。三省一市建立了跨区域交通等基础设施加快落地协同会商机制，明确了建立对口联络、规划编制对接、项目前期会商、建设推进协同、项目研究储备、数据共享六项机制，加快推进跨区域交通基础设施领域的高质量建设。

长三角将携手共建区域协调发展新格局①②，分区域来说，长三角三省一市发展现状表现为：

上海发挥龙头引领作用。上海坚定推进长三角交通更高质量一体化发展的信心，上海交通部门将发挥一体化发展协同优势，秉持合作共赢理念，发挥上海的龙头优势引领作用，带头推进长三角区域交通运输共建共享，努力为长三角一体化交通发展做加法。

浙江谋划千亿级"超级交通工程"。沿海高铁工程、千吨级内河航道、杭州都市圈环线、洋山港区整体开发、宁波西综合枢纽、沪杭甬超级磁浮、沪甬跨海

①　施科.苏沪浙皖共促长三角毗邻公交客运衔接[N].中国交通报,2019-4-18(1).

②　李治国.共下一盘棋,共用一张网:铁路牵引长三角一体化迈向高质量[N].经济日报,2020-01-13.

大通道等,一大波投资达千亿级别的"超级工程"落地浙江。"百大百亿"工程涵盖公路、铁路、轨道、水运、枢纽等各种交通运输方式。这些项目为交通强省建设提供了强有力支撑,浙江省综合交通大的网络、格局、体系将全面形成。

江苏建设立体化交通枢纽场站集群。江苏积极推进取消省界收费站工作,推进跨省公交运输服务,牵头开展长三角毗邻地区公交客运衔接线路试点,综合交通基础设施、运输结构总体达到世界先进水平,将合力共推枢纽协同、网络设施、运输服务、行业治理、体制机制"五个一体化",实施"十二项工程"[①]。

安徽加快都市圈同城化通勤步伐。安徽努力打造为长三角联通中西部的重要开放枢纽,沪苏湖高铁建成后,安徽将拥有第二条直通上海的高铁大通道。"十四五"时期,安徽积极补齐高速公路建设,围绕全省"一枢十支"民航机场和65个通用机场布局,实施了合肥新桥机场二期工程,阜阳机场、池州机场改扩建以及芜宣机场建设等一批重点工程[②]。

综上所述,基于长三角交通一体化建设的发展需求,长三角区域将围绕轨道交通、公路、港航、民航、邮政等高质量一体化发展,推进一批重大交通基础设施项目建设,打造世界级机场群、港口群、交通网,强化跨区域、跨方式融合发展。

(二)交通体系内部一体化的现状

1.公路

长三角区域围绕"全面提升省际公路运输能力",公路通达能力持续提升,积极投入国道等建设,三省一市协同完善公路网络,加速推进交通一体化进程。2019 年,长三角公路总里程 51.3 万千米,公路网密度 143.3 千米/百平方千米,人均公路里程 22.6 千米/万人,高速公路方面,上海市 657.4 千米,江苏省 4 865 千米,浙江省 4 643 千米,安徽省 4 877 千米[③]。长三角各城市在高速公路平均交流

---

① 数据来源于 2019 年 12 月 6—7 日在杭州举办的第二届长三角综合交通发展大会。
② 数据来源于 2020 年 11 月 20 日安徽省政府新闻办召开"美好安徽'十三五'成就巡礼"系列新闻发布会。
③ 数据来源于上海、江苏、浙江与安徽的统计年鉴。

时间为 3.5 小时通行圈内,近年来,长三角长途客运量呈现连年下降的态势,从联系强度来看,上海到江苏、浙江到江苏长途客运线路最多①。长三角三省一市共推进 30 个省际公路项目,其中,省际断头路项目 17 个,国省道项目 21 个。此外,各地区共同发力,如据最新数据,2020 年上海实施 11 项省际公路工程,江苏加快推进宁马、宁合、京沪、沪武等高速公路江苏段改扩建项目,以及溧宁、连宿、宁盐、苏台等高速公路新建项目,助力打通省际通道②,努力形成便捷通达的高速公路网络。

2.铁路

长三角围绕"加快轨道交通网建设",铁路加快建设步伐,形成全国密集完善的高铁网,动车组列车密集开行;长三角区域范围内的主要高铁线路有京沪高铁、沪宁高铁、沪昆高铁等多条。长三角地区高峰日铁路客运开行列车达到了 1 403.5 对,其中,高铁 932 对,动车组列车 174.5 对,普速列车 297 对,上海和江苏、江苏和安徽之间的高铁联系超过了 200 对。2019 年,长三角三省一市共推进 16 个轨道交通项目,启动协同研究编制《长三角区域城际铁路网规划》。长三角运营铁路总里程为 11 526.9 千米,密度为 3.21 千米/百平方千米,其中,高铁里程 4 974.1 千米,密度为 1.39 千米/百平方千米。长三角地级市铁路站点覆盖率达到 97.6%,高铁站点覆盖率达到 90.2%。其中,通车高铁线路增至 22 条①,全年铁路旅客发送量将首次突破 7 亿人次大关,如沪苏湖铁路、沪苏通长江公铁大桥等项目效益显著。

3.城市轨道交通

长三角区域抢抓新基建发展机遇,畅通城市轨道交通对长江经济带等国家战略实施的强大助推作用,致力成为新基建时代轨道交通创新发展的推动者、贡献者。三省一市加快推进"轨道上的长三角"建设,逐步提升城际公路通达能力,优化市域交通体系,推进完善城市轨道交通网络,深化智慧交通发展。为了

---

① 资料来源于上海市交通发展研究中心《2020 年长三角交通一体化发展年度报告》。

② 数据来源于上海市交通委员会。

深入"一体化"建设,长三角除了推进上海地铁 17 号线、苏州地铁 10 号线延伸至嘉善等重大项目外①,七城轨道交通推进"一码通行",成为国内首个实现轨道交通刷码互联互通的城市群。目前,地铁"一卡通"工程初显成效,运输服务一体化加快推进,这进一步加快了长三角综合交通高质量的进程。

4.航空

长三角围绕"协力打造长三角世界级机场群",区域实施共建世界级机场群工程,以上海为龙头,充分发挥长三角机场的比较优势和协同作用。从机场群分布来看,2019 年长三角三省一市共推进 5 个航空项目,加快研究制定了《长三角航空协同发展战略规划》。长三角区域机场总数 23 个,密度达到 0.64 个/万平方千米,跑道数量 29 条,基本形成了"2+3+18"的机场布局体系②。长三角机场群完成旅客吞吐量 2.66 亿人次,占比达到 19.67%,居于全国榜首③。2019 年,上海机场旅客吞吐量 1.22 亿人次,成为全球第 5 个航空旅客跨入"亿级俱乐部"的城市,上海港集装箱吞吐量超 4 300 万 TEU,截至 2019 年连续 10 年位居世界第一④。长三角国际枢纽机场、区域枢纽机场等基本配有城市轨道交通、高铁客运站、汽车客运中心等,其中,上海虹桥国际机场集疏运配套最完善。

5.港口

长三角围绕"持续推进区域港航协同发展",港口一体化发展目前进入新阶段,是我国物流最为发达的地区。长三角港口群形成了以核心港口为主导、骨干港口为补充、其他港口联动发展的运营格局;其中,以上海港、宁波舟山港为核心,截至 2019 年,上海港集装箱吞吐量连续 10 年位居世界第一,宁波舟山港货物吞吐量连续 11 年世界第一。2019 年,长三角三省一市共推进 22 个港航项

---

① 数据来源于浙江省交通厅制定印发的《关于支持共建长三角生态绿色一体化发展示范区的政策意见》及任务清单。
② 资料来源于上海市交通发展研究中心《2020 年长三角交通一体化发展年度报告》。
③ 数据来源于前瞻产业研究院的"2020 年中国民用航空运输行业发展现状分析"。
④ 数据来源于中国水运网。

目,长三角沿海港口泊位总数 1 833 个,码头货物年通过能力 36.31 亿吨;河港口泊位数 9 732 个,码头货物年通过能力 17.13 亿吨,港口饱和度超过 1 的比例为 64.5%①。长三角港口群"一体两翼"的发展格局基本形成,航道发展和治理工程为长三角交通一体化再添新动能,如苏申内港线西段(老白石路—油墩港)已开工,"一环十射"内河高等级航道网对接江浙的航运快速通道基本成型等②。

6.体制机制

长三角区域实施体制机制深化改革工程,建立交通一体化协同推进机制,强化区域交通运输监管与协同共治。在推动长三角一体化发展领导小组的统筹指导下,依托长三角区域合作办公室,协调推进交通一体化发展,港航等资源整合持续推进,民航等协同发展工作机制建立运行,一批跨区域的重大项目统筹衔接推进,货运车辆超限超载治理等交通联合执法行动机制加快完善,逐渐推进实现"共享、共治、共赢"的一体化执法监管新格局。例如,上海青浦着力推动打通与江浙两地的省界断头路,通过"一体化"理念的深入,跨省域规划建设机制的创新,盘活更大区域交通网络,从而提升了区域社会经济发展能级,持续推进了该地区体制机制一体化进程。

(三)交通与外部要素一体化的现状

1.开放

长三角区域积极推动形成"陆海内外联动、东西双向互济"的对外开放格局,通过建设战略性枢纽载体,共同打造对内对外开放新高地。改革开放初期,随着沿海经济特区的设立以及浦东开放等,凭借良好的交通区位,长三角对外贸易占全国对外贸易总额的近四成。"一带一路"倡议提出后至 2019 年 10 月底,合肥、南京、苏州等 7 个城市累计开行中欧班列 1451 列、运输 13.52 万标准箱,同比增长 23%,辐射 30 多个国家,且中欧班列(义乌)为小商品贸易搭建了

---

① 资料来源于上海市交通发展研究中心《2020 年长三角交通一体化发展年度报告》。

② 数据来源于中国交通新闻网。

"卖全球、买全球"的大平台,从 1 条增到现在的 10 条线路①。党的十九大要求推动新一轮高水平对外开放,长三角区域越发注重交通的开放性,推动更高层次对外开放,如江苏省实施枢纽城市能级提升工程,增强南京国际枢纽功能,推动苏锡常通共同打造环沪枢纽集群,建设连云港海港、徐州国际陆港、淮安空港互为支撑的"物流金三角"等。

2.区域

长三角聚焦区域高质量、一体化,紧密携手共建轨道上的长三角,提升省际公路通达能力,合力打造世界级机场群,协同推进港航建设,加密畅通骨干线网,持续打通路线,逐渐形成长三角区域协调发展新格局。实施区域交通网络互联互通工程,共同推进一体化示范区交通建设。具体来说,打通溧阳至宁德、高淳至宣城、宜兴至长兴、苏州至台州高速公路等省际"断头路"和"瓶颈路";铁路网络越发密集,各省交通网络优联优通工程持续推进,如先行谋划沪甬、沪舟等战略通道,打造省域城际铁路一张网;以消除京杭运河、秦淮河航道、苏申内港线、苏申外港线等省际瓶颈为重点,建设通江达海的干线航道网;构筑功能完善的过江通道系统,加快推进龙潭、苏通第二、崇海等项目建设②。

3.产业

长三角区域综合交通网络慢慢成形,"交通带+产业带"发展显著,产业协作开始向"质的提升"飞跃。第二届长三角综合交通发展大会召开的同期举行了第二届浙江国际智慧交通产业博览会,最先进的国内交通装备基本都参与展览,包括时速 600 千米以上的磁悬浮列车、无人机等。此外,长三角铁路运营图中,首开上海至兰州"新丝绸之路"概念动卧列车,嘉兴南站首开 4 对"红色之旅"概念动车组列车等,皆映射出沿线地区旅游等产业的不断崛起。同时,交通网络的发展提升了行业治理能力与创新发展能力,联合拓展长三角区域交通发展新空间、新动能、新模式,试点开展无人驾驶技术等研究及应用,打造 G15 现

---

① 数据来源于中国政府网。
② 数据来源于上海、江苏、浙江与安徽政府网。

代化沿海产业走廊、G25 绿色制造走廊、G42 交通创新产业走廊,现代综合交通产业助推长三角高质量一体化发展。

4.空间

面对区域一体化格局,长三角区域空间资源逐步实现集约化利用,交通空间逐渐呈现网络化,区域可达性显著提升。苏州、无锡、常州等区域特色新型制造业产业体系等一系列区域联动发展新模式正在长三角以抱团之势,参与全球竞争合作。目前,长三角铁路已建成物流基地 51 个、集装箱办理点 145 个、铁路无水港 21 个,已规划建设上海、宁波、连云港、南京、温州等进港铁路 16 条,建成后将全面补强长三角铁水联运"前后一千米"短板,构成多元化的交通空间[①]。与此同时,杭黄高铁串联起包括 7 个 5A 级景区在内的众多景区的"黄金旅游线";金山充分发挥集聚辐射效应,加快探索形成跨区域协同发展的新路径,努力成为环杭州湾重要节点城市、沪浙毗邻地区一体化发展示范区。

5.环境

长三角区域践行"绿水青山就是金山银山"理念,实施绿色智慧平安提升工程,推进一体化智能化交通管理,加强生态保护和污染防治,强化平安交通共保联治。一直以来,长三角区域加强长江污染防治和生态修复,打造长三角"绿廊";建设京杭运河绿色现代航运示范区,打造长三角"绿带";共建宁杭生态交通走廊,打造长三角"绿脊";建设世界级湖区生态交通体系,围绕太湖、洪泽湖、骆马湖等打造长三角"绿核"。同时,完善多层次轨道交通系统,联合打造跨界生态文化廊道。此外,也通过打通省际断头路项目来提升跨省区域路网功能,改善城市周边交通环境,如 228 国道(鳗鲡泾—海湾路以东)、320 国道(金山大桥—金山松江区界)项目坚持生态环保理念,严格保护土地资源,优化绿化保护方案,积极应用节能技术[②]。

---

① 数据来源于中国政府网。
② 信息来源于上海、江苏、浙江与安徽政府网。

6.人口

长三角区域受各级城镇交通基础设施发展不均衡、区域间互联互通能力弱的影响,人才、资金、技术等要素难以实现高效流动和合理配置,导致小城镇与大城市之间差距扩大,高质量一体化发展受限。随着区域经济社会一体化发展速度的加快,交通网络逐渐覆盖,各级城市人口郊区化不断深入,区域产业经济布局加快转型升级,城市人口和产业功能结构的改变对区域内快速交通出行的需求不断提升,对区域性交通联系也提出了新的要求。同时,践行"为人民服务"的宗旨,三省一市交通部门密切协作,开通省际毗邻公交,积极推动公交"一卡通"、"扫码支付"、内河船舶"多证合一"等跨区域便民服务项目,在交通一体化的过程中群众获得感不断得到提升[①]。

二、长三角交通一体化的发展困境

长三角交通虽已具备良好的发展基础,但依然面临交通体系发展不平衡、不协调以及整体竞争力有待提升等瓶颈与挑战。高质量是相对高速度而言的。长三角交通发展未来不应过度关注规模、速度、增量等外延式扩充,须更加注重功能融合、存量优化、结构调整、生态友好等内涵式提升。按照交通一体化的内容,将围绕规划建设一体化、交通设施一体化、交通服务一体化与运营管理一体化等四个方面阐述其发展困境,具体内容如下:

(一)规划建设一体化方面

长三角区域资源配置、土地使用与其交通需求发展不协调,同时缺乏跨行政区的区域综合交通规划。放大长三角区域的路网比例尺就能发现,干线交通虽发达,但出行效率不高;在密布的小城镇中,依然存在大量"交通洼地",各级城镇间的衔接有待加强;新建高铁站点与城市内部轨道交通、公共交通网络的衔接不畅,更使交通网络的整体效率和出行速度难以提高。基于此,长三角交

---

① 信息来源于上海、江苏、浙江与安徽的交通运输厅。

通基础设施应互联互通,打通行政区间的交通阻碍,新建扩建现有交通网络,提高网络建设密度,提升其运输通行能力。京沪、沪宁等高速公路近年来拥堵现象日益频繁,运输能力趋于饱和,省际公路中的"断头路"现象仍然存在,城市间、行政区间的交通联系尚未实现高效通畅。例如,现阶段进入上海浦东机场的轨道线路仅有两条,2 号线为连接上海"一市两场"的重要线路,由虹桥商务区开往浦东国际机场,但由于距离较远且中间站点过多,削减了轨道交通的优势,影响出行效率;另一条线路为磁悬浮线,市区终点设置在龙阳路站,距离商圈、办公区较远,利用率低。因此,长三角交通市场定位清晰的差异化发展格局仍有待形成,区域交通体系的网络密度有待加强,应着力破解物流成本高的问题,优化调整交通运输结构,推动海港、陆港、空港、信息港"四港"联动发展,提升铁路、内河水运等绿色方式的比重。综上,长三角区域内交通网络的一体化亟待科学合理地统筹规划建设①。

(二)交通设施一体化方面

作为区域产业整合的前提,交通基础设施是合理配置资源、提高经济运行质量和效率的基础。目前,长三角区域的综合交通运输体系已形成一定的体量规模和较好的基础,但该地区各交通基础设施之间缺乏合理分工与协调,仍存在发展不平衡、不充分的问题,城市内及城际交通结构有待优化,交通方式间相互割裂,仍未实现交通基础设施的互联互通,与形成综合交通运输体系仍有一定距离。具体来说,长三角区域的高铁网覆盖率仍偏低,且空间分布不平衡,各城市的轨道交通分布仍然比较分散。现有的轨道交通、高铁网络难以满足长三角区域日益增长的城际、市郊出行需求。例如,苏北、浙南等地区存在高铁滞后、市郊轨道交通网络稀疏等问题;上海浦东机场的交通设施一体化发展程度低,仍面临停车位紧张、道路拥堵等影响出行效率的问题。其中,交通方式中缺少专用的机场联络线和直接接入机场的高速铁路,导致可选择出行的多样性偏

---

① 交通强国建设纲要[EB/OL].中国政府网,2019-9-19.

低。停车设施方面,泊车位数量偏少,泊车能力未得到充分开发。由于上海浦东机场的轨道交通数量少,运行时间长,导致空轨联运的分担率也未达到较高水平。虽然公路路网密度处于全国前列,机场巴士发展程度高,但早晚高峰拥堵情况严重,出行效率低,导致旅客旅行时间成本变高[①]。

(三)交通服务一体化方面

随着长三角一体化进程的不断深入,区域间体制机制约束和利益共享机制不健全等矛盾不断显现,信息共享机制缺失,智能交通建设落后,从而造成交通网络的整体均衡性和沿线车站利用率不足,城市交通较为拥堵,难以满足长三角这一高密度城市群地区日益增长的城际出行需求,其运输服务和区域服务能力仍需提升。此外,绝大多数港口集疏运主要依靠公路,港口与铁路衔接不紧密,交通信息服务不均衡现象明显,须按照"宜水则水、宜铁则铁、宜公则公"的原则,协同推进长三角区域交通服务结构调整[②]。具体表现为:长三角公路运输压力依然很大,某些区域铁路服务仍是空白;作为长三角的核心航空枢纽,上海虹桥机场和浦东机场的运营能力均已达到饱和状态,区域服务能力达到极限;长三角的空海联运还主要集中于货运,客运还未全面普及;上海浦东机场并未全面开通针对多式联运的一体化售票以及未形成系统的"行李直挂机场"系统,缺乏统一有效的信息交流共享平台,交通枢纽间的衔接度低,交通运输需求不能及时有效传递。因此,长三角交通的整体功能和效率仍有待提升,须以服务人民为原则,将该区域建设成引领示范区、交通高质量发展先行区、人民满意交通样板区[③]。

(四)运营管理一体化方面

长三角交通一体化的投融资体系有待拓展,在交通的运营方面缺乏衔接

---

① 王璐.施工图敲定,交通强国建设"新老并进"[N].经济参考报,2020-5-8.
② 蒋海兵,韦胜.城乡交通一体化驱动下江苏农村医疗卫生服务可达性[J].长江流域资源与环境,2020,29(9):1922-1929.
③ 交通运输部举行"加快交通强国建设"专题发布会[EB/OL].中国政府网,2019-12-9.

性,在交通的管理方面未达成一致,三省一市间强有力的协同联动机制尚未完善。在长三角区域亟须建设区域轨道交通的背景下,目前投融资体系尚不健全,结合行业发展实际,交通运输投融资体制机制改革尚未深化。长三角主要铁路枢纽站的客运规模大幅增长,然而高铁运营能力仍较为有限,运营班次不足等问题凸显,这些长期以来都是交通管理的重点和难点。同时,近年来地区间交通衔接不顺的问题仍存在,如:苏州、昆山、上海等地虽然签订了诸多合作协议,但各市在各自管辖的行政区域内进行的交通规划、建设和管理,依旧以高铁、高速公路为主,城市快速轨道尚未建设,且非付费通道以主干路为主,缺乏快速通道,客货混行严重,缺少区域交通的统筹规划,进而导致在衔接边界依旧存在众多的断头路和瓶颈路,阻碍了苏昆、沪昆之间的来往与联系,无法满足其同城化发展带来的交通需求。尽管昆山已与上海、苏州等地开通城际公交线路,但由于缺乏较为详细的客流调查、合作机制尚未完善等原因,存在公交线路利用率和覆盖率不高等问题。因此,长三角区域各地仍需协商,建立一体化的交通运营管理机制①。

第三节　长三角高铁发展与区域一体化

长三角铁路萌芽于 19 世纪末,历经百年发展,区域高铁网络逐渐由发达地区向欠发达地区延伸,目前除舟山市外其余 40 个城市全部通高铁。高铁有效提升了区域通达性,促进了区域网络空间结构优化和一体化,但仍存在路网发展不平衡和不充分、高铁站人流集聚效应较弱、与高铁配套衔接的设施不完善、区域外围经济落后地区高铁建设费用增幅较大等问题,不利于区域一体化发展。

---

① 孙博文,尹俊.交通投资何以实现高质量的市场一体化? ——基于地理性与制度性市场分割的视角[J].宏观质量研究,2021,9(1):113-128.

一、长三角高铁发展的历史演变

长三角地区是中国铁路的发源地。其发展经历了萌芽阶段、停滞阶段、恢复建设阶段、稳步发展阶段和高速建设阶段。

第一阶段：萌芽阶段（1937年前）。1876年，英国人在上海铺设了14.5千米长的吴淞铁路，是长三角也是中国第一条营运铁路，但运营不到一年即被清政府视为"异端"而拆除。19世纪末，沪宁、沪杭甬铁路开始兴建，其中沪宁铁路仍由英国承办，1905年正式动工，次年抵达苏州、无锡，此时铁路已将当时中国最大的口岸城市上海、江苏省会城市苏州和新兴工商业城市无锡连为一体，当年客运人次增长了71%，1907年该铁路通至常州、镇江，客运量增长109%，1908年建成，客流量比上年增长59.08%。与此同时，连接上海与杭州、宁波的沪杭甬铁路也开始筹划建设，该铁路由江浙绅商相继成立的商办铁路公司自建，但基于前期筹资较少，杭州城外江墅铁路先行修建，1907年9月建成开通，至年底已近15万人次客运量。1908年随着上海至松江以及杭州至长安段的通车，沪杭甬铁路人口流量增长557%，1909年沪杭全线通车时人流增长101.69%。1910年杭甬铁路的宁波至曹娥段建成通车[1]。沪宁、沪杭甬铁路的兴建标志着区域内铁路交通正式发展起来。清政府被推翻后，中国进入军阀混战时期，但为促进经济发展，铁路建设没有中断，浙江省内的杭江铁路、杭甬铁路，安徽省内的淮南铁路，苏皖之间的江南铁路及通往区外的陇海铁路、津浦铁路相继建成，截至1937年，长三角铁路里程达2 205千米（表8-2）。

---

[1] 岳钦韬.近代长江三角洲地区的交通发展与人口流动——以铁路运输为中心（1905—1936）[J].中国经济史研究,2014(4):154-167.

表 8-2 1876—1937 年长三角地区铁路建设情况①

序号	铁路线	开放时间/年	长三角通车长度/km
1	吴淞铁路	1876	14.5
2	江墅铁路	1907	16.35
3	沪宁铁路	1908	311
4	沪杭铁路	1909	125
5	杭甬铁路(宁波至曹娥段)	1910	77.9
6	津浦铁路	1912	373.25
7	陇海铁路(开封至徐州段)	1915	84
8	杭江铁路(杭州至玉山段)	1934	341
9	江南铁路(芜湖至孙家埠)	1934	76
10	江南铁路(南京中华门至孙家埠)	1935	175
11	淮南铁路	1935	214
12	陇海铁路(徐州至连云港段)	1935	222
13	江南铁路(现宁芜铁路)	1935	175
合计			2 205

第二阶段：停滞阶段(1937—1948 年)。1937—1945 年,中国铁路建设主要集中在东北(满洲里)地区,由日本利用当地自然资源建设。为防范日军进犯,长三角地区不但没有建设新线路,反而拆除了部分铁路(表 8-3)。如 1937 年为切断交通枢纽,茅以升亲手毁掉竣工不到 2 个月的铁路公路两用钱塘江大桥,1938 年沪杭甬铁路管理局奉命将萧甬铁路道轨及枕木逐段拆除,江南铁路沿线的许多大桥被炸毁,芜湖至宣城段实际处于瘫痪状态。抗战胜利后,江南铁路

---

① 根据相关城市地方志搜集整理获得。

得到迅速修复,然而蒋介石此时积极准备内战,为了修复津浦、陇海两大铁路干线,1946 年 1 月,下令将京芜路铁轨、枕木全部拆除,运往南京下关,恢复营运不到三个月的江南铁路再次被迫中断,直到 1948 年才再度铺轨营业。因频繁战乱和外部势力影响,这一时期长三角铁路未增反减。

表 8-3　1937—1949 年长三角地区部分铁路变动情况①

序号	铁路线	时间/年	线路状态
1	杭甬铁路(萧山至曹娥江段)	1937	建成(68 km)
2	钱塘江大桥	1937	建成
3	钱塘江大桥	1937	炸毁
4	杭甬铁路(宁波至曹娥段)	1938	拆除
5	宁芜铁路	1946	拆除
6	宁芜铁路	1948	铺轨营业
7	钱塘江大桥	1948	修复

第三阶段:恢复建设阶段(1949—1977 年)。1949 年中华人民共和国成立后立即展开对全国铁路的抢修恢复,截至 1949 年底,长三角铁路营业里程总计达 1 400 余千米②,其中沪宁、津浦、沪杭、浙赣、杭甬、江南(宁芜)、淮南等几条单线技术标准较低,设备简陋。1950 年初,中国政府决定填补西部地区铁路空白,铁路建设重心西移,此阶段长三角新建铁路较少,即使有几条新建铁路也主要是为了满足区域能源运输及其他货运需求③。如 1957 年金千铁路是为满足新安江大坝水库建设所需建筑材料和设备的运输而修建的;1966 年符夹铁路是为开发闸河煤田和减轻徐州枢纽运输负担所建;1970 年青阜铁路是连结淮南、

---

① 根据相关城市地方志搜集整理获得。
② 金士宣,徐文述.中国铁路发展史:1876—1949[M].北京:中国铁道出版社,1986:135-136.
③ 杨红光.大国速度　艰难起步[M].北京:北京联合出版公司,2019:23-24.

淮北两大煤炭基地而建；1971 年芜铜铁路是沿江地区对外货运及长三角地区与华中西南部地区生产要素交流的主要通道之一；1972 年杭牛铁路是浙江省人民政府为尽快争取省内煤炭自给而建造的；1975 年漯阜铁路是为了将煤炭资源丰富的豫西地区与能源紧缺的华东地区连接起来。1949—1977 年长三角新增铁路不足 1 000 千米（表 8-4）。

表 8-4　1949—1977 年长三角地区部分铁路变动情况①

序号	线路线	开放时间/年	长三角通车长度/km
1	金千铁路	1957	79
2	符夹铁路	1966	84.3
3	青阜铁路	1970	152
4	芜铜铁路	1971	72.68
5	杭牛铁路	1972	154
6	漯阜铁路	1975	70.07
合计			612.05

　　第四阶段：稳步发展阶段（1978—2007 年）。1978 年，改革开放翻开了长三角铁路建设新的一页，区内除陇海、津浦、沪宁、沪杭等干线改造成复线外，又新建了沟通区内外的皖赣、合九、新长和宁西铁路，沟通长三角省际的宣杭铁路，沟通长三角省内的阜淮、青芦和金温铁路等一批国家干线铁路（表 8-5）。与此同时，为适应社会主义市场经济的发展，京沪、京广、京哈、陇海四大干线开始实施提速计划。1996 年 4 月 1 日，铁路部门首先在沪宁线开展提速试验，率先开行了"先行号"快速列车，使沪宁间最快运行时间大幅压缩。1997 年至 2006 年，我国对主要干线铁路实施大规模技术改造，进行六次大面积提速，列车最高时速提至 200 千米，铁路系统实现了新的飞跃。

---

① 根据相关城市地方志搜集整理获得。

表 8-5　1978—2007 年长三角地区部分铁路变动情况①

序号	铁路线路	开放时间/年	长三角通车长度/km
1	阜淮铁路	1982	114.01
2	皖赣铁路	1985	349
3	宣杭铁路	1992	224
4	合九铁路	1996	252
5	金温铁路	1998	251
6	青芦铁路	2001	79.6
7	新长铁路	2002	561
8	宁西铁路	2004	266
9	铜九铁路	2008	171
合计			2 267.61

　　第五阶段:高铁建设阶段(2008 年至今)。2008 年以来,长三角地区除建设阜六、宿淮、庐铜等以货运为主的普通铁路外,其余大部分新建铁路均为高铁。2008 年 4 月全长 166 千米、时速 250 千米的长三角第一条高铁——合宁高铁开通运营,标志着长三角进入高铁时代。2010 年 7 月和 10 月,时速 300 千米以上的沪宁和沪杭客运专线先后通车,苏浙沪形成"铁三角"黄金通道。长三角高铁建设从无到有,截至 2021 年 2 月长三角共建合宁、合武、温福等 27 条高铁线路,高铁营业里程约 6 125 千米(表 8-6),实现了除浙江舟山之外所有地级市全部通达高铁,在占全国 3.7%的土地上建造的高铁线路占全国总量的 16%,高铁密度 170.61 千米/万平方千米,是全国的 4.32 倍。长三角已基本建成以上海为中心 1~3 小时高铁交通圈,1 小时到达杭州、南京并覆盖嘉兴、苏州、无锡和常州

---

① 根据相关城市地方志搜集整理获得。

等城市,2 小时到达宁波、金华、义乌等城市,3 小时到达温州、合肥、徐州、蚌埠、芜湖等城市,形成了全国最密集完善的高铁网。

表 8-6 2008—2020 年长三角高铁建设情况①

序号	高铁线路	开放时间/(年.月)	设计时速/(km·h⁻¹)	线路总长/km	长三角段长度/km	经过城市
1	宁合客运专线	2008.4	250	166	166	合肥、巢湖、滁州、南京
2	合武客运专线	2009.4	225	359	139	合肥、六安
3	温福客运专线	2009.9	200	302	65	温州、宁德、福州
4	甬台温客运专线	2009.9	250	282	282	宁波、台州、温州
5	沪宁客运专线	2010.7	300	301	301	南京、镇江、常州、无锡、苏州、上海
6	沪杭客运专线	2010.10	350	159	159	上海、嘉兴、杭州
7	京沪客运专线	2011.6	300	1318	614	北京、天津、沧州、德州、济南、泰安、枣庄、徐州、宿州、蚌埠、滁州、南京、镇江、常州、无锡、苏州、上海
8	合蚌客运专线	2012.10	350	130	130	合肥、蚌埠
9	杭甬客运专线	2013.7	350	150	150	杭州、绍兴、宁波
10	宁杭客运专线	2013.7	350	256	256	南京、镇江、常州、湖州、杭州
11	杭长客运专线	2014.12	350	927	269	杭州、金华、衢州、上饶、鹰潭、南昌、新余、宜春、萍乡、长沙

① 根据《中长期铁路网规划》(2008 年调整版)、列车极品时刻表、高铁网等网站搜集整理获得。

续表

序号	高铁线路	开放时间/(年.月)	设计时速/(km·h⁻¹)	线路总长/km	长三角段长度/km	经过城市
12	合福客运专线	2015.6	300	850	348	合肥、芜湖、宣城、黄山、上饶、南平、宁德、福州
13	宁安城际铁路	2015.10	250	257	257	南京、马鞍山、芜湖、铜陵、池州、安庆
14	新金丽温铁路	2015.12	200	188	188	金华、丽水、温州
15	郑徐客运专线	2016.9	350	362	81	郑州、开封、兰考、民权、商丘、砀山、永城、萧县、徐州
16	衢九铁路	2017.12	200	334	54	九江、上饶、衢州
17	杭黄高铁	2018.12	200	287	287	杭州、黄山、宣城
18	青盐高铁	2018.12	200	428	230	青岛、日照、连云港、盐城
19	宁启铁路	2019.1	200	365	365	南京、扬州、泰州、南通
20	商合杭高铁商合段	2019.12	310	378	329	商丘、亳州、阜阳、淮南、合肥
21	徐盐高铁	2019.12	250	313	313	徐州、宿迁、淮安、盐城
22	连镇高铁连淮段	2019.12	250	105	105	连云港、淮安
23	商合杭高铁合湖段	2020.6	350	382	382	合肥、巢湖、马鞍山、芜湖、宣城、湖州
24	沪苏通铁路	2020.7	200	137	137	南通、苏州、上海
25	连镇高铁淮丹段	2020.12	250	199	199	淮安、扬州、镇江
26	盐通高铁	2020.12	350	157	157	盐城、南通
27	合安高铁	2020.12	300	162	162	合肥、安庆
28	徐连高铁	2021.2	350	180	180	徐州、连云港

二、长三角高铁网络特征

（一）平均最短时间可达性

平均最短时间可达性指目标城市与其他所有城市平均最短通行时间，借鉴已有研究成果[1][2]，其计算公式为：

$$A_i = \frac{\sum_{j=1}^{n-1} T_{ij}}{n-1} \tag{8-1}$$

式中，A_i 表示区域内城市 i 的平均最短旅行时间可达性；T_{ij} 表示通过铁路网络从城市 i 到城市 j 所需要的最短时间；n 为区域内的全部城市数目。A_i 值越小，城市可达性越好；A_i 值越大，则城市可达性越差。根据 2009 年《石开旅行时刻表》和中国铁路 12306 数据（以 2021 年 1 月 25 日高铁线为准）计算各城市平均时间可达性（下同）。

高铁显著改善了长三角各城市的时间可达性：2009 年长三角各城市平均最短时间可达性为 6.55 小时，2021 年缩短到 2.83 小时，平均时间可达性降低了56.79%。2009 年可达性最高的城市是南京（3.93 小时），其次是合肥（4.34 小时）和芜湖（4.42 小时），可达性最低的城市是温州（11.94 小时），其次是丽水（9.96 小时）和安庆（8.90 小时）；2021 年可达性最优的城市依然是南京（1.46 小时），其次是镇江（1.88 小时）和湖州（1.95 小时），可达性最低的城市还是温州（4.83 小时），其次是丽水（3.97 小时）和连云港（3.90 小时）（图 8-2）。从城市可达性排名变化看，与 2009 年相比，2021 年可达性排名提升最多的城市是淮安（提升 13 个名次），其次是湖州和绍兴（均提升 11 个名次），可达性排名降低最多的城市是马鞍山（降低 14 个名次）。从可达性变化绝对值看，长三角地区各

① 蒋海兵,徐建刚,祁毅.京沪高铁对区域中心城市陆路可达性影响[J].地理学报,2010,65(10):1287-1298.

② 孟德友,陆玉麒.高速铁路对河南沿线城市可达性及经济联系的影响[J].地理科学,2011(5):537-543.

城市平均降低 3.7 小时,其中可达性降低最多的城市是温州(-7.11),其次是丽水、安庆、淮安、黄山、绍兴、盐城、宁波、连云港等城市,从地理位置看,这些城市均为长三角边缘城市;可达性降低最少的城市是马鞍山(-1.86),其次是滁州、芜湖、合肥、南京、宣城等长三角地理中心城市。总体上看,处于可达性绝对优势地位的城市多为长三角地理中心城市,边缘城市可达性绝对值相对较低,但从变化性看,处于边缘地的城市在高铁影响下时间可达性收缩效应较明显,而中心地区城市时间可达性变化相对较小。

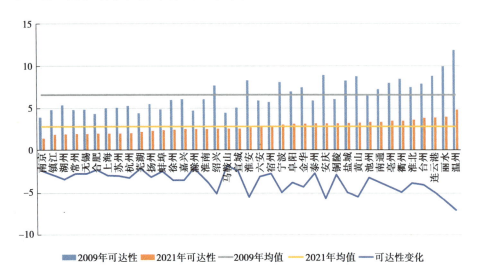

图 8-2　2009—2021 年长三角地区各城市时间可达性变化

(二)高铁客流网络连通性

客流连通性反映了一个城市与其他城市联系的便捷程度。其计算公式为:

$$S_i = \sum_{j=1}^{n-1} (S_{ij} + S_{ji}) \qquad (8-2)$$

式中,S_i 表示城市 i 的连通性,即城市 i 与其他所有城市的每日运行班次;S_{ij} 表示城市 i 到城市 j 的每日运行班次;S_{ji} 表示城市 j 到城市 i 的每日运行班次。S_i 越大,城市在区域铁路网络中的连通性和集聚能力越强。

高铁显著改善了长三角城市网络连通性:2009 年长三角各城市网络连通性

平均值为 644.03 次/天,2021 年增长到 1 369.23 次/天,平均增长 725.2 次/天。2009 年网络连通性最强的城市是南京(2 389 次/天),其次是上海(2 345 次/天)、杭州(1 583 次/天)、常州(1 577 次/天)、无锡(1 518 次/天)和苏州(1 420 次/天)。2021 年网络连通性最强的城市是上海(4 914 次/天),其次是南京(4 519 次/天)、杭州(3 973 次/天)、苏州(3 416 次/天)、无锡(3 201 次/天)和常州(2 927 次/天)(图 8-3),可见 2021 年和 2009 年长三角网络连通性格局显著相关,且网络连通性与城市发展水平更加高度相关。从连通性变化看,与 2009 年相比,2021 年每天频次增加超过 1 000 次的城市有 8 个,即上海、杭州、南京、苏州、无锡、常州、芜湖和温州,每天频次增加低于 200 的城市有 4 个,即滁州、蚌埠、宣城、宿州,其中滁州频次值甚至减少了 85,由此可见,发展水平高的城市连通性改善最大,相反发展水平低的城市连通性改善较小,这有可能会造成优者更优、劣者更劣的局面。

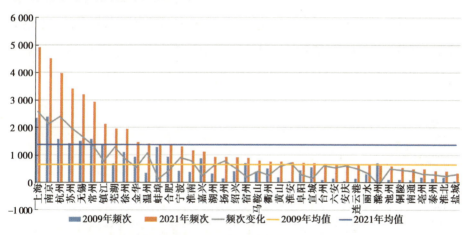

图 8-3　2009—2021 年长三角地区各城市网络联通性变化

(三)高铁经济潜力可达性

经济潜力可达性常指在特定的时间成本约束下,某地区在可达到的距离范围内所覆盖的经济活动总量。借鉴已有研究成果①,其计算公式为:

---

① 陶世杰,李俊峰.高铁网络可达性测度及经济潜力分析:以安徽省为例[J].长江流域资源与环境,2017(9):1323-1331.

$$P_i = \sum_{j=1}^{n} \frac{M_j}{T_{ij}^{\alpha}} \tag{8-3}$$

其中,P_i 表示城市 i 的经济潜力可达性,潜力值越高,经济潜力越大;T_{ij} 表示从城市 i 到城市 j 所花费的最短旅行时间;α 为摩擦系数,一般取 1;M_j 表示城市 j 的综合规模,在可达性计算中一般采用人口或 GDP 作为代理变量,考虑到高铁主要作用对象是人,此处选择城市年末总人口反映各地综合规模。

高铁显著改善了长三角各城市的经济潜力可达性,2009 年长三角城市经济潜力可达性均值为 90.66,2021 年均值增加到 216.88,增加了 126.22,增长了 139.22%。2009 年经济潜力可达性最优的城市是常州(173.02),其次是南京、镇江、无锡、苏州、滁州、嘉兴和上海等城市。2021 年经济潜力可达性最优的城市是无锡(389.89),其次是苏州、常州、镇江、南京、杭州和嘉兴等城市,虽然城市排名有所变化,但从地理空间位置看经济潜力较优的大多是沪宁和沪杭高铁沿线的经济较发达城市。从经济潜力可达性变化看,可达性增加值排在前 5 位的城市有无锡(248.12)、苏州(211.53)、镇江(197.44)、南京(180.56)和常州(172.82),多数是位于沪宁高铁沿线经济发展较好的城市(图 8-4)。

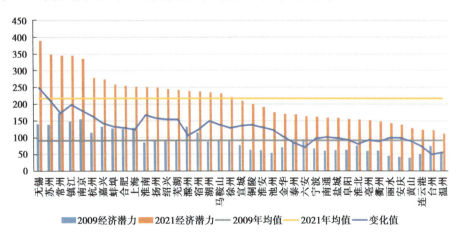

图 8-4　2009—2021 年长三角各城市经济潜力可达性变化

（四）高铁日常可达性

日常可达性指某地区在一天时间内可达到的人口或经济活动规模[①]。通常以3小时作为一日交流圈来表征日常最大可达范围[②]。本书以3小时作为高铁日常可达性的关键时间节点，其公式为：

$$D_i = \sum_{j=1}^{n} p_j \delta_{ij} \tag{8-4}$$

其中，D_i 指城市 i 的日常可达性，p_j 指节点 j 的土地面积，δ_{ij} 为系数，如果城市 i 到 j 的时间少于3小时，$\delta_{ij}=1$，其他时候取0。

高铁显著改善了长三角各城市的日常可达性：2009年长三角高铁日常可达性均值为4.5万平方千米，2021年均值增加到13.74万平方千米，日常可达性均值增长了205.33%。2009年日常可达性最高城市为杭州（9.99万平方千米），其次是嘉兴（8.44万平方千米）、上海（8.32万平方千米）、金华（8.26万平方千米）和南京（7.41万平方千米），日常可达性最低的3座城市是安庆（0.22万平方千米）、黄山（0.49万平方千米）和池州（0.59万平方千米）；2021年日常可达性最高城市为上海（21.52万平方千米），其次是南京（21.24万平方千米）、湖州（19.68万平方千米）、常州（19.28万平方千米）、无锡（19.219万平方千米）、杭州（19.08万平方千米）、嘉兴（18.71万平方千米）和苏州（18.35万平方千米）等城市，日常可达性最低的3座城市是亳州（5.16万平方千米）、阜阳（7.01万平方千米）和淮北（7.56万平方千米）（图8-5）。总体上看，日常可达性最高值由长三角经济相对发达的东南地区向中心地区转移，最低值由长三角经济相对落后的西南地区向西北地区转移。从增加值看，与2009年相比，2021年增加最多的城市是上海（14.40万平方千米）、杭州、嘉兴、温州和宁波等长三角东南地区相对发达的城市。

① Gutiérrez J.Location, economic potential and daily accessibility: an analysis of the accessibility impact of the high-speed line Madrid-Barcelona-French border[J].Journal of transport geography, 2001, 9(4):229-242.

② 张超亚, 张小林, 李红波.快速交通对区域中心城市日常可达性影响：以长三角三角洲地区为例[J].长江流域资源与环境, 2015, 24(2):194-201.

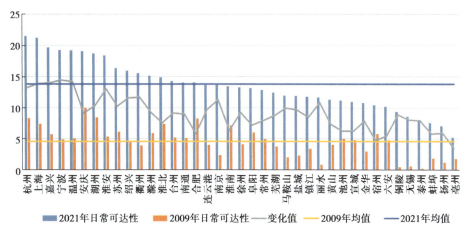

图 8-5 2009—2021 年长三角各城市日常可达性变化

三、高铁影响长三角区域一体化发展的问题

（一）高铁路网发展不平衡、不充分

从数量上看，虽然长三角高铁总量位居全国第一，单位密度较高，但从质量上看，一些高铁干线速度等级还相对较低，如现已开通的 28 条高铁中有 14 条高铁设计时速低于 300 千米/小时，且温福铁路、青盐高铁、沪苏通高铁等都是200 千米/小时。从网络连通性看，截至 2021 年 1 月，除了上海、杭州和南京到长三角其他所有城市均有直达列车外，其他城市均有到长三角部分城市不能直达的问题，其中不能直达最多的城市是盐城（20 个），其次是淮北（15 个）、泰州（14 个）等中小城市，且直达城市间发车的频次差异也较大，大城市和经济发达城市发车频次较高，而小城市和经济欠发达城市每天发车频次较低，由于人流、物流总是向交通便捷地区倾斜，这些高铁连通性较差的小城市的经济发展可能会受到抑制，从而阻碍区域一体化进程。

（二）高铁站人流集聚效应尚未充分发挥

长三角现有高铁选址大多离市中心较远，且高铁新区的功能多被定位为城市新中心区、城市副中心、城市商务区、城市枢纽门户等①，这往往会带来片面追求城市服务功能、高估商务开发规模与需求的问题，但事实上，由于中小城市本身的能级与规模较弱，难以对高铁新区形成有效的辐射和支撑，因此县级城市高铁新区往往呈现人气缺失现象，高铁站人流集聚效应尚未完全发挥。新区人气不足导致基础设施使用率较低，尤其是县级市，规划规模偏大的问题较为严重。

（三）与高铁配套衔接的设施还不完善

高铁虽然缩短了小城镇之间的时空距离，但高铁站本身并非目的地，需要依靠其他市内交通方式前往最终目的地，目前除昆山等发达地区高铁站与大城市高铁衔接基本实现无缝对接，实现了高铁"公交化"运行外，大部分经济相对落后地区的中小城市高铁站点与公交车、出租车场站及小汽车停车场等配套设施建设还相对滞后，配套能力普遍不足②，从而制约了高铁在小城镇优势的发挥。此外，铁路系统内部，统筹高速与普速、新建与既有、枢纽与通道之间的系统协同性还不强，路网配套设施还不完善，影响了高铁在城镇化建设中作用的发挥。

（四）区域外围经济落后地区高铁费用增幅较大

高铁建设虽然显著改善了长三角城市间时间可达性，但费用可达性增幅较大。2009年长三角高铁费用可达性均值为75.49元，2021年费用可达性均值增加到183.68元，增长了108.19元，其中增幅最大的城市是亳州、温州、衢州、丽水、阜阳、淮北等地理位置处于长三角外围边缘且经济相对落后的地区。虽然人们在出行方式上越来越重视时间的节约和效率的提高，费用成本对出行方式的影响有所减弱，但对于收入水平较低的地区或群体而言，旅行费用仍是影响其出行方式选择的重要原因。高票价可能在很大程度上限制高铁的普及使用。

---

①　许闻博,王兴平.高铁站点地区空间开发特征研究：基于京沪高铁沿线案例的实证分析[J].城市规划学刊,2016(1)：72-79.

②　尹维娜,刘晓勇,徐靓,等.长三角县级城市高铁地区发展的价值选择：以张家港高铁生态城规划为例[J].城市规划学刊,2017,000(0z2)：142-148.

第四节　长三角交通一体化相关问题的思考

面对百年未有之大变局,为应对新一轮国际分工格局调整和更好服务国家发展战略,更好支撑引领区域人口经济空间布局调整,更好促进现代化产业体系构建和产业链分工协作,更好探索生态优先和绿色发展新路子,更好把握世界新一轮科技革命和产业变革新趋势,要求加快创新长三角交通运输发展模式和组织运行机制,推进信息技术与交通运输深化融合,提升智能化水平和培育发展新动能,为此,在坚持服务为本和优化升级、改革创新和融合高效、生态优先和绿色发展、统筹协调和有序推进原则的基础上,积极推进长三角区域交通高质量一体化发展,加强政府政策调控和引导,打破各自为政的壁垒,建立常态化的协调机制,实现交通协调化、均衡化和高级化发展,可考虑从体制机制、服务体系、设施网络、智能交通、低碳绿色等几个维度实现交通从"主动脉"到"毛细血管"的全面畅通和无缝对接。

一、进一步完善一体化交通规划管理体制机制

在规划研究层面,依托 2019 年 12 月新成立的长三角交通一体化研究中心,围绕长三角交通高质量一体化发展的全局性、战略性、前瞻性和长期性问题及近期热点、难点问题,进行务实研究,如在目前干线铁路运能紧张、停靠小城镇车站高铁班次较少的情况下,不能一味考虑增加高铁班次,应加强对列车开行方案的研究,在开行停站少、速度快、旅行时间短的"大站车"基础上,研究开行分区段运行的"站站停"列车,优化开行早晚"通勤列车",使中小城镇车站列车和大城市的干线高铁列车相互衔接,为旅客提供更多选择①。在战略管理层

---

① 许若曦,聂磊,付慧伶.面向提升旅客出行效率的高速铁路列车停站方案优化[J].交通运输系统工程与信息,2020(2):174-180.

面,成立推进长三角交通一体化领导小组及办公室,定期会晤商谈亟待解决的交通问题,统筹推进长三角交通一体化工作。在具体运作层面,可分类建设各类协调机构,如在规划方面成立长三角交通规划办公室,共同研究和编制综合交通发展规划和若干重点领域专项规划,形成综合交通规划"一张图",实现规划同步、计划同步;在港口管理方面,可设立长三角港口群管理机构,构建长三角港口群协调机制;在多式联运方面,成立海铁联运综合协同监管机构,构建区域海铁联运企业联盟;在执法方面,设立长三角联合交通执法部门,加强常态化联合执法,弥补"临时性联合执法"的不足。在审批、评估等制度建设层面,可建立车辆、船舶、人员电子证照和"多证合一""多检合一"等审批互认制度改革措施;建立客观、完善的后评估机制,聘请第三方对区域交通规划进行客观评估,确保交通规划较好实施。

二、进一步健全交通服务体系,提高交通服务供给水平

在交通收费服务上,进一步优化高速公路不停车收费(ETC)服务体系,完善移动终端支付配套设施,推动多种电子支付手段兼容互认,健全通行费跨省清分结算机制,探索推进基于北斗卫星导航系统的高速公路自由流收费。在交通监管服务上,统一开放交通运输市场,实现区域交通运输市场监管信息互联互通,如加快推进巡游出租汽车统一调度平台、互联网租赁自行车信息服务平台、公共停车信息平台等项目建设[1],通过交通信息系统一体化建设,实施对跨省市运营网约车的管理;改革交通违法、交通事故处理、加气站、车辆事故理赔、停车系统等属地化管理原则,建立跨区域政府管理信息平台、出行服务信息平台,让驾驶员享受跨区域同一化标准服务;进一步提升港口智能化管理水平,把铁路运输信息管理纳入口岸信息管理系统,即时沟通货运信息,减少运输延误和集装箱滞港,提高联运效率,满足集装箱追踪等需求。在交通服务产业发展

---

[1] 刘华军,彭莹,贾文星,等.价格信息溢出、空间市场一体化与地区经济差距[J].经济科学,2018(3):49-60.

上,积极推动包括停车场系统、加油站以及交通违法、保险理赔处理等服务,为驾驶员跨区域行驶提供便利;结合长三角区域金融、贸易产业集聚优势和要素优势,大力发展包括航运交易与信息、航运金融与保险、海事法律与仲裁、航运研究与咨询、航运教育与培训、海事衍生服务等现代航运服务产业。

三、以轨道交通为骨干构建一体化设施网络

以轨道交通为骨干、公路网络为基础、水运和民航为支撑,以沪宁杭合苏锡常等城市为主要节点构建对外高效联通、对内有机衔接的多层次综合一体化交通网络。在对外通道上,依托沿海、京沪、京港台、陆桥、沿江、沪瑞等国家综合运输通道,优化对外铁路布局,强化公路对外互联互通,高效对接"一带一路"、京津冀地区、长江经济带和粤港澳大湾区;加大对大别山革命老区等贫困地区交通基础设施建设的支持力度,统筹布局开发性铁路、高等级公路等交通基础设施,实现与国际、国内其他经济板块高效联通。在城际交通上,以上海为核心,以南京、杭州、合肥、宁波为中心,加快高铁连接线、城际铁路建设,利用干线铁路富余运力开行城际列车,构建以轨道交通为骨干的城际交通网,实现中心城市间 1~1.5 小时快速联通;优化高速公路网络层次结构,加快省际高速公路建设,实施打通省际高速公路待贯通路段专项行动,推进高速公路拥挤路段扩容改造,对高峰时段拥堵严重的国省道干线公路实施改扩建;充分发挥长江的黄金水道功能,积极推进京杭大运河、江淮运河、芜申运河等高等级航道建设,完善高等级航道网。在通勤交通上,鼓励建设中心城区连接周边城镇的市域(郊)铁路,研究选择合理制式与周边毗邻地区衔接,充分利用既有干线铁路、城际铁路开行市域(郊)列车,有序推进中心城区城市轨道交通建设;提升轨道交通服务重要旅游景区的能力,研究规划水乡旅游线、黄山旅游线等项目。

四、协同共建现代化智能交通系统

以智能化、信息化为手段,加快打造智能交通系统,提升交通运输技术装备

综合保障能力,实现运输服务水平提升和管理组织模式创新。在智能交通设施方面,积极开展车联网和车路协调技术创新试点,筹划建设长三角智慧交通示范项目,稳妥提升车联网市场渗透率,推动公交车、大货车、出租车、网约车等相关运营车辆互联互通;构建长三角智慧公路体系,共同谋划打造连接甬杭沪宁皖的"Z"字形新一代国家交通控制网和智慧公路示范通道,推进杭绍甬、沪宁智慧高速公路建设;构建车路协同环境,在长三角地区部分高速公路和城市主要道路开展车用无线通信网络示范应用;在机场、港口和产业园区等场景下,率先推动自动驾驶技术商业化应用示范,加快自动化或半自动化码头建设和改造。在交通信息互联平台建设方面,整合区域内既有平台和公共资源,依托企业平台,提供全链条、一站式综合交通信息服务;运用人工智能等现代化信息技术手段,深化国家交通运输物流公共信息平台建设,支撑区域一体化智慧物流服务,完善长三角地区电子运单互联标准;完善江海联运数据交换节点和数据交换规范,共建船货交易、船舶拍卖、综合物流等专业平台;进一步加强长江入海口及沿海主要港口航标、潮汐、水文、气象等监测终端布局建设,构建航行保障信息感知体系和公共信息服务平台。建设区域数字化监控平台,推动区域内运输管理全过程无缝衔接和监管数据实时交换,打造道路危险货物运输电子运单报备系统。

五、推动交通运输绿色低碳可持续发展

强化生态保护和污染防治,推动交通运输与生态环境和谐共存,构建长三角可持续发展长效机制。在运输结构方面,以推进大宗货物运输"公转铁、公转水"为主攻方向,强化公路货运车辆超载超限治理,大力推进货车车型标准化,鼓励研发跨运输方式和快速换装转运专用设备,优化铁路运输组织模式,推动大宗货物集疏运向铁路和水路转移,深化运输结构调整。在集约低碳运输方面,加快新能源和清洁能源汽车、船舶推广应用,新增或者替换的城市公共汽车、物流配送车辆全面采用新能源或清洁能源车辆;加强电动汽车充电基础设

施建设,提升充电设施覆盖率;加强码头资源整合,促进规模化、集约化公用港区建设,提升港口岸线效率效能;提高集装箱道路运输专业化程度,鼓励无车承运人发展,推进大宗干线、城市配送、农村物流等规模化、集约化发展,降低车辆空驶率。在交通污染治理和资源利用上,统一三省一市公路货运车辆污染排放认定标准,开展船舶污染物排放区域协调治理,严格落实治理车辆超标排放联合执法;协同开展危险货物运输罐车、超长平板车、超长集装箱半挂车治理工作,做好既有运营车辆车况排查,加快更新淘汰不合规车辆;统筹规划布局运输线路和转换枢纽设施,集约利用土地、线位、桥位、岸线等资源,提高资源利用效率。

第九章

9

生态：
长三角能源环境一体化发展

第一节　长三角环境一体化污染现状及污染源

为什么要关注长三角能源环境一体化发展？因为我们知道,经济发展和环境污染是一体两面,没有不产生环境影响的经济活动。经济是人类进行物质交换的过程,根据物质守恒定律,有多少物质进入经济系统,就意味着有同样数量的物质最终会离开经济系统并进入到环境中去。环境除为经济系统提供资源外,还有一个重要功能就是充当经济系统废弃物的消纳空间。在人类的经济系统相较于整个自然环境系统非常小的时候,经济系统的物质转化过程对自然环境系统产生的影响可以通过环境的自净化过程消除,因此,在工业革命以前很少出现普遍性的环境问题,大多数环境问题只是局部地区的问题,可以通过本地改善来解决。但是,工业革命以后,随着人口规模的增加、工业技术水平的提升,人类的经济系统对自然环境系统产生的影响突破了环境可以自净化的阈值,环境问题逐渐从局部问题演化为区域问题,又进一步成为全球性问题。本章首先从关系到人们呼吸、饮水和饮食安全的大气污染、水污染和土壤污染三个方面来了解长三角一体化环境污染的现状,并深入分析长三角环境一体化污染的污染源,为环境一体化治理提供事实依据。

一、长三角大气一体化污染现状和污染源分析

就长三角大气污染而言,根据污染物的构成和各物质空气动力学性质不同,其在空间的传播能力也不同。常见的空气污染物包括二氧化硫、氮氧化物、细颗粒物($PM_{2.5}$)、可吸入颗粒物(PM_{10})以及臭氧。构成酸雨的主要物质如二氧化硫和氮氧化物属于本地污染物,其扩散能力有限。构成雾霾的主要物质如$PM_{2.5}$和PM_{10}的扩散能力较强,属于区域性污染物。进入 21 世纪,科学研究发现从 1880 年到 2012 年全球平均气温上升了 0.85 ℃,温室气体浓度的增加导致了全球变暖,因此,温室气体成为第一个全球性的环境污染物。下面本书按本

地污染、区域污染到全球污染的顺序来介绍长三角大气污染物的现状和污染源。

（一）长三角 SO_2 污染现状和污染源分析

1.长三角 SO_2 污染现状

SO_2 是最常见的硫氧化物，具有广泛性的特征，是很多地区主要的污染物之一。空气中的 SO_2 与水反应会形成亚硫酸，进而形成酸雨，导致土壤酸化，建筑物变脏、变黑，影响城市景观。人体长期吸入二氧化硫，会引起呼吸系统疾病，如慢性支气管炎、肺气肿等，甚至导致肺癌。SO_2 对社会经济和生态环境造成的损失非常严重，长期以来也被政府部门高度重视。

从大气中的 SO_2 浓度来看（图9-1），在政府的大力治理下，三省一市的 SO_2 污染均有了非常大的改善。2020年，上海、江苏、浙江和安徽的 SO_2 浓度年均值均低于国家一级标准限值（20 $\mu g/m^3$），分别为 6.42 $\mu g/m^3$、7.48 $\mu g/m^3$、5.83 $\mu g/m^3$、8.31 $\mu g/m^3$，相对于2013年分别下降 54.1%、64.3%、54.1% 和 59.7%。此外，可以发现，由于大气环流的影响以及经济的一体化发展，长三角三省一市大气中 SO_2 浓度之间的差距也越来越小。

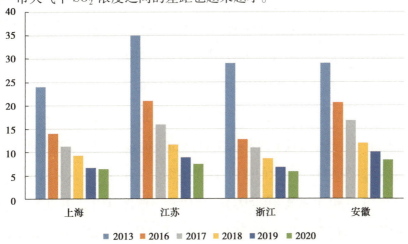

图9-1　2013、2016—2020年长三角三省一市 SO_2 浓度年均值（单位：$\mu g/m^3$）①

---

① 数据来源于2013年各省市环境状况公报以及笔者根据中国环境监测总站数据整理得到。

从 SO_2 排放量来看(图 9-2),三省一市的 SO_2 污染同样有明显的改善。2020 年,上海、江苏、浙江和安徽的 SO_2 排放总量为 0.99 万吨、30.66 万吨、13.73 万吨、19.81 万吨,相对于 2014 年,分别下降 94.7%、66.1%、76.1%、59.8%。由于一个地区的 SO_2 排放量不会直接影响另一个地区,长三角三省一市的 SO_2 排放在总量上的差距较 SO_2 浓度更大。具体来看,江苏省的 SO_2 排放量要远高于其他三个省,上海的 SO_2 排放量远低于其他三个省。

图 9-2　2014—2018 年长三角三省一市 SO_2 排放总量(单位:万吨)①

如表 9-1 所示,具体到地级市来看,长三角 41 个地市的 SO_2 年均浓度均有明显改善。2016 年有 13 个城市超过国家一级标准限值,其余城市均达标。这 13 个城市主要分布在江苏中北部和安徽省,其中铜陵市最严重,其 SO_2 浓度高达 42.11 $\mu g/m^3$,甚至超过了国家二级标准限值(40 $\mu g/m^3$)。上海和浙江 11 市全部达标。2020 年有非常大的改善,41 个地级市全部达标。从排放量上来看,除亳州外,其余 40 个地级市的 SO_2 污染均有明显改善,其中上海市的 SO_2 排放下降幅度高达 94.1%。城市间比较来看,2018 年 SO_2 排放量最高的是江苏省的

---

① 数据来源于《上海统计年鉴》(2019)、《江苏统计年鉴》(2019)、《浙江自然资源与环境统计年鉴》(2019)、《安徽统计年鉴》(2015、2020)。

苏州市和无锡市,分别为 6.17 万吨和 4.02 万吨,远远高于其余城市。

表 9-1　长三角 41 市 SO$_2$ 浓度与排放总量状况①

地区	SO$_2$ 年均浓度/(μg·m^{-3})			SO$_2$ 排放总量/万吨		
	2016 年	2020 年	降幅/%	2014 年	2018 年	降幅/%
上海	13.98	6.42	54.1	15.54	0.91	94.1
南京	17.93	7.00	61.0	10.39	1.24	88.1
无锡	17.31	6.75	61.0	7.88	4.02	49.0
徐州	35.35	10.17	71.2	11.11	1.82	83.6
常州	20.77	9.00	56.7	3.53	2.29	35.2
苏州	16.20	5.58	65.5	16.84	6.17	63.4
南通	24.66	8.67	64.9	6.18	0.83	86.6
连云港	23.60	10.17	56.9	4.76	0.95	80.0
淮安	18.09	7.00	61.3	4.31	1.12	73.9
盐城	15.99	4.50	71.9	4.55	1.14	74.9
扬州	22.63	7.83	65.4	4.44	1.56	64.9
镇江	23.74	7.75	67.4	5.46	0.71	87.0
泰州	17.90	6.58	63.2	5.42	1.06	80.5
宿迁	18.56	6.25	66.3	2.14	0.85	60.4
杭州	10.98	5.58	49.1	8.03	1.72	78.6
宁波	12.41	8.00	35.6	11.81	1.61	86.4
温州	12.87	6.50	49.5	3.41	0.70	79.4
嘉兴	13.97	6.67	52.3	7.71	1.86	75.9
湖州	19.66	5.67	71.2	3.65	1.88	48.6
绍兴	14.69	5.33	63.7	6.49	1.11	82.9
金华	14.61	6.17	57.8	3.50	1.19	66.1
衢州	15.06	6.00	60.2	4.81	1.23	74.4
舟山	8.48	4.83	43.0	1.15	0.14	87.9

① 数据来源于《上海统计年鉴》《江苏统计年鉴》《安徽统计年鉴》《浙江自然资源与环境统计年鉴》(2015、2019),笔者根据中国环境监测总站数据整理得到。

续表

地区	SO$_2$ 年均浓度/（μg·m^{-3}）			SO$_2$ 排放总量/万吨		
	2016 年	2020 年	降幅/%	2014 年	2018 年	降幅/%
台州	8.42	4.17	50.5	2.81	0.80	71.5
丽水	8.60	5.25	39.0	2.62	0.69	73.7
合肥	14.30	6.75	52.8	4.24	0.88	79.3
芜湖	20.03	8.92	55.5	3.87	1.31	66.1
蚌埠	20.93	13.00	37.9	1.64	0.27	83.5
淮南	17.08	9.83	42.4	5.95	2.50	57.9
马鞍山	18.74	10.33	44.9	5.88	1.56	73.5
淮北	23.89	7.67	67.9	4.46	1.12	74.9
铜陵	42.11	12.67	69.9	3.14	0.83	73.5
安庆	19.79	7.58	61.7	1.60	0.58	63.9
黄山	15.21	6.00	60.6	0.30	0.28	5.7
滁州	17.70	7.58	57.2	2.05	0.67	67.6
阜阳	19.30	6.58	65.9	5.07	1.85	63.5
宿州	22.69	7.42	67.3	2.65	0.69	74.0
六安	12.90	5.67	56.1	1.43	0.23	83.9
亳州	26.92	7.00	74.0	1.22	1.38	-12.8
池州	18.21	8.50	53.3	1.99	0.82	58.6
宣城	20.32	7.42	63.5	1.94	0.95	50.7

2.长三角 SO$_2$ 污染源分析

SO$_2$ 排放除生物残体腐解、火山喷发等自然释放外，主要来自人为污染。人为污染可分为工业排放、生活及其他排放。具体来说，工业排放主要来自以煤炭燃烧为主的火力发电行业和铜、铅、锌等含硫化物的有色金属矿物冶炼，垃圾焚烧、硫酸生产的过程中也会产生 SO$_2$。生活中的 SO$_2$ 排放主要来自烹饪、取暖过程中的煤炭燃烧。

由表 9-2 可知,长三角三省一市的 SO_2 排放主要来自工业排放。工业排放占比均在 80% 以上。2018 年上海、江苏、浙江和安徽的工业 SO_2 排放占比分别为 91.9%、86.1%、94.2% 和 80.4%。这主要是由于长三角甚至全国都是以煤炭为主要的能源消费结构。但随着工业节能和脱硫技术的改进,江苏、浙江和安徽三省的工业排放占比有所下降,生活及其他排放 2018 年占比相较 2014 年有所上升。这也提醒相关部门,生活中的 SO_2 排放也应当引起重视。

表 9-2　长三角三省一市 SO_2 排放分类及占比①

排放量单位:万吨;占比单位:%

	2014 年				2018 年			
	工业		生活及其他		工业		生活及其他	
	排放量	占比	排放量	占比	排放量	占比	排放量	占比
上海	15.54	82.6	3.27	17.4	0.91	91.9	0.08	8.1
江苏	87.02	96.2	3.45	3.8	26.41	86.1	4.25	13.9
浙江	56.01	97.6	1.39	2.4	12.92	94.2	0.81	5.8
安徽	44.06	89.4	5.23	10.6	15.92	80.4	3.89	19.6

　　20 世纪初,伦敦居民大多采用煤作为家用燃料,容易产生大量烟雾。1952 年 12 月 5 日至 9 日,受反气旋影响,大量工厂生产和居民燃煤取暖排出的废气难以扩散,积聚在伦敦上空。这场被评为 20 世纪十大环境公害事件之一的"伦敦烟雾事件"造成了至少 4 000 人死亡。这场烟雾中最可怕的污染物是二氧化硫。此后,伦敦政府和民众经过数十年的共同努力治理才使伦敦彻底摆脱"雾都"的称号。

---

① 数据来源于《上海统计年鉴》(2019)、《江苏统计年鉴》(2019)、《浙江自然资源与环境统计年鉴》(2019)、《安徽统计年鉴》(2015、2020)。

(二)长三角氮氧化物污染现状和污染源分析

1.长三角氮氧化物污染现状分析

氮氧化物(NO_x)种类很多,常见的包括 N_2O、NO、NO_2 等。NO_x 对人体呼吸系统有较大的危害。

从大气中的 NO_2 浓度来看,2016—2020 年长三角三省一市的 NO_2 浓度有所波动,但除安徽省外,NO_2 浓度相对 2013 年均有明显改善。由图 9-3 可知,2020 年上海、江苏、浙江和安徽的 NO_2 年均浓度分别为 37.08 $\mu g/m^3$、29.90 $\mu g/m^3$、28.52 $\mu g/m^3$、28.69 $\mu g/m^3$,均低于国家环境空气质量一级标准限值(40 $\mu g/m^3$)。此外,与 $PM_{2.5}$、PM_{10} 和 SO_2 污染不同,三省一市中 NO_2 污染最严重的是上海市。

图 9-3　2013、2016—2020 长三角三省一市 NO_2 年均浓度(单位:$\mu g/m^3$)①

2.长三角氮氧化物污染源分析

氮氧化物排放来源主要有三个:工业排放、城镇生活排放和机动车排放。工业排放一直是一个较为重要的排放来源。由表 9-3 可知,2016 年上海、江苏、浙江和安徽的工业氮氧化物排放占比分别为 47.3%、66.9%、61.1% 和 56.4%。

---

① 数据来源于 2013 年各省市环境状况公报以及笔者根据中国环境监测总站数据整理得到。

除此之外，随着人们生活水平的提高，机动车保有量不断增加，机动车氮氧化物排放也越来越严重。尤其是在交通拥堵时，燃料的不充分燃烧会加剧氮氧化物的排放。2016 年，上海、江苏和安徽机动车氮氧化物排放占比分别为 49.9%、32.4% 和 41.8%，其中上海市的机动车氮氧化物排放甚至超过了工业排放。

表 9-3　2016 年长三角三省一市氮氧化物排放分类及占比①

	总量 /万吨	工业		城镇生活		机动车	
		排放量 /万吨	占比 /%	排放量 /万吨	占比 /%	排放量 /万吨	占比 /%
上海	16.63	7.87	47.3	0.43	2.6	8.3	49.9
江苏	93.03	62.19	66.9	0.7	0.8	30.11	32.4
浙江	38.04	23.25	61.1	0.25	0.7	—	—
安徽	50.76	28.64	56.4	0.88	1.7	21.23	41.8

　　相对于二氧化硫来说，普通居民对氮氧化物的认识和政府的重视都相对较晚。中央政府早在"十五"计划（2001—2005 年）中就强调要减少各种污染物的排放，例如二氧化硫。在接下来的"十一五"计划（2006—2010 年）中，针对二氧化硫和化学需氧量提出了强制性目标，但直到"十二五"计划（2011—2015 年）才开始明确规定氮氧化物减排目标。

（三）长三角臭氧污染现状和污染源分析

1. 长三角臭氧污染现状

臭氧（O_3）主要分布在大气平流层和对流层。平流层中的 O_3 可以吸收紫外线，防止人类和其他生物受紫外辐射的伤害。对流层中的 O_3 则有巨大的危害，是一种严重的污染物。对流层 O_3 不仅是光化学烟雾的组成部分之一，对人的

① 数据来源于 2016 年上海市大气环境保护情况统计数据、2016 安徽环境统计公报、《江苏统计年鉴》（2017）、《浙江自然资源与环境统计年鉴》（2017）。

呼吸系统、肺组织以及眼睛都有严重的危害。O_3 的评价指标主要采用最大 8 小时滑动平均值(以下简称 O_3-8 h),年评价指标采用 O_3 日最大 8 小时滑动平均值的第 90 百分位数(以下简称 O_3-8 h-90)。近年来,全国地级以上城市环境空气 $PM_{2.5}$ 年均浓度持续下降,但臭氧浓度却逐年上升。生态环境部统计数据显示,2019 年全国 337 个城市臭氧平均浓度为 148 微克/立方米,全国以臭氧为首要污染物的超标天数占总超标天数的 41.8%。长三角地区也不例外。由图 9-4 可知,2020 年三省一市的 O_3 平均浓度相较于 2016 年有明显的上升。上海、江苏、浙江和安徽的 O_3 年均浓度分别由 2016 年的 108.79 $\mu g/m^3$、106.57 $\mu g/m^3$、96.25 $\mu g/m^3$、94.59 $\mu g/m^3$ 上升至 2020 年的 152.00 $\mu g/m^3$、163.23 $\mu g/m^3$、145.14 $\mu g/m^3$、152.00 $\mu g/m^3$。

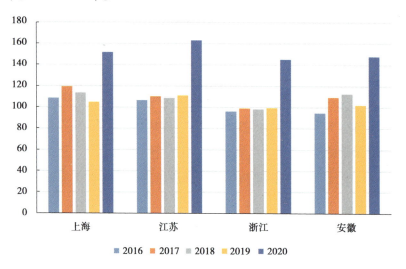

图 9-4　2016—2020 年长三角三省一市日 O_3-8 h-90(单位:$\mu g/m^3$)①

具体到地级市,由表 9-4 可知,41 个城市的 O_3-8 h-90 全部超过了环境空气质量国家一级标准最高限值(100 $\mu g/m^3$),有 13 个城市的 O_3 浓度超过了国家二级标准最高限值(160 $\mu g/m^3$),其中最高的是扬州(176 $\mu g/m^3$)。上述 13 个城市中有 3 个属于安徽省,其余属于江苏省。

① 笔者根据中国环境监测总站数据整理得到。

表 9-4 2020 年长三角 41 市日最大 8 小时 O_3 浓度年均值①

单位：$\mu g/m^3$

城市	O_3-8 h-90	评价（环境空气质量二级限值 160 $\mu g/m^3$）	城市	O_3-8 h-90	评价（环境空气质量二级限值 160 $\mu g/m^3$）
上海	152	达标	衢州	140	达标
南京	167	超标	舟山	136	达标
无锡	171	超标	台州	139	达标
徐州	161	超标	丽水	124	达标
常州	169	超标	合肥	144	达标
苏州	163	超标	芜湖	140	达标
南通	147	达标	蚌埠	149	达标
连云港	163	超标	淮南	160	达标
淮安	154	达标	马鞍山	148	达标
盐城	156	达标	淮北	168	超标
扬州	176	超标	铜陵	124	达标
镇江	164	超标	安庆	147	达标
泰州	163	超标	黄山	130	达标
宿迁	170	超标	滁州	152	达标
杭州	151	达标	阜阳	151	达标
宁波	147	达标	宿州	162	超标
温州	141	达标	六安	154	达标
嘉兴	160	达标	亳州	166	超标
湖州	160	达标	池州	140	达标
绍兴	148	达标	宣城	136	达标
金华	154	达标			

---

① 笔者根据中国环境监测总站数据整理得到。

2.长三角臭氧污染源分析

除土壤蒸发、闪电等自然源外,造成臭氧污染的主要原因是人为源。臭氧是典型的二次污染物,其前体物主要是氮氧化物和挥发性有机污染物,因此,燃煤、机动车尾气、石油化工行业等排放出的氮氧化物是臭氧的主要来源之一。同时,喷漆、餐饮油烟、工业涂装等释放出的挥发性有机污染物也是造成臭氧污染的元凶之一。长三角地区城镇化程度较高,交通也非常发达,近年来各省市的机动车保有量也逐年上升,机动车尾气已经成为长三角地区不可忽略的污染源之一。此外,近年来政府在大力治理 $PM_{2.5}$ 污染,且取得了非常大的成功。当大气中 $PM_{2.5}$ 浓度显著下降时,会导致光辐射增强、臭氧消耗减少,也会加剧臭氧污染。

> $PM_{2.5}$ 污染一般呈现"冬季最高、夏季最低、春秋居中"的季节变化规律。而 O_3 则相反, O_3 污染夏季较为严重,春秋季次之,冬季污染最轻。虽然冬季因供暖等原因有更严重的人为源排放,但太阳辐射较弱,不易发生光化学反应,故而二次形成的 O_3 污染较少。近年来我国由单一污染向复合污染转变,许多地区的空气污染以 O_3 与 $PM_{2.5}$ 的复合污染为主,但人们对 O_3 污染的认识和重视程度还远远不够。

(四)细颗粒物($PM_{2.5}$)与可吸入颗粒物(PM_{10})

1.长三角 $PM_{2.5}$ 与 PM_{10} 污染现状

细颗粒物又称 $PM_{2.5}$,是指环境空气中空气动力学当量直径小于等于2.5微米的颗粒物。可吸入颗粒物又称 PM_{10} ,是指粒径在10微米以下的颗粒物。 $PM_{2.5}$ 和 PM_{10} 均能在空气中悬浮较长时间,对空气质量和能见度有重要影响。与 PM_{10} 相比, $PM_{2.5}$ 粒径小,面积大,活性强,易附带重金属、微生物等有毒有害物质。人体吸入过多的 $PM_{2.5}$ 和 PM_{10} 均会造成呼吸道感染,损伤肺部组织。此外, $PM_{2.5}$ 和 PM_{10} 也会降低能见度,从而导致交通事故率上升,航班延误,给人们的正常生活以及身体健康造成极大的危害。

　　2013 年以来,我国频繁地爆发雾霾污染事件。雾霾的组成成分较为复杂,$PM_{2.5}$ 便是罪魁祸首之一。与京津冀和珠三角一样,工业发达和城镇化程度较高的长三角也是 $PM_{2.5}$ 污染重灾区。2013 年 11 月初,长三角地区的空气质量开始下滑,加上秋冬季节不利的气象条件,上海、南京等地的 $PM_{2.5}$ 浓度迅速飙升,超过了国家规定标准的十倍左右,给人们的正常生活带来了极大的不便。

　　雾霾污染的持续袭击也引起了政府的重视,随着治霾力度的提升,长三角地区的雾霾治理也取得了明显成效。2016—2020 年,江浙沪三地的 $PM_{2.5}$ 浓度持续下降,相对于 2013 年有非常明显的改善。安徽省在 2017 年之后也呈现明显的下降趋势(图 9-5)。同样地,江浙沪三地的 PM_{10} 浓度也持续下降,安徽在 2017 年之后呈现明显下降趋势(图 9-6)。从省份间的比较来看,以 2020 年为例,浙江的 $PM_{2.5}$ 平均浓度要远低于其他三省市,而安徽和江苏的 $PM_{2.5}$ 污染较为严重,分别为 39 $\mu g/m^3$ 和 37 $\mu g/m^3$,超过了国家环境空气质量一级标准限值(35 $\mu g/m^3$)。PM_{10} 的分布与 $PM_{2.5}$ 类似,安徽(62 $\mu g/m^3$)和江苏(60 $\mu g/m^3$)要高于上海(42 $\mu g/m^3$)和浙江(46 $\mu g/m^3$),均超过了环境空气质量一级标准限值(35 $\mu g/m^3$)。

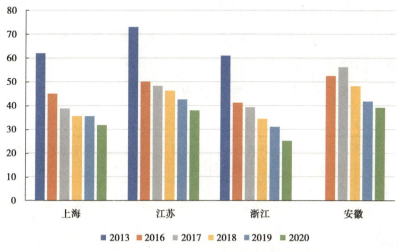

图 9-5　2013、2016—2020 年长三角三省一市 $PM_{2.5}$ 浓度年均值(单位:$\mu g/m^3$)①

---

① 数据来源于 2013 年各省市环境状况公报以及笔者根据中国环境监测总站数据整理得到。

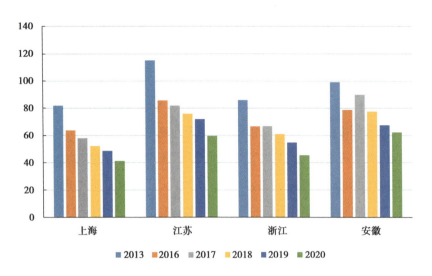

图 9-6　2013、2016—2020 年长三角三省一市 PM_{10} 浓度年均值(单位 : $\mu g/m^3$) ①

　　具体到 41 个城市(表 9-5) , 上海和浙江 11 个地级市的 $PM_{2.5}$ 均低于国家环境空气质量一级标准限值。江苏 13 个地级市中有 8 个城市 $PM_{2.5}$ 超标 , 安徽 16 个地级市仅安庆、黄山、池州和宣城达标 , 其余 12 个城市全部超标。相对于 $PM_{2.5}$, PM_{10} 的整体状况较为乐观 , 超标率相对较低。具体来看 , 除徐州外 , 上海、江苏和浙江其余城市均达到了国家环境空气质量一级标准 , 而安徽省有 6 个城市超过了一级标准限值。

表 9-5　2020 年长三角 41 市 $PM_{2.5}$ 与 PM_{10} 状况②

单位 : $\mu g/m^3$

城市	$PM_{2.5}$ 年均浓度	评价(环境空气质量 一级限值 : 35)	PM_{10} 年均浓度	评价(环境空气质量 一级限值 : 70)
上海	32	达标	41	达标
南京	31	达标	56	达标
无锡	33	达标	57	达标

---

① 数据来源于 2013 年各省市环境状况公报以及笔者根据中国环境监测总站数据整理得到。

② 根据中国环境监测总站整理得到。

续表

城市	PM$_{2.5}$年均浓度	评价（环境空气质量一级限值:35）	PM$_{10}$年均浓度	评价（环境空气质量一级限值:70）
徐州	50	超标	86	超标
常州	40	超标	63	达标
苏州	33	达标	48	达标
南通	35	达标	47	达标
连云港	37	超标	56	达标
淮安	42	超标	63	达标
盐城	33	达标	54	达标
扬州	37	超标	63	达标
镇江	39	超标	58	达标
泰州	37	超标	56	达标
宿迁	46	超标	69	达标
杭州	30	达标	55	达标
宁波	23	达标	39	达标
温州	25	达标	51	达标
嘉兴	28	达标	46	达标
湖州	26	达标	54	达标
绍兴	29	达标	49	达标
金华	28	达标	49	达标
衢州	26	达标	42	达标
舟山	17	达标	31	达标
台州	24	达标	45	达标
丽水	21	达标	40	达标
合肥	36	超标	58	达标
芜湖	35	超标	50	达标

续表

城市	PM$_{2.5}$年均浓度	评价(环境空气质量一级限值:35)	PM$_{10}$年均浓度	评价(环境空气质量一级限值:70)
蚌埠	44	超标	75	超标
淮南	48	超标	78	超标
马鞍山	36	超标	58	达标
淮北	49	超标	82	超标
铜陵	35	超标	64	达标
安庆	35	达标	48	达标
黄山	20	达标	34	达标
滁州	38	超标	60	达标
阜阳	50	超标	78	超标
宿州	46	超标	77	超标
六安	37	超标	62	达标
亳州	47	超标	79	超标
池州	34	达标	51	达标
宣城	33	达标	43	达标

总体来说,PM$_{2.5}$污染程度要高于PM$_{10}$,因此政府要更加关注对PM$_{2.5}$的污染治理。江苏和安徽是长三角的污染重灾区,当地政府要采取更加严厉的环保措施。但这并不意味着上海和浙江可以独善其身。一方面,由于大气污染物会通过大气环流扩散和传输到其他地区[1],因此一个地区的PM$_{2.5}$和PM$_{10}$会扩散到周边地区。另一方面,受区域经济连片发展、污染产业转移、产业集聚等因素的影响,雾霾污染在长三角地区也表现出一定的空间相关特征[2]。

---

[1] 韩博威,马晓燕.2014—2018年冬季长三角强霾事件及天气形势影响分析[J].环境科学学报,2020,40(7):2333-2345.

[2] 李欣,曹建华,孙星.空间视角下城市化对雾霾污染的影响分析:以长三角区域为例[J].环境经济研究,2017,2(2):81-92.

2.长三角 $PM_{2.5}$ 与 PM_{10} 污染源分析

$PM_{2.5}$ 和 PM_{10} 成分多样，来源复杂，主要来源可分为自然源和人为源两种。自然源包括土壤扬尘、海盐、植物花粉等。火山喷发、森林大火、沙尘暴等也会将大量细颗粒物输送到大气层中。这些也属于自然源。人为源包括直接排放来源，还包括二氧化硫、道路扬尘、建筑扬尘以及厨房油烟气等间接转化成的 $PM_{2.5}$ 和 PM_{10}。总体来看，长三角地区的 $PM_{2.5}$ 和 PM_{10} 的人为污染源可以分为以下四个方面：一是工业污染排放。工业二氧化硫、工业扬尘、工业氮氧化物排放等都是 $PM_{2.5}$ 和 PM_{10} 的污染源。二是农业秸秆燃烧。三是机动车排放。机动车尾气中的 CO、NO_x、SO_2 等污染物既可以形成一次 $PM_{2.5}$ 排放，又是 $PM_{2.5}$ 和 PM_{10} 的二次形成的重要来源[1]。四是生活排放，家庭烹饪所产生的油烟和燃煤粉尘也会产生大量的 $PM_{2.5}$ 和 PM_{10}。长三角地区自然源相对较少，人为源中的工业污染排放和机动车排放占比较大。近年来，由于工业技术改进以及产业结构的转型升级，工业污染排放比重有所下降，但机动车排放占比有所上升。

> 2013 年 12 月 2 日至 12 月 14 日爆发了重度雾霾污染事件，是中国 2013 年入冬后最大范围的雾霾污染，几乎涉及中东部所有地区。京津冀与长三角地区雾霾连成片，南京、杭州和上海等多个城市的 $PM_{2.5}$ 最大小时浓度超过 $600 \ \mu g/m^3$，其中上海在 12 月 6 日污染达到 $600 \ \mu g/m^3$ 以上，局部至 $700 \ \mu g/m^3$ 以上。此次雾霾污染事件影响范围广、污染程度高、持续时间长，给社会经济以及人们的正常生活造成了极大的损失。

(五)长三角温室气体污染现状及污染源分析

1.长三角温室气体污染现状

温室气体主要包括二氧化碳（CO_2）、甲烷（CH_4）、氧化亚氮（N_2O）、氢氟碳

---

① 邵帅,李欣,曹建华,等.中国雾霾污染治理的经济政策选择：基于空间溢出效应的视角[J].经济研究,2016,51(9):73-88.

化物(HFCs)、全氟碳化物(PFCs)、六氟化硫(SF$_6$)等。大气中正常浓度的温室气体可以通过温室效应使地球维持在一个人类适宜生存的温度。但自工业革命以来,大量化石燃料的燃烧使大气中的温室气体浓度不断攀升,导致气候变暖和海平面上升,给全球气候问题带来了严峻的挑战。

作为碳排放大国,长期以来中国积极参与和引领全球气候治理,是《巴黎协定》的重要成员之一,并将温室气体减排任务纳入国家五年规划和2035年远景目标。2020年9月22日,习近平总书记在第七十五届联合国大会一般性辩论上的讲话中承诺中国政府会力争于2030年前达到二氧化碳排放峰值,并努力争取在2060年前实现"碳中和"。

长三角区域作为中国经济发展水平最高的区域之一,其CO$_2$排放量一直处于全国前列,CO$_2$排放占全国总排放的五分之一左右[①]。近年来,长三角各省市的碳排放量处于平台期,2013—2017年的变化不大。具体来看,2017年上海、江苏、浙江和安徽的碳排放量分别为1.9亿吨、7.36亿吨、3.82亿吨和3.71亿吨,分别占全国总碳排放的1.9%、7.4%、3.9%和3.8%。比较来看,江苏省的碳排放量要远远高于长三角其他省份。但从排放强度来看(图9-8),长三角碳排放强度最高的是安徽省,最低的是上海市。整体来看,2013—2017年三省一市的碳排放强度均有明显的下降,其中下降幅度最大的是上海市,高达31.3%。江苏、浙江和安徽分别下降26.7%、28.1%和25.0%。

2.长三角温室气体污染源分析

温室气体排放主要来自化石燃料的燃烧。从能源品种来看,长三角地区仍然以煤炭燃烧为主。中国碳排放核算数据库的数据显示,2017年上海、江苏、浙江和安徽的原煤燃烧所导致的碳排放占各省份总碳排放的32%、53%、61%和61%。除煤炭外,碳排放量较高的是汽油、煤油和燃料油等油品的燃烧。

---

① 曹丽斌,李明煜,张立,等.长三角城市群CO$_2$排放达峰影响研究[J].环境工程,2020,38(11):33-38.

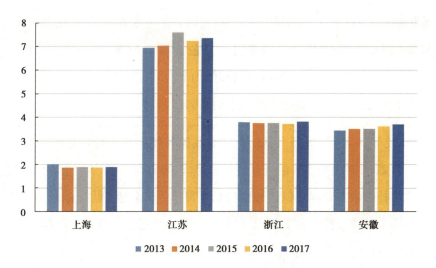

图 9-7　2013—2017 长三角三省一市碳排放量（单位：亿吨）①

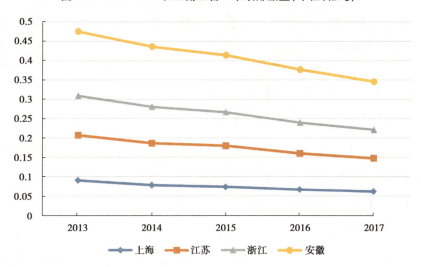

图 9-8　2013—2017 长三角三省一市碳排放强度（单位：千克/万元）②

　　分部门来看，三省一市排放最高的部门均为电力生产供应部门。2017年该部门碳排放量分别占各省份碳排放总量的 31.8%、55.9%、62.3% 和 53.7%。此外，由于各产业发达程度的不同，三省一市碳排放排名第二的产业部门有所不同。

---

① 数据来源于中国碳核算数据库。
② 碳排放数据来自中国碳核算数据库、GDP 数据来自中经网统计数据库。

上海市碳排放量排名第二的部门为运输、仓储和邮电服务部门,占比 26.8%。江苏和安徽碳排放量排名第二的部门为黑色金属冶炼部门,分别占 20.7% 和 13.1%。浙江省碳排放量排名第二的部门为非金属矿产部门,占比 10.2%。非金属矿产部门在江苏省和安徽省的碳排量占比也比较高,排名第三。

> 《巴黎协定》是 2015 年 12 月 12 日在巴黎气候变化大会上通过、2016 年 4 月 22 日在纽约签署的气候变化协定,该协定为 2020 年后全球应对气候变化行动做出安排。《巴黎协定》长期目标是将全球平均气温较前工业化时期上升幅度控制在 2 摄氏度以内,并努力将温度上升幅度限制在 1.5 摄氏度以内。
>
> "碳中和"是指企业、团体或个人测算在一定时间内直接或间接产生的温室气体排放总量,通过植树造林、节能减排等形式,以抵消自身产生的二氧化碳排放量,实现"零排放"。

(六)大气一体化污染总结

总体来看,自 2013 年雾霾爆发以来,长三角地区开始大力治理空气污染问题,并逐步完善联防联控机制。三省一市的 SO_2、NO_2、$PM_{2.5}$ 和 PM_{10} 污染问题均有很大程度的改善,但对 O_3 的污染治理却有所欠缺。夏季的臭氧污染、秋冬季的 $PM_{2.5}$ 污染是长三角地区大气污染防治的重点和难点。具体污染源方面,工业排放一直是大气污染物的主要来源,长三角政府对工业污染的治理也取得了明显成效。但近年来,生活污染排放和机动车排放越来越严重,这两个方面的减排工作还存在巨大的潜力。

长三角地区的大气污染治理工作仍然任重道远。作为大气污染治理走在国内前列的城市群,气候变化、《巴黎协定》中的温室气体减排责任也对长三角的污染治理提出了新的挑战。在未来,政府需要明确经济、能源、污染与气候之间的相互作用。加快能源结构转型、发展清洁能源技术,促进能源一体化利用是长三角要取得污染防治工作进一步突破的必然选择。

二、水一体化污染现状和污染源分析

长三角地区水系发达，自然条件优越，长期以来都是我国最富饶的区域之一。改革开放之后更是凭借良好的区位优势和经济基础，工业化、城市化进程不断加快。但经济的飞速发展也使长三角地区的水环境不断恶化，区域内的江河湖泊水网均受到不同程度的污染。这在一定程度上也制约了长三角地区的可持续发展。此外，长三角地区的水污染存在典型的一体化特征。相互连通使得污染物在水系中流动、转移，导致跨行政区的污染，跨行政区河流断面上的水污染也最为严重①。下面本书将对长三角三省一市的水污染现状及污染源进行具体分析，从而为长三角的水污染治理提供相应的事实依据。

（一）长三角水污染现状

从地表水断面监测情况来看（表 9-6），2019 年江苏、浙江和安徽的断面水质以Ⅰ—Ⅲ类为主，分别占 84.3%、91.4 和 72.8%。上海的水质情况相对较差，Ⅰ类为 0，Ⅱ—Ⅲ类比重占 48.3%。此外，上海和安徽还存在水质为劣Ⅴ类的断面，分别占 1.1% 和 1.9%。

表 9-6　2019 年长三角三省一市地表水断面监测情况②

	断面数量/个	Ⅰ类/%	Ⅱ类/%	Ⅲ类/%	Ⅳ类/%	Ⅴ类/%	劣Ⅴ类/%
上海	259	0	48.3		47.5	3.1	1.1
江苏	104	84.3			15.7		0
浙江	221	9.5	45.2	36.7	7.7	0.9	0
安徽	320	4.7	40.9	27.2	20.9	4.4	1.9

表 9-7 汇总了三省一市主要江河水系的断面监测情况。可以看出，整体情况较好的是浙江省。除鳌江和苕溪外，浙江省其余江河水质均达到Ⅰ—Ⅲ类。

---

① 林兰.长三角地区水污染现状评价及治理思路[J].环境保护,2016,44(17):41-45.
② 数据来源于 2019 各省市生态环境状况公报。

上海市的苏州河污染情况较为严重,水质监测均为第Ⅳ类。此外,长江口和长江干流(江苏段)水质均在Ⅲ类及以上,但安徽界内的长江流域部分水质处于第Ⅳ类。相对于长江流域来说,淮河流域的水污染形势较为严峻。淮河流域江苏段和安徽段分别有29.2%和45.7%未达到Ⅲ类水质标准。

表 9-7　2019 年长三角三省一市主要江河水系断面监测情况①

单位:%

		Ⅰ类	Ⅱ类	Ⅲ类	Ⅳ类	Ⅴ类	劣Ⅴ类
上海	黄浦江	16.7	83.3	0	0	0	0
	苏州河	0	0	0	100	0	0
	长江口	0	42.9	57.1	0	0	0
江苏	入太湖河流	0	0	100	0	0	0
	淮河流域	0	0	70.8	24.0	2.6	2.6
	长江干流	0	100	0	0	0	0
	入江支流	0	0	91.1	8.9	0	0
浙江	钱塘江	10.6	55.3	34.0	0	0	0
	曹娥江	10.0	80.0	10.0	0	0	0
	甬江	7.1	21.4	71.4	0	0	0
	椒江	9.1	36.4	54.5	0	0	0
	瓯江	13.8	72.4	13.8	0	0	0
	飞云江	20.0	60.0	20.0	0	0	0
	鳌江	0	25.0	75.0	14.3	0	0
	苕溪	6.3	68.8	25.0	25	0	0
安徽	长江流域	90.5			7.1		2.4
	淮河流域	55.3			45.7		0
	新安江流域	100			0		0
	巢湖流域	75.8			12.1		12.1

---

① 数据来源于 2019 上海市、江苏省和安徽省生态环境状况公报;《浙江自然资源与环境统计年鉴》(2020)。

　　此外,属于中国五大淡水湖的太湖和鄱阳湖一直是长三角地区水污染治理的重点和难点。如表9-8所示,2019年太湖湖体总体水质处于Ⅳ类;湖体高锰酸盐指数和氨氮平均浓度分别为3.9 mg/L和0.12 mg/L,分别处于Ⅱ类和Ⅰ类;总磷平均浓度为0.079 mg/L,总氮平均浓度为1.31 mg/L,均处于Ⅳ类;综合营养状态指数为56.5,处于轻度富营养状态。与2018年相比,湖体高锰酸盐指数、氨氮浓度稳定在Ⅱ类,总氮、总磷浓度分别下降5.1%和9.2%,而综合营养状态指数则上升0.5。《2019安徽省生态环境状况公报》显示,2019年巢湖全湖平均水质为Ⅳ类、轻度污染、呈轻度富营养状态,主要污染指标为总磷。其中,东半湖水质为Ⅳ类、轻度污染、呈轻度富营养状态;西半湖水质为Ⅴ类、中度污染、呈轻度富营养状态。

表9-8　2019年太湖、巢湖水质概况①

	平均水质	污染状况	营养状态	主要污染指标
太湖	Ⅳ类	轻度污染	轻度富营养	总磷、总氮
巢湖	Ⅳ类	轻度污染	轻度富营养	总磷

　　2007年5月和6月,太湖爆发了蓝藻污染事件,引起政府和民众的关注。由于水源地附近蓝藻大量堆积,厌氧分解过程中产生了大量的氨、硫醇、硫醚以及硫化氢等异味物质,造成无锡全城自来水污染。民众涌进超市、商店,将桶装水抢购一空。此次事件与化工厂排放的大量污水有直接关系。此后的十多年,江苏省每年投入大量资金用于太湖治理,太湖水质也有明显改善。但在水文、气象以及经济发展的综合作用下,蓝藻处置仍然是太湖治理面临的现实难题。

---

① 数据来源于2019年江苏省、安徽省生态环境状况公报。

(二)长三角水污染源分析

1.农业面源污染

长三角地区自古以来就是我国农业生产的重要区域。改革开放以后,随着中国社会向工业化的转变,农业也不再是长三角地区的主要经济来源。但随着现代农业的发展,化肥、农药、地膜等农用化学品的使用,导致农业面源污染问题日益突出。化肥中的氮、磷元素会污染水体,进而导致水生植物生长旺盛。2019年,长三角三省一市共施用化肥664.2万吨,占全国化肥施用量的12.3%。此外,长三角地区一直以"鱼米之乡"著称,水产养殖业发展迅速。水产养殖过程中大量饵料、养殖用药的使用,也会造成集中养殖区域的水环境污染。

2.废水污染

废水排放是造成水体污染的最重要原因。直接排放或者排放未达排放标准的废水会对地表水、地下水、土壤等造成严重污染。废水可分为工业废水排放和生活废水排放。作为城镇化和工业化较为发达的区域,长三角地区的废水排放在全国也属前列。根据表9-9可知,2018年长三角三省一市工业废水排放共33.52亿吨,其中排放量最高的是江苏,为14.36亿吨,其次是浙江11.99亿吨。从工业废水中化学需氧量和氨氮排放量来看,工业发达的江苏也远远高于上海、浙江和安徽。2018年,江苏、浙江和安徽分别排放生活废水44.03亿吨、34.33亿吨和19.66亿吨,依然是江苏最高。就工业和生活比较来看,各个省份的生活废水的排放量要远远高于工业。但相对于生活废水,工业废水成分复杂,污染范围广,处理难度较大,对水体的污染性也更为强烈。

表 9-9　2018 年长三角三省一市工业、生活废水排放情况①

	工业			生活		
	废水排放总量/亿吨	化学需氧量/万吨	氨氮排放量/万吨	废水排放总量/亿吨	化学需氧量/万吨	氨氮排放量/万吨
上海	2.91	1.02	—	—	—	—
江苏	14.36	9.29	0.68	44.03	57.77	8.88
浙江	11.99	5.7	0.22	34.33	33.11	6.05
安徽	4.26	2.8	0.29	19.66	49.25	—

三、长三角土壤一体化污染现状和污染源分析

土壤是人类赖以生存的基础资源，人体维持生命所需要的热量、蛋白质、纤维等很大一部分直接来源于土壤。但随着社会经济的发展，土壤安全问题也日益突出。人类在生产活动中产生的各种污染物通过不同途径进入土壤环境，使土壤中的有害物质超过了土壤自身的净化能力，最终导致土壤质量恶化、正常功能丧失。土壤中的有害物质也会逐渐积累，并通过食物链最终被人体吸收，危害人体健康。长三角地区耕地资源丰富，工业也非常发达，有大量工业园区。农业化肥、塑料薄膜、工业废水废渣等都对长三角地区的土壤环境造成了巨大的危害。长三角地区也是我国土壤污染问题较为严重的区域之一。本节将对长三角地区的土壤污染现状和污染源进行具体介绍，从而为长三角土壤安全保护提供事实依据。

（一）长三角土壤污染现状

根据污染物的性质，可把土壤环境污染物质大致分为无机污染物和有机污染物两大类。土壤无机物污染，主要有重金属污染（汞、镉、铅、铬、铜、锌、镍，以

---

① 数据来源于 2019 年《上海统计年鉴》《江苏统计年鉴》《安徽统计年鉴》《浙江自然资源与环境统计年鉴》。

及类金属砷、硒等）、放射性元素（铂）、氟、酸、碱、盐等。其中尤以重金属污染和放射性物质污染危害最为严重。土壤有机污染物，主要有人工合成的有机农药、酚类物质、氰化物、石油、稠环芳烃、洗涤剂，以及有害微生物、高浓度耗氧有机物等①。

吴义根等（2017）②指出，安徽省和江苏省作为农业大省，都是因农业面源所造成的土壤污染较为严重的地区。赵其国和骆永明（2015）③指出，长三角地区是农田土壤重金属污染比较严重的区域之一。以江苏省为例，2019年江苏省766个土壤农用地点位中，有737个未超过《土壤环境质量农用地土壤污染风险管控标准（试行）》（GB 15618—2018）风险筛选值，占比为96.2%。29个点位超过风险筛选值（但不超过风险管制值），占比3.8%。其中，22个点位重金属含量超过风险筛选值，占2.9%；7个点位有机污染物（滴滴涕）含量超过风险筛选值，占0.9%。

（二）长三角土壤污染源分析

1.农业面源污染

土壤有机物污染的一个重要来源就是化肥的生产和使用。长三角地区一直是化肥施用量较多的区域之一。近些年三省一市的化肥施用总量稳定在全国的12%左右。由表9-10可知，整体而言三省一市的化肥施用量呈现下降趋势。2019年上海、江苏、浙江和安徽分别施用化肥7.5万吨、286.2万吨、72.5万吨和298.0万吨，相对于2013年分别下降30.6%、12.4%、21.5%和11.9%。从化肥种类来看，长三角地区化肥施用以氮肥和复合肥为主，两者总占比在60%以上。大量地施用氮肥是造成土壤酸化、盐碱化的重要原因。省份间比较来看，江苏和安徽的化肥施用量要远远高于上海和浙江。

---

① 夏立江,王宏康.土壤污染及其防治[M].上海:华东理工大学出版社,2001:33-34.
② 吴义根,冯开文,李谷成.我国农业面源污染的时空分异与动态演进[J].中国农业大学学报,2017,22(7):186-199.
③ 赵其国,骆永明.论我国土壤保护宏观战略[J].中国科学院院刊,2015,30(4):452-458.

表 9-10　2013、2019 年长三角三省一市化肥施用量①

单位：万吨

	农用化肥施用量		氮肥		磷肥		钾肥		复合肥	
	2013 年	2019 年	2013 年	2019 年	2013 年	2019 年	2013 年	2019 年	2013 年	2019 年
上海	10.8	7.5	5.3	3.1	0.8	0.4	0.5	0.3	4.2	3.7
江苏	326.8	286.2	165.7	141.1	44.7	32.3	19.9	17.0	96.6	95.9
浙江	92.4	72.5	50.5	35.4	11.4	7.8	7.3	5.9	23.2	23.4
安徽	338.4	298.0	113.5	88.0	35.6	26.2	31.4	26.9	157.9	157.0

　　此外，农业中所使用的化肥和塑料薄膜也是造成土壤污染的重要原因。农药的生产和使用会造成土壤有机物污染。塑料薄膜回收困难，部分会存留在土壤中，降低土壤肥力，影响农作物生长发育，造成减产，对土壤造成"白色污染"。由表 9-11 可知，相对于 2013 年，2019 年上海市的农用塑料薄膜、地膜和农药使用量均有明显下降。江苏省和浙江省的农药使用量有明显下降，而农用塑料膜和地膜的使用量变化不大。安徽省有所不同。安徽省的农用塑料膜和地膜使用量有所上升，同时地膜覆盖面积也有所增加。与其他三省市一样，安徽省的农药使用量也有明显降低。

表 9-11　2013、2019 年长三角三省一市化肥施用量②

	农用塑料膜使用量/吨		地膜使用量/吨		地膜覆盖面积/公顷		农药使用量/吨	
	2013 年	2019 年	2013 年	2019 年	2013 年	2019 年	2013 年	2019 年
上海	19 436	13 213	5 566	3 111	21 961	12 613	5 019	2 771
江苏	116 846	114 153	45 344	43 330	598 391	584 802	81 157	67 396
浙江	64 663	66 737	28 940	27 558	165 559	149 615	62 198	38 572
安徽	94 882	103 735	42 261	45 218	440 011	484 901	117 774	88 271

---

① ②　数据来源于《中国农村统计年鉴》2014、2020。

2.工业源污染

土壤污染的工业污染源主要来自工业"三废",尤其是废水、废渣。"三废"直接引起的土壤污染仅限于工业区周边数十千米范围内,属于点源污染,但在土壤中长期积累也会造成大面积污染。对土壤污染较为严重的是冶炼、电镀、染料等行业,主要为铬、铅、镉、镍等重金属污染。由表9-12可知,一般固体废物产生量较高的是安徽省和江苏省。从一般固体废物综合利用率来看,安徽省综合利用率为三省一市最低,因此在综合利用方面还存在很大的进步空间。从一般固体废物处置率来看,安徽省最高,浙江省最低。具体到工业行业,以浙江省为例,《浙江自然资源与环境统计年鉴2019》显示,工业固体废物产生量最多的是电力、热力生产和供应业,其次是黑色金属冶炼、压延加工业、化学原料和化学制品制造业。此外,轻工业中的纺织业和造纸业工业固体废物产生量也较高。因此,相关部门应当对这些行业给予重点关注。

表9-12 2018年长三角三省一市一般固体废物处置情况①

	产生量/万吨	综合利用量/万吨	综合利用率/%	贮存量/万吨	处置量/万吨	处置率/%
上海	1 560	1 520	97.5	—	60.4	—
江苏	11 810	11 110	93.6	157	620	5.2
浙江	4 749	4 581	96.14	20.33	169.9	3.6
安徽	13 077	11 756	88.11	660	994	7.6

第二节　长三角能源生产消费现状和一体化利用潜力

能源是经济社会发展的基础。中国经济的飞速发展也对煤炭、石油等化石

---

① 数据来源于2019年《上海统计年鉴》《江苏统计年鉴》《安徽统计年鉴》《浙江自然资源与环境统计年鉴》。

燃料形成了极大的依赖。要在 2030 年前实现"碳达峰"，2060 年前实现"碳中和"，需要能源生产和消费系统的协调一致，积极进行能源低碳转型。长三角作为中国经济最为发达的区域之一，在中国的能源消费中一直占有非常大的比重。能源问题也是影响长三角一体化发展的大问题。但作为中国规模最大的城市群，长三角也在不断积极探索，加快能源一体化进程，优化资源配置。本节将从煤炭、天然气和电力三个方面对长三角地区的能源消费现状进行详细分析，并深入挖掘长三角能源一体化利用潜力，为长三角地区的能源一体化发展提供事实依据。

一、长三角煤炭生产消费现状和一体化利用潜力

（一）长三角煤炭生产消费现状

长三角地区除安徽省外，煤炭资源并不丰富。由图 9-9 可知，上海和浙江不生产原煤，煤炭需求全部由省外提供。江苏省的煤炭资源也非常有限，原煤产量非常少。整体来看，长三角地区的原煤产量占我国原煤总产量的比重较小，一直稳定在 3%～6%，且 2015 年后长三角地区的原煤产量呈现下降趋势。2018年长三角三省一市共生产原煤 12 775 万吨，仅占全国原煤产量的3.5%。其中，江苏省生产原煤 1 246 万吨，安徽省生产原煤 11 529 万吨。

但从煤炭消费量来看，长三角地区的煤炭消费量占全国比重一直在 15%以上。2018 年长三角三省一市共消费煤炭 60 681 万吨，占全国煤炭消费量的15.2%。三省一市比较来看，煤炭消费量最大的是江苏省，远远高于其他三省市。其次是安徽省和浙江省，上海市煤炭消费量较低。2018 年上海、江苏、浙江和安徽分别消费煤炭 4 421 万吨、25 407 万吨、14 181 万吨和 16 673 万吨。从煤炭消费量变动趋势来看，上海市自 2011 年后一直呈现下降趋势，浙江省的煤炭消费趋势呈现"N"形，但整体变化不大。江苏省的煤炭消费量波动较大，但2017 年和 2018 年有明显下降，安徽省则整体呈现上升趋势。

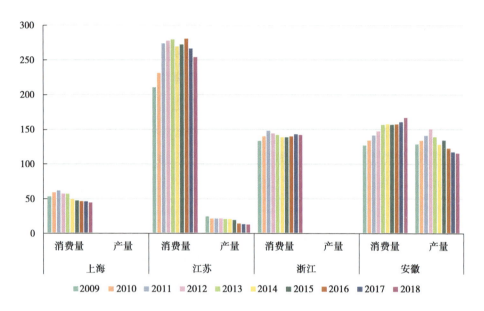

图 9-9　2009—2018 年长三角三省一市煤炭消费量和原煤生产量（单位：百万吨）①

此外，由图 9-10 可知，2018 年长三角煤炭消费量占一次能源消费的 55.5%，相对于 2009 年的 63.8% 有明显下降。但可以看出，长三角地区整体上仍然以煤炭消费为主。具体到省份来看，三省一市的能源消费结构有所不同。其中安徽省的煤炭消费占比最高，其次是江苏省和浙江省，上海市的能源结构中煤炭占比最小。2018 年上海、江苏、浙江和安徽的煤炭消费分别占本省份一次能源消费的 27.6%、57.4%、46.7% 和 89.6%。从变化趋势来看，2009—2018 年各省份能源结构中，煤炭占比均有所波动，但 2013 年之后均呈现下降趋势。这与图 9-9 中消费总量的变化趋势有所不同。以安徽省为例，虽然 2013 年之后煤炭在能源结构中的占比有所下降，但煤炭消费总量反而有所上升，本质上并没有减少对煤炭的使用，这也是相关部门在推行能源转型过程中应当注意到的一点。

在煤炭消费结构上，工业部门一直是煤炭消费最大的部门。2018 年上海、江苏、安徽和浙江工业部门的煤炭消费分别占本省份总煤炭消费的 98.0%、98.5%、96.5% 和 94.4%。工业中的电力行业一直是对煤炭依赖较强的行业。安

① 数据来源于《中国能源统计年鉴》（2010—2019）。

徽省能源局的数据显示,2018 年安徽省电力行业煤炭消费量为 9 533 万吨,占总煤炭消费的 57.8%。此外,建材行业、冶金行业和化工行业也是对煤炭需求较高的行业。由于电力行业对煤炭的依赖性较强,因此电力行业的能源转型也是长三角地区的一个难题。但近年来政府在加快电力行业绿色转型的同时极力压缩非电行业对煤炭的消费,取得了非常大的进步。

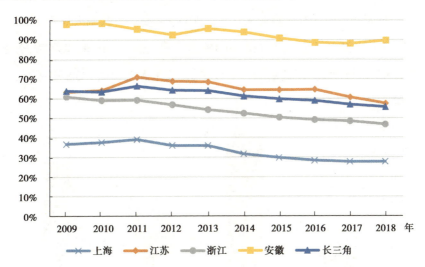

图 9-10　2009—2018 年长三角地区煤炭消费占一次能源消费比重(单位:%)①

从煤炭供应结构上来看,如图 9-11 所示,长三角地区的煤炭消费以外省(区、市)调入为主。其中调入量最大的是江苏省。2018 年江苏省调入煤炭合计28 399 万吨。浙江省由于不生产原煤,因此全靠外省市调入和进口。2018 年,浙江省的煤炭消费 80.3% 来自外省市,其余 19.7% 来自进口。安徽省是三省一市中煤炭生产量最大的省份,同时为满足本省份需求也从省外调入大量煤炭。

图 9-12 描述了安徽、江苏和浙江三个省份内部以及与其他省份间的铁路发运煤炭量。2017 年,安徽、江苏和浙江分别有 4 570.4 万吨、409.6 万吨和 645.2万吨煤炭通过铁路在省份内部流转。从调出来看,安徽的主要调出省份是江苏,其次是江西和湖北。2017 年安徽通过铁路向外省调出煤炭 2 480.9 万吨,其

---

① 数据来源于《中国能源统计年鉴》(2010—2019)。

中向江苏调出 1 369.7 万吨,占比 55.2%,江西和湖北分别占 21.0% 和 11.1%,浙江仅占3.9%。江苏和浙江向外省调出的煤炭量较少,2017 年分别调出煤炭164.0 万吨和 17.3 万吨。江苏主要向安徽调出,浙江主要向江西调出。从调入来看,江苏省通过铁路调入的煤炭量最大。2017 年,江苏省共调入煤炭 3 790.8万吨,其中由山西省调入 1 721.0 万吨,占比 45.4%,由安徽省调入的占 36.1%。此外,山东、陕西和河南均有煤炭调入江苏。2017 年,安徽省共调入煤炭 1 796.0 万吨,煤炭最大来源是山西省,占比 50.4%。其次是河南、山东和陕西,分别占12.5%、15.3%、11.9%。浙江的调入量较少,主要来源是山西、安徽和河南。

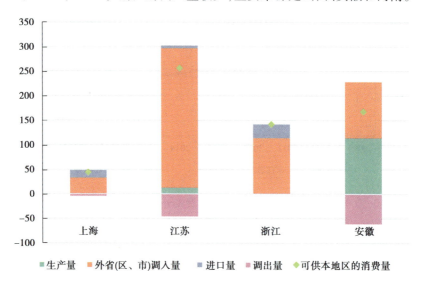

图9-11　2018 年长三角三省一市煤炭供应结构(单位:百万吨)①

从区域整体来看,安徽、江苏和浙江三个省份的内部流转主要是安徽向江苏和浙江调度煤炭。向区域内调入的省份主要是山西、河南、陕西和山东。与区域内部流转和向区域内调入相比,三个省份向区域外部调出的煤炭量较少,主要是向江西省和湖北省调出。

---

① 　数据来源于《中国能源统计年鉴》2019 各省份煤合计能源平衡表。

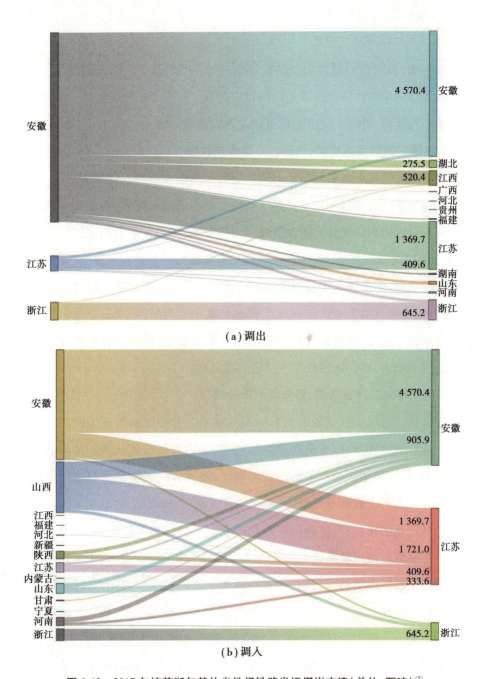

图 9-12 2017 年皖苏浙与其他省份间铁路发运煤炭交流（单位：万吨）①

---

① 数据来源于《中国交通年鉴》2018。

(二)长三角煤炭一体化利用潜力

近年来,长三角的能源消费结构逐渐向清洁化转变,但资源禀赋决定了煤炭在能源结构中的主体地位在短期内难以改变。因此,推动煤炭一体化利用是实现长三角能源一体化,促进绿色低碳发展的重要环节。

1.发挥安徽的资源优势,保障长三角煤炭供应

能源一体化的根本目的是使有限的资源得到高效配置。就煤炭而言,长三角地区煤炭资源分布极不均衡。要实现煤炭资源的高效配置,一个关键之处就是发挥安徽省的资源优势。安徽省煤炭资源丰富,两淮矿区是国家规划建设的14个大型煤炭基地之一,是中国南方最大的煤炭生产基地。上海、江苏和浙江煤炭产量极少,需要输入大量外省煤炭。因此,可以积极发挥安徽省的资源禀赋优势,优先向江浙沪地区供应优质煤炭和煤化工产品,形成长三角区域内闭合性煤炭流。此外,可以通过在安徽省建立煤炭基地,提高长三角区域内煤炭供给的应急能力,维护区域内煤炭价格的稳定性。

2.优化煤化工产业布局,延伸煤炭产业链

提高长三角煤炭利用效率的另一个关键之处是使安徽与其他两省一市的相关产业形成协同互补,避免产业同构,发挥安徽省的比较优势。从区域发展角度来看,长三角地区的不平衡性较为突出,安徽省的经济发展程度要落后于其他两省一市。安徽省不仅煤炭储量丰富,资源环境承载力也要高于其他两省一市。从产业的角度看,江浙沪的石化产业上下游相关产业发达,产业链较为完善。但受到资源环境承载力的制约以及日益严格的环保要求,未来江浙沪的产业发展会逐渐向集约型、高技术和高附加值方向转变。因此,高污染的化工产业可以部分迁移至煤炭资源丰富和环境承载力较强的安徽,优化区域内煤化工产业布局。安徽省通过发挥自身的资源禀赋优势,大力发展煤制烯烃、煤制乙二醇、煤制芳烃为主的新型现代煤化工产业,可以使区域内化工产品原料多元化,同时又可以减少煤炭运输过程中造成的能源浪费。在迁移过程中,江浙沪地区可以向安徽省提供先进的工业园区发展经验,提供设备、技术和资金上的支持,实现与长三角石化产业协同互补发展,推动长三角世界级石化产业集群建设。

此外,能源的绿色转型不是要减少煤炭在能源消费中的比重,而是要压缩煤炭使用量,提高煤炭的综合利用效率。因此,对于长三角来说,应实现煤炭开发与煤炭利用一体化,延伸煤炭产业链,使煤炭产业向高端延伸。例如,煤炭中蕴含丰富的钾、锂、铀、硒等金属元素,可通过精细化煤炭洗选,提取稀有金属,从而实现煤炭利用最大化[①]。

二、长三角天然气生产消费现状和一体化利用潜力

(一)长三角天然气生产消费现状

由图 9-13 可知,长三角地区的天然气产量非常少。2018 年长三角地区共生产天然气 26.76 亿立方米,仅占全国天然气生产量的 1.7%。2018 年,长三角地区共消费天然气 557.62 亿立方米,约占全国的 19.8%,且这一比例逐年上升,而该占比在 2009 年仅为 14.1%。三省一市中,天然气消费量最大的是江苏省,最低的是安徽省。2018 年,上海、江苏、浙江和安徽分别消费天然气 93.49 亿立方米、276.21 亿立方米、134.91 亿立方米和 53.01 亿立方米。从变化趋势来看,天然气消费量增速最快的是浙江省。2009—2018 年,浙江省年均增速为 66.6%。上海、浙江和安徽年均增速分别为 19.9%、37.3% 和 49.2%。

再分析天然气在长三角能源结构中的占比情况。如图 9-14 所示,2009—2018 年,天然气消费在长三角总能源消费中的比重呈稳定上升趋势。2018 年长三角地区共消费天然气 557.62 亿立方米,占一次能源消费的 8.7%。具体到省市来看,三省一市的天然气消费比重也表现出明显上升趋势,表明各省市均在加大对清洁能源的使用。2018 年,上海、江苏、浙江和安徽的一次能源消费中天然气占比分别为 9.9%、10.6%、7.6% 和 4.8%。

---

① 谢和平,等.煤炭革命的战略与方向[M].北京:科学出版社,2018:43-44.

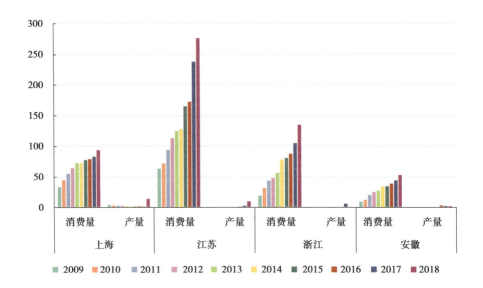

图 9-13 2009—2018 年长三角三省一市天然气消费量和生产量(单位:亿立方米)①

图 9-14 2009—2018 年长三角三省一市天然气消费占一次能源消费总量比重(单位:%)②

　　此外,由图 9-15 可知,由于天然气产量较小,长三角的天然气供应以外省(区、市)调入为主。具体到省市来看,2018 年上海市从外省(区、市)调入天然

---

① ② 资料来源于《中国能源统计年鉴》(2010—2019)。

气 47.15 亿立方米,占可消费总量的 50.7%,另有 46.9% 由进口获得。同时,上海市也向其他省份调出少量天然气。2018 年,江苏省天然气生产量和调出量几乎持平,因此天然气消费主要依靠外省(区、市)调入,共调入 268.67 亿立方米。浙江省不生产天然气,安徽省也只生产少量天然气,这两个省份的天然气消费也均由外省(区、市)调入。另外,除上海外,江苏、浙江和安徽均无进口天然气补给。

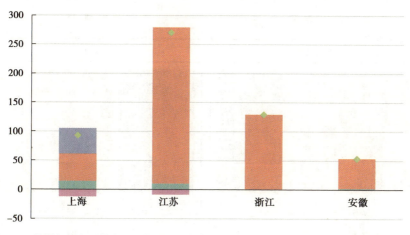

图 9-15　2018 年长三角三省一市天然气(不包含液化天然气)供应结构(单位:亿立方米)①

图 9-16 描述了三省一市天然气终端消费占比情况,方格大小代表比例大小。由图 9-16 可知,三省一市的天然气主要用于工业和居民生活。2018 年,上海、江苏、浙江和安徽的工业及居民生活分别消费天然气 49.94 亿立方米、120.88亿立方米、87.37 亿立方米和 37.19 亿立方米,分别占各省份天然气消费总量的 82.7%、90.1%、92.4% 和 73.3%。此外,交通运输、仓储和邮政业以及批发和零售业、住宿和餐饮业也消费部分天然气,而天然气在农、林、牧、渔业和建筑业中的用途较少。

---

① 数据来源于《中国能源统计年鉴》2019 各省份天然气平衡表。

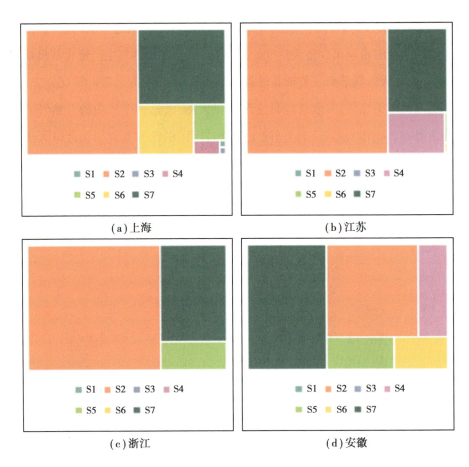

图 9-16　2018 年长三角三省一市天然气（不包含液化天然气）终端消费结构①

注：方格大小代表比例大小。S1 农、林、牧、渔业；S2 工业；S3 建筑业、S4 交通运输、仓储和
邮政业；S5 批发和零售业、住宿和餐饮业；S6 其他；S7 居民生活。

（二）长三角天然气一体化利用潜力

1.推进气源能力建设，统筹安排储运体系

长三角自身的天然气产量很小，需要从外省大量调入，整体上调入以管道
气为主，液化天然气的比例很小，气源供应结构不合理，而且三省一市之间的气

源结构也存在明显差异。上海市管道气与液化天然气供应比例接近1∶1,结构合理,应急储备能力也较强。但其余三省的气源供应结构中液化天然气占比较小,同时应急储备能力也较弱①。因此,长三角的气源能力建设亟待提高。一方面,长三角需要拓宽气源渠道,可以通过设立采购联盟等方式提升谈判能力。另一方面,三省一市在液化天然气接收站方面的建设也极不均衡,阻碍了天然气在区域内的流动。全面推进液化天然气接收站的建设,站在全局的角度统筹安排储运体系,可以提升储气能力,保障区域内天然气供应的稳定性,同时可以打破省市界限,实现区域内天然气互济互保。

2.完善定价机制,降低交易成本

完善的天然气交易机制在欧盟天然气市场一体化过程中发挥了重要作用。长三角三省一市的管网在设计时均基于省级天然气调控平台,在跨区域配送时存在障碍。省管网公司也通常在其当地有较高的市场占有率,第三方市场进入存在壁垒,进而导致区域内部的天然气市场批发价格存在差异,各地管道气的批发价格仍以政府指导价(基准价格)为主。因此,可以充分发挥天然气交易平台的作用,利用管网、接收站等基础设施,丰富交易品种,满足市场需求。此外,可以通过交易平台,丰富供应和需求两方面的参与主体,使区域内天然气的价格机制更为合理,提升长三角天然气交易价格的认可度。

三、长三角电力生产消费现状和一体化利用潜力

(一)长三角电力生产消费现状

由图9-17可以看出,随着经济的不断发展和居民富裕程度的提升,长三角对电力的需求量也在不断上升。2018年长三角三省一市电力消费共计14 363亿千瓦时,占全国的20%,约相当于2009年7 891亿千瓦时的2倍。2018年,上海、江苏、浙江和安徽分别消费电力1 567亿千瓦时、6 128亿千瓦时、4 533亿千瓦时

---

① 苗启新,靳熹.长三角区域天然气一体化的现状及建议[J].上海煤气,2020(2):8-11.

和 2 135 亿千瓦时,相对于 2009 年,年均增速分别为 4.0%、9.4%、9.3%和 13.8%。

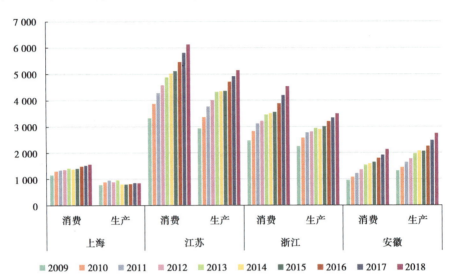

图 9-17　2009—2018 年长三角三省一市电力消费量和生产量(单位:亿千瓦时)①

再来分析电力生产情况。由图 9-17 可知,除上海市的电力生产和消费相对稳定外,其余三省的电力生产量和消费量均呈稳定上升趋势。2018 年长三角三省一市共生产电力 12 228 亿千瓦时,占全国总发电量的 17%。相对于 2009 年,江苏、浙江和安徽三省的电力生产量都有明显上升,年均增速分别为 8.4%、6.2%、12.0%。具体到电源结构方面,由图 9-18 可知,三省一市均以火力发电为主。2018 年,上海、江苏、浙江和安徽的火力发电量分别为 824 亿千瓦时、4 578亿千瓦时、2 595 亿千瓦时和 2 534 亿千瓦时,分别占本省份总发电量的 97.1%、89.0%、74.3%和 92.4%。另外需要注意的是,江苏和浙江均有核能发电,2018年,核能发电分别占江苏和浙江总发电量的 4.7%和 16.8%。

再来分析长三角地区的电力供应结构。由图 9-19 可知,上海、江苏和浙江对外输电力的依存度较高。2018 年,上海、江苏和浙江分别从外省(区、市)调入电力 855 亿千瓦时、1 171 亿千瓦时和 1 253 亿千瓦时,占本省电力总消费量

①　数据来源于《中国能源统计年鉴》(2010—2019)。

的 55%、19% 和 18%。不同的是，安徽省由于煤炭资源丰富，会向外输送大量电力。2018 年，安徽省共调出电力 689 亿千瓦时。在电力生产方面，江苏省和浙江省要高于上海市和安徽省。

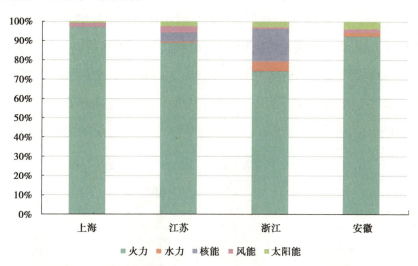

图 9-18　2018 年长三角三省一市电源结构（单位：%）①

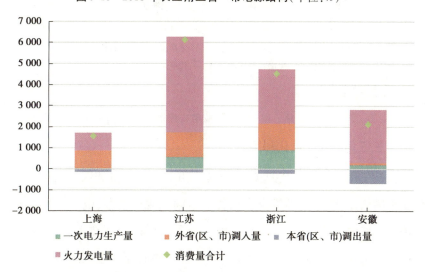

图 9-19　2018 年长三角三省一市电力供应结构（单位：亿千瓦时）②

---

① 数据来源于《中国能源统计年鉴》（2019）。
② 数据来源于《中国能源统计年鉴 2019》各省份电力平衡表。

按行业来看,三省一市的电力消费结构比较相似。工业是电力消费量最大的行业。2018 年,上海、江苏、浙江和安徽工业部门分别消费电力 705 亿千瓦时、4 215 亿千瓦时、3 017 亿千瓦时和 1 249 亿千瓦时,占本省总电力消费的47.3%、70.9%、69.0% 和 62.1%。其次是居民生活用电。近年来居民生活水平不断提高,对电力的需求也不断增加。2018 年,居民生活用电分别占上海、江苏、浙江和安徽总电力消费的 16.3%、12.8%、13.8% 和 18.2%。未来,制定合理有效的居民生活用电措施,也会是促使经济低碳发展的重要环节。

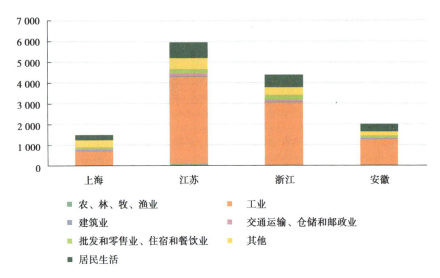

图 9-20　2018 年长三角三省一市分行业电力终端消费量(单位:亿千瓦时)①

(二)长三角电力一体化利用潜力

随着长三角一体化的全面实施,三省一市的产业定位和区域内产业空间布局会逐步调整,用电负荷必然也会在各省市间大规模转移,电力运行会从省内平衡转向区域内平衡。就目前而言,电力交易几乎被限制在省内,省际交易量有所上升但仍然只占很小一部分。省际交易壁垒的存在必然阻碍长三角电力市场一体化,无法实现电力资源的优化配置。然而,三省一市资源禀赋各异、互

---

① 数据来源于《中国能源统计年鉴 2019》各省份电力平衡表。

济协作需求迫切,市场交易潜力巨大,因此在完善跨省电力交易市场上还存在很大的进步空间。虽然目前各省成立了省级交易中心,但省级交易中心反而会造成市场割据,为保障本省份的就业、税收,不愿意接收外来电力。因此,长三角应当全局规划,在区域层面建立电力交易机构,打破省际交易壁垒,主动响应市场需求,形成安全、稳定、高效的区域电力供应体系,实现真正意义上的电力要素市场一体化。

第三节　长三角环境一体化治理的现状和措施

大气污染的空间扩散性和水域连通性要求大气污染防治需打破行政区划限制,建立以区域为单元的一体化控制模式[1][2]。随着长三角一体化进程的推进,长三角三省一市在生态环境治理方面也逐步由"单打独斗"进入联防联控、协同治理阶段。近年来,在国务院的指导和三省一市地方政府的努力下,长三角地区的生态环境协同治理也逐步深化和完善。本节将对长三角的污染一体化治理现状进行梳理,并深入挖掘目前一体化治理存在的问题,最后为污染治理的进一步推进提供相应的政策建议。

一、长三角环境一体化治理现状

长三角区域生态环境合作由来已久。2008 年底,江浙沪主要领导座谈会进一步明确了区域合作新的机制框架和重点合作事项,环境保护也成了区域合作的重要专题之一。2009 年,首次长三角区域环境合作联席会议召开。2012 年底,全国大规模爆发雾霾事件后,长三角地方政府对联防联控工作更加重视。

① 王金南,宁淼,孙亚梅.区域大气污染联防联控的理论与方法分析[J].环境与可持续发展,2012,37
　　(5):5-10.
② 吴建南,刘仟仟,陈子韬,等.中国区域大气污染协同治理机制何以奏效? 来自长三角的经验[J].中
　　国行政管理,2020(5):32-39.

如今长三角协作机制已日趋完善,基本形成了常态化、分层次的协商推进工作机制,在建立统一决策机构、重点任务实施、成立信息共享平台、完善生态合作方式和联合惩戒处罚等方面取得了全方位的进展,逐步形成了一体化治理的"长三角模式"。

建立统一决策机构,统筹防治工作。2014年1月,为响应国务院发布的《大气污染防治行动计划》相关精神,长三角三省一市同八部委成立了长三角大气污染防治协作小组,会议明确了"协商统筹、责任共担、信息共享、联防联控"的协作原则,建立了"会议协商、分工协作、共享联动、科技协作、跟踪评估"五个工作机制。随后在2016年,三省一市和生态环境部等12个部委成立了长三角地区水污染防治协作小组。在运行机制上与大气污染防治协作机制相衔接,机构合署、议事合一。截至2020年6月,大气污染防治协作小组已经召开了9次工作会议,水污染防治协作小组共召开了6次工作会议。两个防治协作小组的成立和例行会议的召开对大气和水污染防治措施的实施、目标的明确起到了关键作用。

统一重点工作任务,共同攻坚克难。2013年实施《大气污染防治行动计划》以后,长三角地区大气污染防治工作取得巨大进展,区域空气质量整体持续改善。但是,长三角区域大气环境形势依然严峻,特别是秋冬季,重污染天气频发。长三角大气污染协作小组也意识到大气污染的季节性特征。因此,自2018年起连续三年审议通过长三角地区秋冬季大气污染综合治理攻坚行动方案,并由生态环境部、国家发展和改革委员会、工业和信息化部等十一部委联合三省一市人民政府正式发布。行动方案坚持问题导向、靶向施策,针对长三角地区秋冬季大气污染的突出难题,统一确立产业结构、能源结构、运输结构方面的重点工作任务,再由市级政府单位确立本市的具体工作方案和目标。重点工作任务的统一使污染治理的联防联控和攻坚行动更加高效率和精准化。

加强技术协作,成立信息共享平台,做到信息互通。早在2014年,长三角地区就成立了长三角区域空气质量预测预报中心,挂牌于上海市环境质量监测中心。后根据环保部的工作要求，上海市环境监测中心持续推进"上海长三角区域空气质量预测预报中心"的建设，并于 2018 年 10 月全部完成。该机构承担预报区域内七天空气质量，对南京青奥会、G20 峰会、进博会等重大活动开展大气污染联防联控保障等职能，已成为长三角地区空气质量预报和防控的技术支撑。区域空气质量监测预报数据的实时共享和集成应用，区域高分辨率大气污染物排放清单的共建共享和共用，对区域联防联控工作的深入推进起到了至关重要的作用。此外，2018 年 10 月，长三角地区还初步建成了长三角区域环境气象工作联动平台。该平台提供空气质量指数等预报服务、中长期预测以及评估分析方面的数据和产品信息，进一步促进了长三角区域环保方面业务产品和信息互联互通。

完善生态合作方式，积极进行机制创新。2012 年，安徽携手浙江，共同启动了新安江跨流域生态补偿机制试点，开了国内跨省域水环境生态补偿机制建设的先河，并形成了"新安江模式"，在全国多地推广。首轮试点设置补偿基金每年 5 亿元，其中中央财政 3 亿元、皖浙两省各出资 1 亿元。年度水质达到考核标准，浙江拨付给安徽 1 亿元，否则相反。2015 年，皖浙两省又启动了第二轮试点，将省出资补偿额从一亿元提升至两亿元。2018 年底，皖浙两省签署了《关于新安江流域上下游横向生态补偿的协议》，并开始谋划共建新安江—千岛湖生态补偿试验区。此外，三省一市政府也在积极探索更有效的治理机制。例如，2020 年 10 月，三省一市政府正式印发《长三角生态绿色一体化发展示范区重点跨界水体联保专项方案》。方案中提到上海、江苏、浙江两省一市将建立联合河湖长机制。河湖长机制的运行势必会打破联合治理的区域行政壁垒，实现真正意义上的治水一体化。

环保领域信用联合，处罚裁量基准一体化。2018 年 6 月 1 日，为确环保领域区域信用合作内容，完善区域信用合作机制，三省一市地方政府签署了《长三角地区环境保护领域实施信用联合奖惩合作备忘录》。备忘录对长三角地区环保领域企业严重失信行为认定标准和联合惩戒措施进行了统一。2020 年 6 月，三省一市环保部门又共同签署了《协同推进长三角区域生态环境行政处罚裁量基准一体化工作备忘录》。随后三省一市根据自身实际情况,发布本省《生态环境行政处罚裁量基准规定》,并统一于 2020 年 9 月 1 日起执行。信用联合、处罚基准统一对环境执法一体化和区域环境信用管理一体化有重要意义,尤其是在处罚跨区域污染时,更加有法可依。

表 9-13　长三角生态环境一体化治理重要事件和相关政策文件①

时间	事件或政策文件
2012	新安江—千岛湖生态补偿试点启动(注:2015 年启动第二轮 2018 年启动第三轮)
2014	成立长三角区域大气污染防治协作小组
2016	成立长三角区域水污染防治协作小组
2016	《长三角区域水污染防治协作机制工作章程》
2018	《长三角地区环境保护领域实施信用联合奖惩合作备忘录》
2018	长三角区域空气质量预测预报系统完成建设
2018	长三角区域环境气象工作联动平台完成建设
2018	《长三角地区 2018—2019 年秋冬季大气污染综合治理攻坚行动方案》(注:2019 年和 2020 年分别发布 2019—2020 和 2020—2021 年度行动方案)
2020	《长江三角洲区域生态环境共同保护规划》
2020	《协同推进长三角区域生态环境行政处罚裁量基准一体化工作备忘录》
2020	《长三角生态绿色一体化发展示范区重点跨界水体联保专项方案》

二、长三角环境一体化治理存在的问题

在中央政府的推进和长三角地方政府的努力下,长三角地区的环境污染一

---

① 笔者根据政府文件发布信息整理。

体化治理机制不断完善,区域生态环境也得到了明显改善,但长三角地区的协同治理仍然存在许多问题。本节将从大气污染、水污染和土壤污染三个方面对长三角一体化治理的瓶颈进行简要分析,从而为治理工作的进一步推进提供依据。

大气污染方面,长三角地区的联防联控机制效力不够,未充分发挥作用。在中央政府的推动下,长三角地区于2014年成立了大污染防治协作小组,并定期召开工作会议,联防联控机制逐步形成并不断深化,但该机制并未充分发挥作用,还存在一定的进步空间。具体来看,首先是在统筹规划上。小组在工作会议上只针对未来的工作重点进行介绍,制订总体目标,但对各省市的具体要求和标准没有统一规划。在具体行动中,各地对污染物排放的标准没有统筹规划,从而导致地方政府在规范企业行为上标准不一,执法力度不同。尤其是在联合打击违法企业时,认定标准存在差异,会进一步导致管制力度差异,执法产生分歧,不利于协同治理工作的展开。其次是信息共享仍然不够充分。长三角地区未建立长效的监测机制,监测数据也散落在地方官网,在具体指标的公布上也存在一定差异。这会导致地区间信息沟通不畅,信息交流也缺乏积极性。以氮氧化物排放为例,氮氧化物排放的一个重要来源是机动车,但浙江省并未对这一指标进行公布。

在水污染方面,生态补偿机制不够完善。生态补偿机制的实质是综合运用行政和市场等手段,调整生态保护主体间的利益关系,将环境的外部性进行内部化,达到保护生态环境和资源的目的①。然而,长三角流域补偿机制的市场化程度较低。以长三角新安江跨流域生态补偿机制试点为例。该试点的前两轮补偿金额主要依靠安徽和浙江政府之间的转移支付,流域上下游企业的参与程度不够。此外,生态补偿方式也较为单一。目前,长三角地区的生态补偿方式以补偿金为主,但补偿金所能调动的环保积极性有限,也很难做到可持续。最

---

① 程倩.长三角环境协同治理的困境与破解思路研究[D].南京:南京师范大学,2020:48.

后,跨省生态补偿机制的推广较为缓慢。新安江生态补偿早在 2012 年就开启第一轮试点,截至 2020 年已完成三轮试点工作。但在长三角区域内的其他流域,例如太湖和长江流域,并未明确展开跨行政区生态补偿机制。

土壤污染治理方面,三省一市的防治工作推进程度和联合程度较低。首先是在土壤监测体系上,政府的监测机制还不够成熟。土壤污染有累积,大规模的土壤污染形成周期很长,但一旦出现土壤污染,便难以修复,而且土壤污染具有不均匀性和难迁移性[1]。因此,土壤监测机制尤为重要。但长三角地区还未形成符合区域特点的土壤环境质量综合评价体系。其次,与大气和水污染治理相比,区域内土壤污染治理的联合程度较弱。工业固体废物的回收利用、危险固体废物的处置,以及生活垃圾的处置能力在土壤污染治理中非常重要。但三省一市在这些方面的技术、管理经验的交流以及大型设备的共享还较为欠缺。

三、长三角环境一体化治理的政策建议

(一)强化污染联防联控机制,提升治理成效

首先,厘清各地区在环境标准上的要求,完善并统一环境标准体系,及时进行修订,尤其是针对化工、火力发电、水泥、工业涂装等重点高污染行业的环境保护标准。其次,明确主体职责范围,提高执法的协同性。污染治理需要多部门互相配合,精准化参与主体的责任会大大提高各部门的执法力度和积极性,避免出现互相推诿的现象。此外,可以通过立法或建立专门监管机构的方式,对企业的排污行为和相关部门的污染治理行为进行监管,对相关责任落实不到位的部门进行追责。针对跨区域的污染行为,可以建立专门的联合执法队伍进行打击,有效化解跨区域污染的难点问题。最后,建立完善的信息共享机制。可以通过建立环保信息共享平台的方式,对各地区的污染监测信息进行统一整

---

① 殷丽娜,郝桂侠,康杰.我国土壤环境污染现状与监测方法[J].价值工程,2019,38(8):173-175.

合。同时，可以在平台上发布各个地区的最新环保政策，对环保执法的典型案例进行宣传，总结联防联控经验。

（二）完善生态补偿机制

首先是在生态补偿参与主体上，应当让中央政府、省政府、市政府和上下游企业共同参与，而不仅仅是省政府间进行转移支付。同时在接受补偿的主体上，也应当综合考虑所有利益相关者，对他们提供合理、及时、有效的补偿。其次，补偿方式应该由单一的资金补偿转向综合性的补偿方式。例如合作发展符合流域特点和当地特色的绿色产业。合作过程中可以引入社会资本，上下游企业、民众共同参与，打造流域内生态项目不仅可以改善生态环境，同时能够增加就业机会，提升流域经济发展活力。最后，应当加强生态补偿机制的推广。政府应当借鉴新安江生态补偿的成功经验，尽快落实太湖流域、长江流域的生态补偿机制建设。此外，应当将流域生态补偿的经验推广到自然保护区、重要生态功能区、矿产开发等诸多领域。

（三）加强土壤保护，多污染协同治理

大气环境、水环境以及土壤环境相互影响、相互作用，是一个不可分割的整体，多污染协同治理才会使生态环境保护更加高效[①]。长三角地区应当尽快完善土壤治理体系。首先应当完善土壤污染的监测机制，针对农业用地、工业用地的污染特点，采用不同的监测网络，提高土壤污染预警能力。其次，增加重金属重点防控区和重点工业园区监测点的数量，防止发生重大土壤污染事件。最后，应当促进土壤环境管理信息化。深度开发数据资源，建立能够反映客观现状的评价体系。此外，可以通过建立数据库和信息平台的方式，实现三省一市在土壤污染信息之间的交流，为土壤污染防治提供更有利的技术支撑。

---

① 许涛,等.2018—2019 中国区域经济发展报告:长三角高质量一体化发展[M].北京:人民出版社,2019:345.

10

民生：长三角民生保障公共服务一体化发展

区域基本公共服务一体化是国家区域发展战略的重要内容。长三角区域内城市群具有相近的社会文化基础、相互融合互补的产业结构网络、紧密而频繁的人力资本流动、较为接近的经济生活水平，具备推进实施区域公共服务一体化的优良基础。根据《长江三角洲区域一体化发展规划纲要》，要着力加快公共服务便利共享，增加优质公共服务供给，扩大配置范围，不断保障和改善民生，使改革发展成果更加普惠便利，让长三角居民在一体化发展中有更多获得感、幸福感、安全感，促进人的全面发展和人民共同富裕。《长江三角洲区域一体化发展规划纲要》颁布以来，长三角沪苏浙皖四地高站位、立长远，贯彻落实长三角一体化发展国家战略，谋求高质量一体化发展，在区域公共服务一体化方面不断创新，先后出台落实了一系列公共服务一体化的重要举措，如长三角政务服务"一网通办"，长三角所有41个城市实现异地门诊结算，企业和个人在一个网络平台即可办理几十项政务服务内容等，极大地提高了长三角政务服务的便捷性，彰显出长三角公共服务一体化的初步成就。

社会保障是现代政府公共服务的核心内容，涉及面广、影响范围大，是民众获得感、幸福感、安全感的直接体验来源。社会保障体现政府作为公共服务提供方与民众作为公共服务接受方之间权益、责任的交互与合作，能代表公共服务的核心特征。长三角社会保障公共服务一体化的实现，将贯通公共服务一体化战略从目标到实施路径的全过程，厘清区域内各地政府协同治理的关键机制，为公共服务一体化的全面实现奠定最重要的基础。长三角目前已经实现门诊费用的异地划转结算，为我们示范了社会保障核心权益及财政经济资源的融通互换的光明前景。

虽然"一网通办"效果初显，社会保障公共服务的异地认可已经启动，但长三角公共服务一体化尚处于初级阶段，基本公共服务的核心内容和社会保障有关一体化社会互助共济的本质，要求长三角地方政府间的更紧密协同与合作。

第一节　区域公共服务一体化的内涵

一、区域一体化的内涵与我国的现实基础

在区域治理的研究中,国外有两种主流理论学说:区域一体化治理理论和区域协同治理理论。前者在美国早期市政改革运动中影响很大,提出"一个区域,一个政府(One Region,One Government)"①,认为地区治理的"碎片化"痼疾必须破除,建立权力集中统一的大型区域政府,以整合各地利益诉求,提供更好的公务服务②。区域协同治理理论不追求建立统一的行政治理体系,而是关注地方政府间协作与政策网络的建立发展,致力于地方政府间的跨行政区合作③,认为不必改变行政区划,通过横向协作和发展政策网络来实施更大范围的区域治理④;"多中心"的协同治理结构更有效能,能更好地回应各地需求,持续改进公共服务⑤。国内部分学者也持相似观点,认为在区域内发展差距过大、资源配置失衡的情况下,推进一体化治理存在目标诉求过于理想化的问题⑥,主张应尊重地方行政区划和管辖权的现实格局,遵循互利共赢、权利义务对称,从一体化治理走向协同治理⑦。

---

① Jones V. Metropolitan Government[M]. Chicago: University of Chicago Press,1942:108-110.
② Warren R. Government in Metropolitan regions: a Reappraisal of Fractionated Political Organization[M]. Davis: University of California, Institute of Governmental Affairs,1966:5.
③ Ansell C, Alison Gash. Collaborative Governance in Theory and Practice[J]. Journal of Public Administration Research and Theory,2008,18:543-571.
④ Downs A. New Visions for Metropolitan America[M]. Washington D. C.: The Brookings Institution,1994: 543-571.
⑤ Ostrom V, Charles M Tiebout, Robert Warren. The Organization of Government in Metropolitan Areas: A Theoretical Inquiry[J]. American Political Science Review,1961,55:831-842.
⑥ 杨宏山.澄清城乡治理的认知误区:基于公共服务的视角[J].探索与争鸣,2016(6):47-50.
⑦ 杨宏山,石晋昕.从一体化走向协同治理:京津冀区域发展的政策变迁[J].上海行政学院学报,2018(1):65-71.

国外理论流派产生和发展的政治、社会土壤与我国并不相同,虽可借鉴,但不能盲目遵从,而应当结合我国现实国情,走出适合自己的发展道路。事实上,中央提出"区域一体化"国家战略,并非谋求建立统一的行政区划政府,也并非仅仅是政府间跨区域的简单协作互助,而是着眼于对区域内社会、经济、市场等要素和资源的优势整合,提高区域公共治理和民众福祉水平,形成中国特色的地方发展和治理典范。特别是长三角一体化发展战略,要求长三角三省一市形成一定程度上超越原行政区划的共同公共职能和更为紧密的经济发展推进机制,是介于西方"一体化"和"协同化"之间的一个全新区域治理模式,需要我国立足于实践积极探索,形成中国区域治理新经验。

二、公共服务一体化的内涵与层次

现代公共服务的理念有广义和狭义之分。广义的公共服务可以分为基础公共服务,如水、电、气、通信、公共交通等基础设施的建设与服务等;经济公共服务,如经济信息的统计公布、科技推广、支持性金融信贷服务等;公共安全服务,指国家公权力投入公共资源为公民提供的安全服务,如军队、警察、消防等设施及服务;社会公共服务,是为满足公民的生存、生活、发展等社会性直接需求而提供的设施及服务,如公办教育、公办医疗、公办社会福利等。因而,广义上的公共服务是指包括城乡公共设施建设,公共安全、环境保护,教育、科技、卫生、文化、体育等广泛全面的公共内容。狭义的公共服务按照"以人为本"的原则,关注公民具体需求的满足和福祉的提升,满足公民某种具体的直接需求,如教育、公共卫生医疗设施及服务、社会保障防范和抵御社会风险等。

基于《长江三角洲区域一体化发展规划纲要》,公共服务更多地指向社会公共服务的范畴,为公民提供便捷、高效的政务服务和教育、医疗、保障等公共服务内容。自长三角区域一体化发展上升为国家战略以来,沪苏浙皖三省一市协同共进,推出了一系列公共服务一体化的创新举措,如长三角政务服务"一网通办"、长三角所有41个城市实现异地门诊结算、长三角地区住房公积金异地贷款证明信息互认、企业和个人在一个网络平台即可办理几十项政务服务内容等,极大地提高了长三角政务服务的便捷性,彰显出长三角公共服务一体化的初步成就。

根据长三角业已构建的公共服务一体化格局,我们认为长三角公共服务一体化存在深度和难度的分层分布,由外围向内核逐渐深化。

一是外围程序类、流程类公共服务的整合。公共服务中涉及办理程序调整、流程改进、效率提升等的服务内容,在一体化公共服务推进中相对容易实现。前期长三角公共服务一体化在此类公共服务改进和一体化整合方面成效显著,上海"一网通办",江苏"不见面审批",浙江"最多跑一次",安徽"皖事通办"等,均是各地在行政流程手续办理方面的便捷化改革。长三角一体化战略后整合为长三角"一网通办",企业和居民个人可以通过统一的前端服务平台便捷办理五十余项政务服务事项,广受企业和民众好评。

二是中层内容类、身份认同与交互类公共服务的整合。此类公共服务要求各地公共信息的更深层次共享,异地身份认同和社会治理与服务的协同完成。目前已经实现的中等难度的公共服务一体化是长三角地区 41 个城市异地门诊结算,民众持"一卡通"可以在长三角各地实现异地门诊就医,相关费用直接划转。2020 年 8 月三省一市联合签署《长三角住房公积金一体化战略合作框架协议》,推进长三角住房公积金一体化合作,从购房信息协查、异地贷款证明信息互认、异地贷款冲还贷等几个方面开始住房公积金的一体化公共服务。

三是内核权益类、福利类公共服务的一体化整合。就社会保障中医疗保险公共服务来说,门诊费用因为是个人账户一卡通余额支出,个人财产的权属性质清晰,因此比较容易实现。但医疗保险的缴费基数、报销条件比例等涉及公共权益的内核部分,目前尚未触及;养老保险的跨地区权益整合以及养老保险区域统筹等都需要在信息深度共享和身份互认的基础上整合跨地域权益和福利;民生托底保障一般以地方政府财政支持为主,通常以本地户籍作为托底民生保障福利享受的前提条件,因而面临较深的一体化障碍。在长三角人口迁移互融加深的背景下,还需要进一步深度推进公共服务一体化,让长三角居民享受区域内一体化的社会保障与福利。

在长三角公共服务一体化推进过程中,目前第一个层次已经卓有成效。接下来要实现高质量发展,必须深化推进第二和第三层次公共服务的一体化整合。

三、民生保障公共服务一体化的内涵

根据西方发达国家基本公共服务均等化发展的悠久历史,各国公共服务的核心内容是伴随着基本公共服务体系与社会保障体系的改革而逐渐完善的,即西方发达国家公共服务一体化的核心内容体现在社会保障公共服务的一体化方面。自 1601 年英国颁布《伊丽莎白济贫法》以来,西方发达国家的基本公共服务发展历史已达 400 多年。19 世纪后期,以德国《医疗保险法》和《工伤保险法》的颁布与 1945 年英国建立福利国家为标志,发达国家的基本公共服务开始快速发展。1935 年,美国颁布了《社会保障法》,标志着现代西方国家基本公共服务体系的全面普及。西方发达国家基本公共服务均等化的发展模式在其历史、财力和政治等因素的作用下,呈现出多样化的特点(表 10-1),主要包括以美国和法国为代表的"市场主导型"模式、以英国和北欧国家为代表的"公平至上型"模式①。同时,西方发达国家注重基本公共服务设施在国家层面和地区层面的"平均"发展,通过财政均等化实现国家基本公共服务的平均分配。加拿大作为现代基本公共服务体系建设最为成功的国家之一,主要通过建立省级政府财政支出能力均等化体系来为所有居民提供品质适度的,以教育、医疗卫生与社会服务为主体的基本公共服务及设施。澳大利亚以州政府为主体,以实现"两个均等化"(财政支付能力均等化、财政需求均等化)为目标,为各州提供符合本州特点又与其他州标准相似的健康、教育、社会保险、国家援助、福利与经济服务等基本公共服务及设施。欧洲国家的政府在公共事务、社会事务中承担着重

① 廖文剑.西方发达国家基本公共服务均等化路径选择的经验与启示[J].中国行政管理,2011(3):97-100.

大责任,德国采取"国家—地方"两级政府的模式实现基本公共服务均等化,国家层面上的均等化被称为"全国一致的生活标准",区域层面的均等化必须满足联邦政府的要求,并根据自身财力建设适合本州特点的基本公共服务设施,主要包括社会文化、公共卫生和公共教育等设施。

表 10-1　部分发达国家公共服务发展历程①

国家	城市化起飞阶段	城市化飞速发展阶段	城市化稳定发展阶段
美国	公共教育	社会救济、公共教育	社会保险、公共教育、公共卫生、社会救济
英国	社会救济	社会救济	社会保险、公共教育、公共卫生、社会救济
德国	公共教育	社会救济、社会保险、公共教育	社会文化、公共教育、公共卫生、社会保险
日本	公共教育、公共卫生	公共教育、社会保险、公共卫生	公共教育、社会保险、公共卫生

　　上述西方发达国家公共服务一体化发展的进程表明,教育、医疗、社会保障等是国家提供公共服务的最主要内容,其中,社会保障公共服务占有非常重要的地位。国际社会保障实践起源于工业革命和济贫思想,其理论源流逐渐发展演变,形成社会公正理论和社会责任机制。1601 年,英国颁布《济贫法》,对贫民、失怙无依的儿童及老弱病残提供救济救助,将"保护弱者"的父爱主义传统和社会公正的理念纳入法制,为建立社会保障制度奠定了伦理基础。与英国建立于贵族王权政治的社会基础不同,德意志帝国诞生于剧烈的政权变动和社会变革中,在日益兴起的工人运动的压力下,俾斯麦政府通过社会保险整合矛盾重重的各社会利益集团,安抚工人阶级、调和劳资矛盾,以政府与主要社会成员(包括雇主和工人)进行协商共建的方式建立了社会保险制度,形成"权利与义

---

① 谢波,等.基本公共服务设施均等化的内涵及其规划策略[J].规划师,2014(5):11-16.

务对等"的社会基础,一方面雇主雇员依法缴纳社会保障税费,另一方面享有社会福利而获得安全保障。20世纪以来,西方民主政治发展的洪流推动社会保障的伦理基础逐渐转向,"公民权利"被提上政治议程,社会保障权益不再被作为国家对公民的施舍或怜悯,而被作为公民的正当权利与国家(政府)的当然责任①。基于"公民权利"的社会基础,民众的福利要求和民主政治的冲动叠加,形成以英国为代表且影响广泛的"福利国家"实践。然而,过度的福利追求使得各福利国家背负了沉重的财政负担,甚至落入由福利刚性导致的高福利支出与低劳动参与率、低经济增长率的"福利陷阱"②③,难以应对经济转型和人口老龄化的挑战。约翰·罗尔斯《正义论》从全新的角度审视社会,确立"正义是社会体制的第一美德",采用"无知之幕"和"原始状态"的研究设置,提出两大正义原则。其中,社会保障作为维持正义的调节机制,成为社会正义的重要内容。由此,国家的社会保障制度安排从早期的外部人道关爱转变成内在责任义务,社会保障成为国家政府提供的当然公共服务。

我国基本公共教育属于民生保障范畴,医疗保障本来在社会保障制度体系之内,因此本章所谈民生保障,包含教育、医疗、养老等保障内容。既然民生保障一方面是国家政府的公共服务责任,另一方面代表公民的权利以及社会正义,因此,当我们分析民生保障公共服务一体化的内涵时,需要同时考虑提供者和享受者两个角度,并更加着重于公民权利和权益实现的视角。因此,民生保障公共服务的一体化应体现在如下几个方面:

(一)民生保障权利一体化

随着人类文明的发展,民生保障已经成为现代国家公民的应有权利,是社会正义的重要调节机制与内容。因此全体公民,理应公平享有社会保障的权利,即当个人和家庭遭遇社会风险时,有从国家和社会获得帮助以渡过困难的

---

① 张向达,程雷.论西方社会保障的伦理嬗变及启示[J].伦理学研究,2012(1):54-58.
② 黄少安,陈言,李睿.福利刚性、公共支出结构与福利陷阱[J].中国社会科学,2018(1):90-113.
③ 曾楠.西方福利国家政治认同的现实挑战及中国优势[J].国外社会科学,2017(6):30-37.

权利。民生保障权利的一体化,就是全体公民均等公平地拥有权利,而不因种族、民族、身份、地位、地域、户籍等而有差异。

(二)民生保障机会一体化

在权利一体化的基础上,公民获得社会风险保障的机会、获得教育提升人力资本的机会等都应当公平均等。比如公共教育,在拥有接受公共教育权利的基础上,能够享受到公共教育的机会起点应当公平一致。教育的人才培养和选拔机制对所有的公民应当是一致的,不因身份、地位、财富等而存在机会上的差异。

(三)民生保障原则一体化

作为社会风险的保障和补偿,社会保障并非所有人都统一享受,而是必然根据保障项目的不同而有享受条件的差异。如养老保障,以年龄和退休为条件;医疗保障,以满足要求的医疗费用为报销前提;城乡最低生活保障,以满足当地低保线为要求;等等。基本公共教育的获得,既是公民的权利,也是公民的义务。民生保障权益的享受原则对所有公民应当均等一致,即所有人依据相同的民生保障原则和条件享受权益和福利,而不因身份、地位、财富等而差异化对待。

(四)民生保障权益流动便携一体化

社会保障是人的权益保障,当公民个体和家庭发生迁移流动,社会保障权益应当随同流动,以实现完整无损的社会保障权益。人力资源的自由灵活流动是现代经济社会的突出特点,也是现代经济不竭的活力源泉,因此社会保障权益应当具备随同人身迁移流动的便捷性。流动劳动者本人及其子女的受教育权,在流动的过程中应当无差别获得。在跨国劳动力流动日益频繁的现代,各国之间也在积极研究磋商,构建便捷高效的社会保障权益流动机制。我国以属地化为鲜明特色的社会保障制度运行体系,使跨地域劳动力或者居民迁移流动面对相似的地域行政壁垒,损害了民生保障权益的便携性。因此,我国社会保障公共服务的一体化需要着力实现民生保障权益流动的便携一体化。

民生保障公共服务的一体化，并不是完全的均等化，而是在权利、机会、原则、便携等方面的统筹一致，各地区由于经济社会发展实际存在差异，具体的保障内容、待遇标准等会根据实际情况而有不同。一体化，是在框架原则上的一体化，也是对各地实际情况的尊重与适应，与完全的待遇均等化并不等同。基于上述一体化的理念，下面我们进一步分析长三角区域的民生保障公共服务一体化。

第二节　长三角民生保障福利差异与一体化需求

长三角三省一市虽然都属于我经济发展水平较高的地区，但经济社会发展仍有差异，不仅省份之间，在各省内部地市之间也存在较为显著的不同。我国社会保障制度体系，涵盖社会救助、社会保险、社会福利和住房保障等内容。其中，社会救助制度体系中最有代表性的是城乡最低生活保障制度，社会保险中涉及面最广影响最大的是养老保险和医疗保险。社会福利的内涵和外延并不十分清晰，各地根据自己的经济社会文化特点自行决定，住房保障则与土地、商圈价值等紧密相关，更多体现经济特性。基本公共教育服务遵循国家政策。因此，本节选取最能够代表社会保障互助共济公共属性的养老保险、医疗保险以及城乡最低生活保障三个具体社会保障制度，来研究分析长三角社会保障的当前的福利差异，分析长三角民生保障一体化需求。

一、长三角养老保险政策福利差异与一体化

社会保障政策中养老保险占据举足轻重的地位，其中城镇职工基本养老保险政策最为成熟，覆盖城镇大多数职工，是城镇居民的退休"养命钱"。同时，相比 2014 年合并而成的城乡居民基本养老保险，城镇职工基本养老保险是地方政府财政的重要投入和支持目标，最能体现公共服务的核心内涵。因此，本节将主要以长三角城镇职工基本养老保险制度的地区间福利差异作为研究分析

对象,并据此提出推进养老保险一体化的建议。

根据《长三角养老服务发展报告(2019 年版)》,目前长三角人口老龄化水平明显高于全国平均水平。截至 2018 年底,长三角区域户籍人口总数为 2.14 亿,其中 60 周岁及以上老年人口数为 4 589.97 万人,户籍人口老龄化水平为 21.47%。其中,上海市人口老龄化水平最高,安徽省人口老龄化水平最低,接近全国平均水平。在长三角区域一体化进程不断推进的同时,长三角养老服务一体化高质量发展成为关注的重点之一。2019 年 11 月,长三角三省一市民政部门共同签订了《深化长三角区域养老合作与发展·合肥备忘录》,未来坚持民生共享,增加长三角区域优质公共服务供给,共同推动长三角养老服务事业一体化、高质量发展。养老服务事业关系到每个人最切身的利益,养老保险制度的缴费金额与养老金发放金额直接影响到各参保人退休后的收入与生活水平。

(一)长三角城镇职工基本养老保险政策比较分析

长三角三省一市,虽然经济发展水平在全国居于前列,但具体的基本养老保险制度仍然存在不小的差异。由于基本养老保险金的待遇计发办法按照全国统一的计算公式,因此各地制度差异主要体现在缴费环节的缴费基数、缴费比例、缴费上下限,以及属于地方政策范畴的养老金调整具体办法方面。

1.缴费水平

江苏、浙江、安徽、上海三省一市 2018 年城镇职工基本养老保险缴费基数如表 10-2 所示。

表 10-2　2018 年三省一市养老保险缴费基数

地区	对象	上限/(元·月⁻¹)	下限/(元·月⁻¹)
上海	机关、事业、企业、社会团体等单位	21 396	4 279
江苏	全省企业职工	19 935	3 125
	全省机关事业单位		3 360
浙江	机关、事业、企业、社会团体等单位	15 270	3 060
安徽	机关、事业、企业、社会团体等单位	16 982	3 396

从绝对数值来看,上海 2018 年度城镇职工基本养老保险的缴费基数远高于其他三省。缴费上限和下限分别比三省均值高 23% 和 32%,说明上海职工的缴费负担较高。三省中,江苏省依旧将机关事业单位人员与企业职工进行区分,设定了不同的基本养老保险缴费下限,企业职工缴费下限比机关事业单位职工略低。

表 10-3　2018 年长三角 41 个地级市城镇职工基本养老保险缴费情况①

地区		上限/元	下限/元	单位/%	个人/%	合计/%	个人最低缴费负担/元
上海	上海	21 396	4 279	20	8	28	342
江苏	南京市、苏州市、无锡市	19 935	3 030	19	8	27	242
	盐城市、淮安市、南通市、扬州市、徐州市、常州市、连云港市、镇江市、泰州市、宿迁市	19 935	3 125				250
浙江	杭州市、舟山市、湖州市、衢州市、绍兴市、台州市、温州市	15 275	3 055	14	8	22	244 / 245
	嘉兴市、金华市	15 280	3 060				252
	丽水市	15 750	3 150				262
	宁波市	16 394	3 279				
安徽	合肥市、黄山市、马鞍山市、安庆市、淮北市、滁州市、蚌埠市、淮南市、铜陵市、阜阳市、芜湖市、宿州市、六安市、亳州市、池州市、宣城市	16 982	3 396	19	8	27	272

表 10-3 整理了长三角 41 个地市城镇职工基本养老保险的缴费政策情况,包括缴费基数上下限、单位和职工个人缴费比例,职工个人的最低缴费负担等

---

① 作者根据各地政府公开文件整理。

政策信息。三省中,安徽省缴费基数全省统一,江苏和浙江两省尚存在省内缴费基数差异。江苏省于 2018 年 12 月 29 日发布《省政府关于进一步完善企业职工基本养老保险省级统筹的意见》中提出目标:在统一企业职工基本养老保险制度、缴费政策、待遇政策、基金使用、基金预算和经办管理的基础上,加大调剂力度,实施分步推进,到 2020 年建立基金省级统收统支、基金缺口分级负担、各级政府责任明晰的企业职工基本养老保险省级统筹制度。然而,浙江省于 2009 年发布的《浙江省人民政府关于印发浙江省企业职工基本养老保险省级统筹实施方案的通知》中就已提到"企业、民办非企业单位等缴费基数按照全部职工工资总额确定,国家机关、事业单位和社会团体缴费基数按照参保职工工资总额确定。各地要按照《浙江省职工基本养老保险条例》规定夯实缴费基数"。从已有规定来看,浙江省在缴费基数方面尚未达成省级统筹目标。

江苏省南京、苏州、无锡三市缴费基数下限比其他地市略低;浙江省杭州等地市缴费上限和下限都较低。从经济发展水平看,南京、苏州、无锡是江苏省经济领先的发达地市,杭州市是浙江省会城市,而它们的缴费基数水平在本省中却相对较低,说明缴费基数是政策性规定,与经济发展水平并不必然正相关。

2.养老金待遇调整

每年各地市均调整基本养老保险金,调整办法一般由两部分组成,包括普遍调整部分和向高龄老人倾斜部分,普遍调整部分中具体又分为每年每人定额增长部分及与个人缴费情况挂钩部分。截至 2018 年,上海的养老金调整办法中,依旧区分企业退休人员和机关事业单位退休人员,分别在普遍调整部分与向高龄老人倾斜的规定部分采取不同方法。在向高龄老人倾斜调整部分,上海对于受益对象的年龄范围设定为男满 65 岁、女满 60 岁,其余三省年满 70 周岁开始作为高龄老人予以倾斜。相较于其他三省,在向高龄老人倾斜的调整方法中,上海调整受益对象的年龄范围更为广泛,但是随着年龄增加,高龄退休老人通过城镇职工基本养老保险待遇给付所提供的额外福利相较于其他三省更少。三省一市中安徽省对退休高龄老人的倾斜调整力度最大。

（二）长三角城镇职工基本养老保险制度运行比较分析

通过对三省一市 2008—2018 年历年基本养老保险运行数据分析，我们对长三角地区近年来城镇职工基本养老制度的运行情况进行比较分析。

1.职工参保情况

江苏、浙江、安徽、上海三省一市 2008—2018 年城镇职工基本养老保险参保人数，包含在岗职工与离退休职工，参保人数排序依次为江苏省、浙江省、上海市、安徽省。通过曲线的增长趋势，可以看出江苏省与浙江省不仅参保规模较大，并且相对增长速度也较快①。

离退休职工在参保总人数中的占比衡量制度负担。该比值越高，代表制度中缴费人数较少而领取人数较多，制度负担压力越重。图 10-1 给出了长三角三省一市 2008—2018 历年制度负担情况。由图可知，上海市城镇职工基本养老保险制度中离退休职工的占比数值常年高于地区整体均值，显示制度负担为长三角区域最重。2010 年之后，离退休职工占比数值有所下降，与均值之间的差距也随之缩小，制度负担有所缓和；安徽省制度负担历年始终在长三角区域均值附近略高于均值的水平徘徊；江苏和浙江两省的制度负担都低于区域均值，其中江苏省与均值较为接近，而浙江省的制度负担明显低于区域均值，显示负担较轻。但 2010 年之后浙江省离退休职工占比不断提高，显示制度负担在逐年增加。长三角三省一市中上海制度负担最重，待遇给付压力最大，浙江省制度负担最轻，给付压力最小。

2.参保职工缴费情况

通过养老保险基金年收入总额与参保的在岗职工人数，可以计算得到参保职工的实际平均缴费水平。总体来看，长三角地区参保职工实际缴费金额逐年上涨（图 10-2）。上海职工的缴费金额始终远高于其他三省和长三角区域均值，同时增长也最快。其余三省中安徽省的平均缴费水平较高，并在 2018 年出现

---

① 由于各省份缺乏"城镇职工"的统一口径统计数据，因而无法形成城镇职工基本养老保险覆盖率的可比数据。

了较大幅度的跃升。江苏、浙江两省职工平均缴费金额较低,明显低于区域均值,其中浙江省职工平均缴费金额最低。随着年份推移,区域内各省市职工缴费均呈现增长趋势。

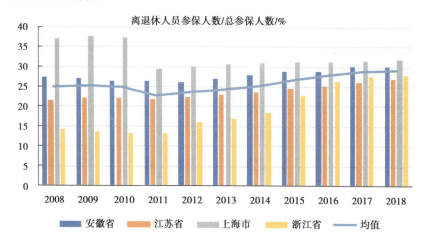

图 10-1　长三角三省一市离退休人员占比

图 10-2　长三角三省一市参保在岗职工实际缴费水平

城镇职工基本养老保险缴费基数的上下限是以当地城镇单位在岗职工平均工资作为参照基准的,同时该平均工资也反映了当地的经济发展水平。为进一步比较各地区养老保险的缴费负担情况,这里采用各地城镇单位在岗职工平均工资增长率作为参照,分析各地实际参保缴费增长率与职工收入增长率之间的关系。总体上长三角三省一市参保职工实际缴费增长率快于所在省市平均工资增长率的年份较多。除个别年份外，上海市职工缴费增长率与平均工资增长率较为一致，协同性较好；安徽省缴费增长率变化和平均工资增长率均波动幅度较大，且两者协同性不佳；江苏省缴费增长率波动幅度比工资增长率波动幅度大；浙江省在岗职工平均工资增长率变动比较稳定，在 10% 上下波动，而职工缴费工资的增长率波动幅度巨大，不同年份均较大幅度上偏或者下偏于平均工资增长率，显示不同年份职工的缴费负担变化。总体来看，江苏省在岗职工的缴费压力相对于工资增长来说较小；而上海在 2015 年、浙江在 2011 年与 2015 年缴费压力相较员工收入增长水平增长更快，缴费负担较重。

3.退休职工养老金领取情况

退休职工养老金领取的多少直接反映基本养老保险待遇水平的高低。根据国家统一的养老金计发办法，养老金的多少与缴费工资高低、缴费工资与当地社会平均工资的相对比值、缴费年限长短，以及个人账户积累额等因素相关。根据长三角三省一市离退休职工在 2008—2018 年的平均养老金领取金额数据可知，长三角人均月领养老金随时间推移不断提高。其中，上海养老金水平始终最高，2016—2018 年达到并超过 4 000 元/月。浙江省和江苏省人均养老金水平低于上海，高于安徽。2012 年之后上海的人均月养老金金额开始拉开与其他三省的差距，安徽 2017—2018 年养老金水平大幅跃升①。采用人均养老金与人均可支配收入的比值来衡量养老金保障水平，该比值越大，养老金保障水平越高，反之则保障水平越低。可以发现，虽然上海市职工人均养老金绝对金额始终领先，但当与人均可支配收入进行比较时，上海的养老金保障水平在 2008—2011 年为区域内最低，2012 年超过浙江，2014 年超过江苏，养老金的保障程度在不断提升。安徽省尽管在多数年份养老金绝对金额低于上海、江苏和浙江，但与其城镇人均可支配收入比较却是保障程度最高的。这说明安徽省经

①《安徽省统计年鉴》数据，2018 年养老金支出大幅度增加。

济发展相对其他省市水平较低,因此即便养老金绝对额不高,相对于人均可支配收入的比值仍然较高。

基于上述三省一市城镇基本养老保险运行情况的描述性统计分析可知,各省市经济发展水平不同,养老保险的缴费、待遇水平和保障程度均有差异,整体上长三角区域内部尚存在养老金待遇水平的高低不均。上海是公认经济最发达的地区,但其职工的保障程度水平并不太高;而江苏和浙江经济发展居于全国前列,缴费比例设定明显较低,而待遇保障程度相对较高;安徽省的养老金绝对金额较低,但相对于其城镇人均可支配收入的相对保障水平较高。

(三)促进长三角区域养老保险一体化的政策建议

①区域一体化发展不仅要缩小省级层面的制度差异,当前首先需要抓紧落实养老保险制度的省级统筹,同省各地区应加快统一养老保险参保缴费基数,并且应解决不同对象间的差异,即统一规定当地企业职工与机关事业单位职工的缴费标准以及待遇调整办法。只有先完成省级统筹,才能进一步推进三省一市间的制度均等化发展,从而最终迈向养老保险全国统筹的目标。

②退休职工养老保险基金的待遇受到各地经济发展程度的影响显著。在经济发展好的地区退休职工领取的待遇水平也会相应提高,然而各地的经济发展与产业结构有关,所以在经济发展较为落后的地区,则需要加强政府保障责任。目前政府往往在利用财政性社会保障支出进行转移支付的用途中,有部分用于补充社会保险基金。但从本书结果可以看出,当前财政社会保障支出对提高职工退休生活水平的影响尚不显著,应当进一步增加社会保障财政性支出,同时加强对这部分资金使用效率的监督,确保其使用得当。

③从长三角地区数据可知,基金累计结余越多,当地职工养老待遇水平越低。应该合理设定退休职工养老金水平。社会保障水平直接关系着社会成员的生活水平和生活质量。社会保障水平必须与经济发展水平相适应,水平过低会导致居民保障不足,影响社会稳定;水平过高又会加重财政的负担,影响本国企业的国际竞争力,制约经济持续协调健康发展。不一味追求基本养老保险基

金结余金额最大化，而是首先应保障当地退休职工可以获得保障一定生活水平的待遇基础上，再将基本养老保险基金累计结余进行投资运营。

二、长三角医疗保险政策福利差异与一体化

（一）长三角三省一市城镇职工基本医疗保险制度演进

1998 年，国务院发布关于建立城镇职工基本医疗保险制度的决定，自此全国范围内开始进行城镇职工医疗保险制度改革。我国城镇职工基本医疗保险制度建立的原则包括：城镇所有用人单位及其职工都要参加基本医疗保险，实行属地管理；基本医疗保险费由用人单位和职工双方共同负担；基本医疗保险基金实行社会统筹和个人账户相结合等。城镇职工医疗保险原则上以地级以上市作为统筹单位，统筹地执行统一的医疗保险政策。上海、江苏、浙江、安徽四地在国务院文件的指导下不断完善职工基本医疗保险制度，并结合制度运行实际情况不断调整完善。各地制度发展至今，覆盖对象已基本包括国家机关、事业单位、社会团体和各类企业及其职工，个体工商户、非全日制从业人员及其他灵活就业人员和退休退职人员三类。医疗保险的地市级统筹原则自始确定，因此各地根据自身经济社会发展实际在国家整体原则框架下指定本地的具体政策内容。

1.上海市

为了保障职工基本医疗需求，上海于 2000 年颁布《上海市城镇职工基本医疗保险办法》，将本市范围内的城镇机关、事业单位、企业、社会团体和民办非企业单位及其职工列为城镇职工基本医疗保险的参保对象。2011 年，上海将本市城镇从事自由职业人员和个体经济组织从业者纳入本市城镇职工基本医疗保险。2012 年，上海进一步扩大参保范围，将与本市用人单位建立劳动关系的外来从业人员，本市郊区范围内用人单位及其具有本市户籍的从业人员以及本市领取失业保险金人员也一并列为参保人群。2013 年，上海市人民政府颁布《上

海市职工基本医疗办法》,对城镇职工医疗保险的适用人群、征缴管理、待遇支付进行了明确的规定。近几年来,上海城镇职工基本医疗保险缴费比例呈现下调趋势,在 2013 年由 14% 调整为 13%,2016 至 2017 年又相继调整为 12% 和 11.5%。同时,最高支付限额呈现不断上调的趋势。缴费比例下降而医疗支付限额提高,医疗保障水平呈上升趋势。

2.江苏省

江苏省于 1999 年起在全省建立城镇职工基本医疗保险制度,其覆盖范围为行政区域内城镇所有用人单位及其职工。2002 年,又将本省行政区域内已参加城镇企业职工基本养老保险的个体经济从业人员纳入参保范围。2008 年,为深入推进农民工医疗保险工作,切实维护农民工的医疗保障权益,提出所有用人单位应当为所招用的农民工办理与其他职工同样的城镇职工基本医疗保险。2011 年,江苏省人力资源和社会保障部门发布《关于进一步完善城镇基本医疗保险门诊统筹的指导意见》,提出有条件的地区要结合职工医保个人账户功能的拓展,积极探索职工医保门诊统筹工作。2019 年,江苏开始实施基本医疗保险和生育保险市级统筹。截至 2018 年底,江苏省已有超 2 700 万人参加城镇职工基本医疗保险,医疗保险市级统筹制度基本建立。

3.浙江省

浙江省于 2000 年在原有公费医疗和劳保医疗制度改革的基础上,进一步推进城镇职工基本医疗保险制度改革,发布并实施《浙江省推进城镇职工基本医疗保险制度改革的意见》。该《意见》指出基本医疗以县(市)和地级以上(含地级)城市的本级行政区为统筹地区,覆盖范围包括企业、机关、事业单位、社会团体等所有城镇用人单位及其职工。2009 年,浙江省开始启动基本医疗保险市级统筹试点工作,确定 4 个市作为市级统筹试点,并计划到 2011 年,全省所有市全面实现城镇职工和城镇居民基本医疗保险市级统筹。2016 年,浙江省进一步调整完善职工基本医疗保险个人账户,进一步明确个人账户使用范围并推动个人账户家庭共济和探索购买商业健康保险。截至 2018 年底,浙江省已有 2 200 万人参加城镇职工基本医疗保险。

4.安徽省

安徽省于 1999 年开始实施城镇职工医疗保险制度改革。其覆盖范围为本省境内城镇所有用人单位及其职工。城镇个体经济组织业主及其从业人员可由统筹地区结合本地实际,逐步纳入基本医疗保险范围。2004 年,安徽的部分统筹地区已经出台了农民工参加职工医疗保险的办法。2011 年,安徽调整城镇职工基本医疗保险个人账户支付范围以减轻参保人员医疗费用负担。2017 年,安徽省合肥市开始进行生育保险和职工基本医疗保险合并试点。截至 2018 年底,全省共有 854 万人参加城镇职工基本医疗保险。

(二)长三角城镇职工基本医疗保险参保及基金运行

1.参保情况

2008—2018 年,三省一市城镇职工参保人数整体上均呈现上升趋势,其中江苏和浙江的上升幅度较大。安徽省参保人数基数较小,上升趋势较为平缓。上海总体呈平稳上升趋势。参保人群可划分为在职职工和退休职工两类。由于退休职工个人不缴费,且一般而言退休职工的医疗支出相比在职职工更大,所以退休人数相对越多意味着制度负担越重。将三省一市进行横向比较可知,上海市城镇职工医疗保险参保人数中,退休职工与在职职工的比值最大,到 2018 年已接近 50%,约占到总参保人数的 25%,说明制度负担较重。而浙江、江苏两省的制度负担相对较轻,2018 年分别为 24% 和 36%,安徽省制度负担率为 41%。

2.基金收支情况

医疗保险基金主要来源于职工和单位缴费以及财政补贴,就职工和单位缴费部分而言其大小取决于缴费人数和缴费数额。当期结余为当期基金收入与基金支出相减。整体而言,各地的当期结余都呈现不断上升的趋势。上海市虽然在参保人数构成中退休职工的比例较高,但其基金结余较高,主要是由于其缴费水平相较于其他城市要更高。同时,2017 年上海市城镇职工医疗保险基金结余呈现激增,主要是由于当年的基金收入增幅很大。从基金累计结余上来看,由于当年基金结余呈现不断增加的趋势,因此基金累计结余增幅不断扩大。截至 2018 年底,上海的城镇职工基本医疗保险基金累计结余为其当年基金支出的 3 倍,浙江、安徽、江苏分别为 2.2 倍、1.8 倍和 1.7 倍。基金收支结余数据显示,虽然上海的制度负担较重,但城镇职工医疗保险制度的基金安全性更高。

(三)长三角 41 个地级市城镇职工基本医疗保险政策比较

医疗保险的政策内容比养老保险更为复杂,涉及缴费规定,个人账户划拨,包含报销比例、起付线、封顶线等指标在内的医疗保险待遇水平等多个方面。

1.缴费规定

(1)个人缴费基数及比例

城镇职工基本医疗保险由职工和用人单位共同缴费。长三角各城市职工个人缴费基数一般为本人上年度月平均工资,缴费比例除镇江市为 2.5% 和浙江四个城市为 1.0% 外,一般为 2.0%[①]。职工个人缴费基数存在上下限,一般为所在省或市在岗职工平均工资的 300% 和 60%。对于下限的设定,浙江一些地级市的规定也有所不同,如浙江金华和浙江台州将缴费基数下限设定为在岗职工平均工资的 80%,而浙江绍兴直接将统筹地的在岗职工月平均工资作为缴费基数下限。

(2)单位缴费基数及比例

城镇职工医疗保险用人单位缴费基数一般为本单位在职职工工资总额,各统筹城市的缴费比例参差不齐,其分布情况如表 10-4 所示。单位缴费比例越高,意味着单位负担越重。上海的单位缴费比例为 9.5%,江苏省各地市的单位缴费比例在 7%~9% 不等,浙江各城市的单位缴费比例在 5%~10.5% 波动,而安徽省各地市为 6%~8.5% 不等。从总体来看,上海和江苏的单位缴费比例较高,

---

① 数据来源于 41 个地级市最新现行有效政策文本或通过课题组成员电话查询得到,下同。镇江的个人缴费比例为 2.5%,绍兴、衢州、台州为 1%,湖州为省平均工资的 1%,舟山不建立个人账户,故个人不缴费。

安徽的缴费比例较低,浙江的省内差异较大。从分布情况来看,单位缴费比例
与当地经济水平呈现一定的正向关系,即一般经济水平越高的城市,单位缴费
比例越高。

表 10-4 城镇职工基本医疗保险单位缴费比例①

单位缴费比例	上海	江苏	浙江	安徽
7%以下			丽水、舟山、绍兴	马鞍山、铜陵、安庆、宣城、池州、亳州、阜阳、宿州、黄山
7%(含)~8%		扬州、宿迁、连云港、无锡、苏州、常州	金华、台州	合肥、滁州、六安、淮南
8%(含)~9%		南通、盐城、淮安	温州、湖州、衢州	芜湖、蚌埠、淮北
9%及以上	上海	南京、镇江、泰州、徐州	杭州、宁波、嘉兴	

（3）整体缴费比例

将个人缴费率与单位缴费率相加可得到整体缴费率。由于多数城市的个
人缴费率都为 2%,因此整体缴费比例与单位缴费比例呈现相同的特征。上海
的整体缴费比例为 11.5%,江苏、浙江、安徽三省的平均缴费比例分别为 9.9%、
9.3%和 8.9%,平均缴费比例逐渐降低。从省内比较来看,浙江各地级市的整体
缴费率差异较大,最高的是杭州为 12.5%,在 41 个地级市中也位列第一;最低是
绍兴,整体缴费比例为 6.0%。杭州和绍兴也分别是长三角 41 地市的最高和最
低单位缴费比例的城市。

（4）职工退休享受待遇所需缴费年限

根据我国基本医疗保险制度的原则,退休职工不需要缴纳基本医疗保险费

① 部分地市根据是否设立个人账户存在两种缴费比例,则以设立个人账户的缴费比例为准。

仍可继续享受医疗保险待遇。但退休职工待遇领取需要满足两个条件:一是达到退休年龄并办理退休手续,二是满足一定的缴费年限要求。此外,长三角各城市对于职工退休后获得医疗保险待遇的最低缴费年限要求存在五种情况,见表 10-5。男性最低缴费年限要求一般比女性多 5 年,这与普遍情况下男性的退休时间比女性晚 5 年相一致。其中,常见的规定是男性累计缴费满 30 年或 25 年(包括视同缴费年限),对应的女性缴费年限为 25 年或 20 年。另有一些城市在累计缴费年限的要求上又增设了实际缴费年限,一般为 15 年或 10 年。相比较而言,上海市、江苏南通市、浙江宁波市、安徽宣城市等几个城市的最低缴费年限较低,职工医疗保险待遇水平在这一指标上较高。

表 10-5 职工退休医疗保险待遇享受条件

最低缴费年限/年		上海	江苏	浙江	安徽
男性	女性				
15	15	上海	南通	宁波	宣城
20	20			杭州、温州、绍兴、衢州、台州、舟山	
25	20		南京、苏州、无锡、常州、镇江、泰州、扬州、盐城、淮安、宿迁、徐州	湖州	合肥、宿州、池州
25	25			嘉兴、金华、丽水	淮南、马鞍山、淮北、亳州
30	25		连云港		芜湖、蚌埠、铜陵、安庆、黄山、阜阳、滁州、六安

2.个人账户划拨

城镇职工基本医疗保险缴费划入个人账户和社会统筹基金两块。职工缴费部分全部划入个人医疗账户,单位缴费部分分年龄段按单位缴费基数的一定比例划入，年龄越大划入比例越高。退休人员的医疗保险个人账户划入金额一般是本人养老金的一定比例，也存在一些城市将全省在岗职工平均工资、参保职工人均缴费作为划拨基数或直接按定额划入。退休人员划入比例或数额一般高于在职职工。各地市具体医疗保险个人账户划拨政策根据不同职工的不同年龄段而有不同，多数地市以 35 岁、45 岁、70 岁或者 75 岁作为在职职工和退休职工个人账户不同划拨比例的年龄段分界线。安徽多个城市只以 45 岁为界限划分。浙江各城市间的政策差异较大，舟山不设立个人账户，台州则将统筹地在岗职工平均工资作为划拨基数。另外，温州、湖州、嘉兴都是定额划入，这主要是由于以上三个城市的职工个人缴费基数也都是在岗职工平均工资或者固定数额。因为在岗职工的定额划入部分较小，所以上海的整体划入水平不高，在 2% 左右。安徽在岗职工的划入水平相对最高。江苏的政策偏向于退休职工，退休职工的个人账户划拨比例在三省一市中最高。

在了解个人账户划拨比例的基础上，我们将个人账户划拨比例除以个人和单位缴费比例之和作为个人账户划拨水平，衡量个人账户拨入占整体缴费的比例。由统计数据分析发现，上海的划入水平较低，其次是浙江、江苏和安徽。其中，上海的划拨水平较低，这是由缴费比例较高和划入水平较低两个因素共同导致的。安徽的划入水平较高，由缴费比例较低和划入水平较高两个因素综合所致。安徽缴费比例较低，而个人账户划入比例较高，这跟安徽多地尚未建立门诊统筹制度相关。对个人账户按固定数额划入的城市上海、湖州、嘉兴而言，制度本身的激励性不足，其个人账户划拨水平也较低。

3.医疗保险待遇水平

城镇职工基本医疗保险最主要的待遇部分是住院报销。参保职工住院费用由统筹基金给予一定比例的报销。报销有起付标准，是指在定点医疗机构住院产生的医疗费用，由统筹基金支付前个人自付的金额。起付标准一般根据医疗机构的级别进行划定，级别越高起付标准越高。对于多次住院的情况，多数城市会降低第二次及以上住院的起付标准，降低的方式包括固定数额降低或按比例降低两种。一些城市在设定起付标准时会同时考虑医疗机构级别和人群。此类规定中,在同等级别的医疗机构就医时,退休人员比在职人员承担更低的起付标准,表现出退休人员受优待的鲜明倾向。超过起付标准的住院费用进入统筹基金支付范围,统筹基金支付的规则一般有三条:第一,根据医疗机构级别进行支付,级别越高,报销比例越低;第二,根据医疗费用分段支付,医疗费用越高,报销比例越高;第三,根据人群进行支付,退休人员报销比例一般高于在职人员。为控制基金整体支出负担,城镇职工医疗保险统筹基金支付还设定了最高支付限额,但随着职工医疗保险与其他医疗保险的衔接,越来越多的城市不再设立最高支付标准。

(1)起付标准

起付标准是进入统筹基金支付范围前个人自付的部分。起付标准越高,代表个人自付的负担越重。上海、宁波、绍兴和金华等地的起付标准较高,在1 100元以上,而江苏省各城市的起付标准集中在901~1 100元。安徽各城市规定的在职职工三级医疗机构首次住院起付标准相对较低。从地域分布上来看,起付标准和当地经济发展情况具有一定的关联性,当地经济发展越好,起付标准越高。在起付标准方面,在职职工和退休人员的规定一般相同。部分城市如上海、江苏、无锡、常州、徐州、淮北、黄山和滁州等地,退休人员住院起付标准要低于在职职工,政策规定更加偏向于退休人员。

(2)住院报销比例

住院报销比例是职工基本医疗保险待遇最主要的一个衡量指标,报销比例越高则参保人员在就诊时自付的比例就越低,也就意味着待遇水平越高。详细整理长三角41地市住院报销比例政策规定可以看出,江苏泰州和安徽宣城的住院报销比例超过90%,职工住院时的医疗负担较小,而镇江、盐城、宁波、绍兴、嘉兴等地的报销比例较低,在80%以下。其余地市,包括上海、杭州、南京、合肥等报销比例在80%~90%。上海的在职职工住院报销比例为85%,江苏、浙江、安徽各地级市的平均报销比例为86%、82.2%和87.1%。江苏和安徽两地的住院报销比例较高,且各地级市之间的差异较大。而浙江的平均报销比例较低。

退休职工住院的报销比例一般高于在职职工,根据测算可知,长三角41个地级市退休职工住院报销比例平均比在职职工高4.1%。上海退休职工的住院报销比例比在职职工高出了7%,江苏苏州等地和浙江宁波等地的退休人员住院报销比例也高于平均值,说明退休职工的待遇更优厚。

（3）最高支付水平

在统筹基金支付上,多数城市会设置最高支付标准。最高支付标准一般为固定数额,各地会在一定时期内根据当地经济发展等因素进行调整。也有一些城市直接将经济指标作为基数实现动态调整,如安徽淮南市将统筹地职工年平均工资的四倍作为统筹基金支付的最高限额。随着职工基本医疗保险与大病保险等制度的对接,越来越多的城市不再设置最高支付限额。对于设置有相应最高标准具体数额的城市,采用最高支付水平与在岗职工平均年工资的比值统一进行比较。盐城、台州、蚌埠等地的最高支付水平较高,最高限额均在当地在岗职工平均工资的6倍以上,而江苏南京等地和安徽芜湖等地的最高支付水平较低,在3倍以下。上海介于3~6倍。另外,浙江有多个地级市不设最高支付限额。在此需要说明的是,因为安徽部分地级市政策更新较慢,所以在进行统计时最高支付标准存在偏低统计的可能。

（四）长三角医疗保险政策福利差异小结

综合以上部分,可以得出以下结论:

第一,长三角41个地级市之间的城镇职工基本医疗保险待遇存在差异。通过比较个人账户划拨指数和住院报销指数可知,绍兴、台州、宣城、黄山、阜阳、池州、铜陵、宿州等地的待遇水平相对较高,而上海、镇江、徐州、杭州、湖州和嘉兴等地的待遇水平相对较低。

第二,城镇职工基本医疗保险待遇省内也存在一定差异。城镇职工基本医疗保险原则上以地级市以上单位为统筹单位,但在实际运行中也存在一些城市正处于推进医疗保险市级统筹的阶段中,故地级市间甚至地级市下的县区内的政策规定也存在一定的差异。通过分析可知，浙江省内呈现差异较大的特点，而江苏各地的政策差异则较小。

第三，考虑到缴费因素，缴费比例高的城市其待遇水平会显著变低，缴费比例低的城市其待遇水平会显著提升。本书在计算个人账户划拨指数和住院待遇指数时均将缴费因素涉及其中，同时将各地的待遇水平与41个地级市的平均水平进行比较。在比较的过程中，发现上海和安徽多地的待遇水平呈现两极分化的特点，这主要是由于上海的缴费比例较高，安徽多地的缴费比例较低。这种特点的显现说明现有政策未能很好地体现医疗保险"多缴多得"的原则。

长三角异地就医结算是重要的一体化公共服务。由于医疗保险政策的地市级统筹管理特征，各地根据国家统一政策框架和自身经济社会发展实际制定的具体实施政策内容存在差异，且短时间内可能难以全部统一。因此，如何在尊重各地医疗保险政策规定的基础上，促进长三角居民在区域内的医疗行为能够获得本地医保政策支撑，就是医疗保险区域一体化的重要内容。各省市间应当互促医疗资源的区域内共享，并形成地区间报销结算的统一网络，能够根据职工的具体信息，实现异地就医结算及报销等实质性公共服务的一体化。

三、长三角最低生活保障政策福利差异与一体化

（一）长三角41地市城乡居民最低生活保障标准比较

上海、江苏、浙江、安徽四地41地市中有38市于2020年上调了城乡居民最低生活保障标准，上调比率全部在4%以上，多数为5%~8%，其中7个地市上调比率达10%及以上，保障水平不断提高。根据物价、消费水平、收入、最低工资等指标的增长，切实制定各地最低生活保障标准，是落实惠民政策，促进共同富裕的重要举措。

从总体来看，长三角三省一市中，上海市的城乡居民最低生活保障标准最高，为1 240元每月；浙江省次之，平均标准为868元每月；江苏省位于第三，平

均标准为 771 元每月；安徽省平均标准最低，为 636 元每月。由于最低生活保障标准基于各省市的实际情况而制定，制定过程中以人均可支配收入与生活消费数额等作为参考因素，故三省一市的标准相差较大。同时，省市内各地市的经济发展水平也存在差异，江苏苏州最低生活保障标准高达 1 045 元，而江苏宿迁仅为 610 元，省内差额即达到了 435 元，相差超过 70%；相比之下，安徽省内最低生活保障标准相差较小，大部分数额集中在 600~700 元，浙江省内差异为 302 元，上海市内则不再划分各区的标准线。

（二）最低生活保障的保障力度比较

比较各地市社会福利情况，需要参照该地的人均可支配收入。各地市制定最低生活保障标准会参考城市的经济发展、消费水平等因素。经济发展较好、居民收入较高的城市，统筹社会保障福利更加优厚。根据对长三角 41 地市月人均可支配收入和城乡低保标准政策的梳理和比较分析，上海市人均可支配收入远超其余长三角地区城市，达 5 786.83 元。最低生活保障标准为 1 240 元，为长三角区域 41 地市中最高。同时上海市低收入困难家庭申请专项救助经济状况认定标准中，收入标准调整为居民家庭月人均可支配收入低于 2 480 元，此标准也高于江苏省、安徽省部分地市；浙江省平均月人均可支配收入为 4 109 元，仅次于上海，平均低保标准为 868 元；江苏省平均月人均可支配收入为 3 378 元，位列第三，平均低保标准为 771 元；安徽省月人均可支配收入为 2 248 元，为三省一市最低，其城乡低保标准平均为 630 元，也是区域内最低的。从人均可支配收入和城乡低保的绝对数额看，三省一市呈现相同的高低顺序：上海>浙江>江苏>安徽。构建最低生活保障力度指标，用城乡低保标准除以人均可支配收入代表各地市提供的低保标准相对于当地人均可支配收入的比值，发现经济越好、人均可支配收入越高的地市，保障力度指标越低，反之低保保障力度越高（表 10-6）。

表 10-6　三省一市城乡低保政策保障力度比较

城乡低保政策保障力度	上海	江苏	浙江	安徽
20%以下		南京	舟山、温州、嘉兴、绍兴、金华	马鞍山
20%～25%	上海	苏州、南通、镇江、常州、无锡、泰州、扬州	台州、宁波、湖州、杭州	合肥、芜湖
25%～30%		盐城、淮安、徐州、连云港、宿迁	丽水、衢州	安庆、黄山、铜陵、淮南、淮北、蚌埠、宣城
30%～35%				滁州、阜阳、池州
35%以上				六安、亳州、宿州

分析说明,社会救助的城乡低保政策具有一定的刚性特征,并不与经济发展成正比等量增长。经济发展水平较低的地区,人均可支配收入低,但为保证居民最低的生活标准,保障力度要比较大,说明经济较差的地方其实福利成本和压力也相对较大。

(三)城乡低保覆盖范围比较

表 10-7 给出了三省一市城乡最低生活保障覆盖的对象人数。除上海市的城镇低保对象人数多于农村低保对象人数,江苏省、浙江省、安徽省的农村低保对象都远多于城镇。从总数上来看,上海城乡低保对象人数合计 17.9 万,占常住人口 2 400 万的 0.75%;江苏城乡低保对象人数合计 80.6 万,占常住人口 8 070万的 1%;浙江城乡低保对象人数合计 64.9 万,占常住人口 5 850 万的 1.1%;安徽城乡低保对象人数合计 214.7 万,占常住人口 6 366 万的 3.4%。从中能够明显看出,上海市的低保覆盖范围人群数最小,且占比最低,安徽省的低保覆盖范围人群数最多,且占比最大。数据显示,三省一市的城乡最低生活保障覆盖率存在较大差异,安徽省经济水平相对较低,其居民户中有较高的比例

需要依靠政府最低生活保障的托底政策才能维持生活。

表 10-7　低保覆盖范围人群数①

省份	城镇居民低保 对象人数/万人	农村居民低保 对象人数/万人	城乡低保合计 /万人	占常住人口比例 /%
上海	14.8	3.1	17.9	0.75
江苏	12	68.6	80.6	1
浙江	10.6	54.3	64.9	1.10
安徽	36.2	178.5	214.7	3.40

　　上述分析表明,城乡最低生活保障制度作为我国社会救助的最重要制度内容,因各地市经济发展水平的实际而存在较大的差异。在推进长三角地区社会保障公共服务一体化的进程中必然面临最低生活保障因各地经济发展现实而难以保持一致的问题,需要发挥智慧,以合理的保障原则为基准来推进相关工作。

四、长三角民生保障差异要求推进民生保障一体化

(一)长三角民生保障差异总结

　　我国民生保障体系中社会保险覆盖了最广泛的劳动人口群体,覆盖面最广、影响最大。社会保险中,养老保险和医疗保险是最重要的民生关切。社会救助对社会中的弱势困难群体提供物质帮扶,是我国的托底制度;其中,城乡最低生活保障是所有地市都有的普适性政策,也是我国社会救助的最重要政策。因此对长三角民生保障公共服务的研究,选择长三角 41 地市的城镇职工基本养老保险、基本医疗保险和城乡最低生活保障这三个具有统一性、普适性和代表性的公共服务,展开系统和深入的比较研究。研究结论说明,尽管长三角在全国经济发展中居于领先梯队,其区域内部仍然存在民生保障公共服务的较大

---

① 数据来源于民政网统计数据。

差异,主要体现在:

1.社会保障政策内容差异

尽管基本养老保险、基本医疗保险和城乡最低生活保障制度等均有国家层面的政策框架,各地市仍然在管辖范围内存在具体政策内容的较大差异。基本养老保险的缴费基数和缴费比例,各地均有不同。由于经济发展水平存在差异,上海的缴费基数最高,江苏、浙江、安徽三省虽然也各有不同,但整体上缴费基数远远低于上海。此外,上海的缴费比例也是区域内最高的;浙江省缴费比例最低;江苏省和安徽省缴费比例居中。医疗保险的运行情况类似,各地缴费基数和缴费比例均存在不同。由于医疗保险制度自始即明确为地市级统筹,且制度涉及缴费基数、缴费比例、个人账户划拨比例、报销比例、起付线、封顶线等一系列更为复杂的政策构成内容,各地的差异化表现更为明显。城乡低保作为最重要的社会救助制度,各地依据自身经济实力制定救助标准,也体现了地区间的差异。

2.社会保障福利待遇水平不均,绝对水平和相对水平出现分化背离

福利待遇水平方面,福利待遇的绝对金额上,上海在养老保险、医疗保险和城乡最低生活保障三个社会保障政策上都领先于区域内其他三省,回归分析的模型结果也验证了退休职工基本养老保险待遇水平与当地经济发展程度密切相关;医疗保险待遇从报销最高限额看也居于较高的位置;城乡低保标准更是引领区域各省市,排名第一。一般来说,经济发展水平越高的地区,社会保障公共服务的绝对水平越高。经济发展与福利待遇水平绝对值密切相关,但相对福利水平并非如此。

社会保险的权利和义务对等性质决定了养老保险和医疗保险的公共保障水平除了看终点的福利待遇高低外,还应当考虑包括缴费基数、缴费比例等缴费负担因素。当我们将缴费负担因素和当地人均可支配收入等经济水平因素纳入考量框架,发现相对保障水平并不与经济水平直接相关。经济发达地区如上海,由于其缴费基数高、缴费比例高,综合的保障水平并不比其他地区高。以养老保险为例,尽管上海退休职工人均养老金以超过 4 000 元/月的标准领先于其他三省,但考虑缴费基数、缴费比例和当地人均可支配收入因素后,发现上海的养老保障程度在 2011 年以前甚至低于另外三省,2012 年以后以"人均养老金/可支配收入"来衡量的保障程度开始提高,先后超过浙江和江苏。安徽省由于其缴费基数低,尽管待遇绝对金额较低,但相对于其城镇居民人居可支配收入水平,其相对保障水平反而较高。同样,上海的最低生活保障标准绝对额最高,但考虑人均可支配收入的保障程度则并不算高,相反经济水平较低的部分安徽省城市,其相对于人均可支配收入的比例即保障力度更高。综合上述分析,社会保障的绝对福利水平和相对福利水平的指征出现了分化:经济发展好的地区绝对福利水平高,而经济较差地区的相对福利水平较高。出现这一现象的原因是社会保障是保基本的福利定位,不可能与经济发展水平无限趋同。比如城乡低保作为保障本地居民最低生活水平的标准,不适宜与经济发展等量挂钩,因而经济发达地区以人均可支配收入衡量的保障力度较低而经济欠发达地区保障力度较高。这也在另一方面说明经济欠发达地方的政府要维持当地居民的基本生活标准,需要投入的福利成本和财政压力较大。

3.缴费增长快于在职职工平均工资增长损害民生保障福利提高潜力

各省市每年调整社保缴费基数,该缴费增长因素也会影响到社会保障福利水平。江苏省历年来城镇职工工资增长率都高于缴费负担增长率,因而相对缴费负担呈下降趋势,保障福利水平相对提高;上海部分年份缴费基数增长速度快于城镇职工工资增长速度,缴费负担增加,从而使相对保障程度下降。2014年以来,浙江省缴费负担增速较快,这也是其相对福利待遇下降的重要原因。因此,各地在调整社保缴费基数时,应当考虑城镇职工平均工资的增长情况,以不增加职工缴费负担的幅度调增缴费基数和比例范围。

(二)长三角区域民生保障公共服务应寻求在一体化背景下的原则均衡

民生保障公共服务水平,特别是社会保障福利待遇水平,因为与当地经济社会发展的实际情况紧密相关,因而是很难做到完全统一一致的。完全均等的福利待遇水平也不符合福利对等的公平原则。因此,长三角区域内民生保障公共服务的一体化诉求并非福利待遇水平的绝对均等,而是与各地经济社会实际相适应的统一的社会保障公共服务原则。原则一体化,包括政策内容口径的一致、相对福利测算一致、保障权益流转接续一致、社会保障行政服务流程一致等。缴费基数的依据、缴费比例、待遇计算等政策内容应当尽快实现区域内统一,这是实现权益流转接续一致和行政服务流程一致的前提。相对福利测算原则应体现相同的城镇居民/职工社会保障负担和福利水平,形成区域内直观可比的判断依据。保障权益流转接续一致,要求各地对区域内居民的权益实现互认互通,长三角居民能够在区域内自由流动迁徙而民生保障权益无障碍无损失。便捷一致的行政服务流程是民生保障公共服务一体化的表层内容,三省一市在明确相应原则后即可讨论实现一致的行政服务流程。在上述原则的基础上长三角民生保障公共服务才能够真正实现一体化。

第三节　长三角民生保障服务一体化的战略目标与创新机制

一、长三角民生保障公共服务一体化的战略目标

公共服务一体化并非能一蹴而就的,根据公共服务的内容分层,一体化的推进也应当遵循科学的规律。社会保障公共服务一体化的分阶段目标应当包括:

第一阶段,实现长三角各地方社会保障政策的统一与衔接。本章已经详细对比分析了长三角地区各地市社会保障具体政策的差异。部分重要政策的基本规定尚未实现一致统一。如基本养老保险,三省一市的基本养老保险企业缴费比例差异明显,上海 20%,江苏和安徽 19%,浙江省则按照 14%执行;此外,各地缴费基数口径也各不相同,差异更大。医疗保险的政策因素更加复杂,各地

规定内容更加千差万别，区域间政策执行实施和待遇水平等都不一致。政策内容最为简单的是城乡最低生活保障制度，各地根据自身经济发展情况确定的低保标准，地区间差异也非常明显，覆盖人数和占比也相差巨大。因此，若要推动实现长三角地区社会保障公共服务一体化，首先应当在社会保障政策规定上实现统一。这一阶段的统一应当说如能达成沪苏浙皖四地的一致，是相对比较容易实现的第一阶段一体化任务。

第二阶段，破除区域内不同行政辖区间社会保障权益流动性障碍。由于缴费环节的具体政策将直接影响基金积累及待遇水平，在第一阶段一体化目标实现后或者进行实质性推进过程中，第二阶段破除权益流动障碍的一体化进程可以开始推进实施。第二阶段在第一阶段政策主要内容统一一致的基础上，减少行政壁垒，统一行政流程，对区域内居民身份互认互通，实现区域内居民迁移流动时其社会保障权益无障碍、无损失随同本人在长三角区域自由流动。长三角区域已经在全部 41 个地市实现了门诊医疗费用异地结算，是破除社会保障权益流动性障碍的实际进展。后续需要在转诊、住院医疗费用报销等涉及医疗保障权益核心内容方面破除行政壁垒和流动性障碍。

第三阶段，社会保障公共服务一体化的核心内容，实现区域内社会保障权益和福利的一体化。权益一体化并不一定是待遇水平的完全一致。尽管长三角一体化进程会进一步提升区域整体经济水平，但各地市经济发展水平仍会在一定程度上存在高低差异。前述章节已详细对比分析了长三角三省一市 41 个地市在养老、医疗、社会救助政策方面规定的差异，分析了各地待遇不均衡的客观现实。因此，区域社会保障公共服务一体化并非寻求待遇福利的绝对均等，而应当尝试寻找到能够达成区域内各方均可接受的一体化福利待遇标准或适用原则，来实现长三角区域内包括适用对象、缴费、筹集、运营、待遇计算、支付等全流程的社会保障公共服务一体化战略目标。

二、长三角民生保障公共服务一体化的困难与障碍

1.民生保障属地化管理导致行政壁垒

我国民生保障公共职能的责任主体是地方政府。在中央政府的基本原则框架之下,各地方政府以本地公共财政收入承担辖区内社会保障的运行管理,承诺并管理发放社会保障权益。由于我国独特且深植于社会根基的户籍管理制度,各地方政府倾向于为本辖区户籍居民提供对应的社会保障公共服务,而对居住在本地没有本地户籍的居民提供有条件的部分公共服务。我国社会保障制度体系是以户籍、身份、地域、正式劳动关系等固化信息为依据而建立的,在建立之初符合我国的社会实际。然而,随着我国经济社会的快速发展,各类经济要素包括人力资源日趋活跃,区域内的经济合作日益密切,人口迁移流动日益频繁。因此,在非户籍地工作参保的职工和居民规模日益增加,已经成为不能被忽略的重要群体。然而,现有仍然以上述固化特征为根本的社会保障制度体系,已然不适应越来越多、越来越灵活的经济和就业形态,不适应人力资源和劳动力资源自由流动的内在需要。主要表现的行政壁垒包括:地区间社会保障政策内容,包括基数、比例、口径等不一致,待遇计发依据不同,地区间社会保障关系转接存在行政障碍,一体化的社会保障公共服务观念尚有待形成和发扬。

2.现行转移接续政策造成转入地权益明显受损

按我国现行政策,城镇职工基本养老保险跨地区流动社会统筹基金转移12%,其余8%留存当地的政策规定会直接导致转入地权益受损,特别是考虑从经济欠发达地区向经济较发达地区迁移的人口流动特征,将进一步加剧转入地政府的社会保障权益损失,从而在政策规定上形成转入地政府不愿意接纳社保关系转入的负向激励。这一政策规定是地方主导管理模式下考虑地方利益的权宜措施,与全国统筹的战略目标相悖,既损害地方利益又损害职工利益,造成制度不公平,还大大增加了养老保险关系转移的难度和复杂性。在长三角推进社会保障公共服务一体化的战略导向下已经不合时宜,应当予以废除,转而寻

求构建合理的地方间公共责任的分担机制。

3.现行政策形成行为引导，加剧人口流动失衡

通常人们会向经济发展较好、收入较高的地区迁移流动，这本身就是人口迁移流动的最重要因素。我国当前社保政策规定，职工养老金待遇根据退休地政策确定执行。由于我国城乡间、各地区间经济社会发展存在较大差距，在城镇、经济发达地区退休将获得较高的养老保险待遇，而在农村、经济欠发达地区退休则相反。这一政策规定形成利益选择导向，职工倾向于流动到经济发达地区办理退休手续。从地方政府角度，这一政策增加了经济发达地区的养老负担，导致人口的持续单向聚集，不利于实现全国均衡合理的人口分布以及大城市新老人口的合理更替机制；从职工角度，那些原来养老保险关系在农村或者经济欠发达地区后转移到经济发达地区并退休的职工，会有养老权益的额外获得，那些曾经在经济发达地区工作缴费，后又转回欠发达地区或农村的职工，则会遭遇养老权益的损失，造成职工流动过程中的权益不公。建议增加权益公平均衡机制，避免形成加剧人口流动失衡的局面。

为深度推进长三角社会保障公共服务一体化，需要做到以下几点：一是打破地区间社会保障公共服务的行政壁垒，形成政府间的深度协同；二是废除现有转移接续政策中仅转移12%的规定，转而寻求建设适应转移衔接的灵活权益记录系统；三是改变退休待遇规定，形成基于权益分段记录衔接的科学机制。

三、长三角民生保障公共服务一体化的创新机制

我国目前实行属地化管理的民生保障制度体系，各地方民生保障政策在征缴、管理、使用等环节追求本行政辖区社会保障的平衡运作。各地统筹层次不一，缴费基数、缴费比例、待遇计发依据与标准等存在较大差异，若要实质性推进社会保障公共服务一体化，必须构建创新机制，整合政府权责与居民权益，并在支撑公共服务的财政运作上有协同创新的全新尝试。

构建权益流动机制，保留原统筹地的积累权益标准及其对应的养老待遇计

发依据不变,从提高统筹层次开始职工按照新的标准缴费进行后续权益的积累,科学设计养老保险权益记录系统,每一段按照对应统筹地标准缴费积累的养老权益,包括缴费标准和当地经济水平及对应的养老金标准,在权益流动机制下被对应完整记录,跟随职工到达退休年龄,分段计算职工养老金待遇,实现职工完整的养老权益记录、流动和待遇计发。通过设计权益流动机制分段记录不同时期的权益积累和对应养老责任,权益随同职工流动,合理简便;对贡献地区和得益地区的养老权益设计公允的权益补偿,从而使参保职工和统筹地政府的养老权益与责任都能够得以完整记录和流动。因此,与有些学者认为的"统筹层次提高后养老保险权益流动性问题就自然解决"的观点不同,本书认为,必须首先构建权益流动机制,科学安排区域社会保障一体化前后的权益衔接及其与未来养老责任的对应关系,厘清各地方权责界限,才能够基于权益流动机制,实现区域社会保障权益的一体化。即,必须首先解决基本养老保险权益的流动机制问题,才能真正实现一体化。

长三角社会保障公共服务一体化的实现,还必须推进地区政府间在社会保障基金征管收支和权益支付等具体方面的财政协同创新机制。随着我国新一轮机构改革职能落地,社会保障中最核心的基本社会保险如基本养老保险由税务部门统一征收,将极大地促进基金征收的力度与统一性。但是基金的征管收支,必须与权益流动机制紧密配合,匹配各地方的实际社会保障公共责任、权益变动和权益补偿,匹配职工个人的权益流动轨迹。在区域社会保障公共服务一体化进程中各地方财政需要相互协调配合完成社会保障基金的征收、管理和支付等关键环节,发生跨地区流动的参保职工,涉及不同地方、不同时段的缴费及养老责任的记录计算,需要地方间财政协调机制来完成权益折算、权益补偿和基金转移、社会保障权益发放等一系列社会保障公共服务职能。

长三角社会保障公共服务一体化,是公共服务一体化的核心内容,关乎民生大事和区域合作壁垒的破除,是长三角区域一体化的核心抓手。习近平总书记 2020 年 8 月份在合肥"关于扎实推进长三角一体化发展的重要讲话"对长三角一体化工作做出了肯定,也提出了更高要求①。紧扣"一体化"和"高质量"两个关键词进一步推进长三角发展,应当高度重视并充分发挥公共服务一体化的黏合剂、润滑剂、催化剂作用,为长三角一体化更高质量发展保驾护航。

公共服务一体化是长三角高质量一体化发展的"黏合剂"。长三角区域作为一体化大市场的战略定位格局,需要将原分属三省一市的行政公共服务,采用一体化方式黏合起来,高效无阻服务于日益频繁的区域人口流动与产业融合。长三角政务服务"一网通办"平台正在发挥黏合剂作用,便捷服务于长三角的居民和企业。

公共服务一体化是长三角高质量一体化发展的"润滑剂"。随着长三角产业格局分工日益明晰,产业链建设日益完善,产业环节环环相扣,需要高效率的公共服务充当润滑剂,顺畅产业链上下游衔接,服务于区域产业格局中人才、科技、物流、金融等全领域的地区间协作发展。

公共服务一体化是长三角高质量一体化发展的"催化剂"。在当前国际国内大形势下,要求长三角区域一体化担当起国家经济社会发展的重要战略地位,为我国实现国内国际双循环发展格局做出贡献。长三角经济外联国际合作前沿、内居国内经济引擎,是联通和带动国内国际双循环、促进经济整体发展的龙头先锋。公共服务一体化将破除地区间行政壁垒,如同催化剂一般,进一步释放资源要素活力,促进各类经济要素的高效配置,充分发挥国内超大规模市场优势,形成高速度、高质量发展新格局。

---

① 习近平主持召开扎实推进长三角一体化发展座谈会并发表重要讲话[EB/OL].(2020-8-22)[2020-12-30].新华网.

参考文献

（一）中文文献

[1] 安徽统计局.安徽统计年鉴[M].北京:中国统计出版社,2015&2019.

[2] 白军强,刘芳云.产业集群与区域经济一体化互动发展探讨:以珠三角为例[J].中国城市经济,2011(17):56,58.

[3] 曹丽斌,李明煜,张立,等.长三角城市群 CO_2 排放达峰影响研究[J].环境工程,2020,38(11):33-38.

[4] 陈钊,杨红丽.解开 FDI 垂直溢出效应之谜:产业链的视角[J].经济社会体制比较,2015(1):33-45,138.

[5] 陈劲,阳银娟.协同创新的理论基础与内涵[J].科学学研究,2012,30(2):161-164.

[6] 陈建军.长江三角洲区域经济一体化的三次浪潮[J].中国经济史研究,2005(3):113-122.

[7] 陈建军.长江三角洲地区的产业同构及产业定位[J].中国工业经济,2004(2):19-26.

[8] 陈雯,陈顺龙.厦漳泉大都市区同城化:重塑发展新格局[M].北京:科学出版社,2012:10-12.

[9] 陈晓静.我国产业集群推动区域经济一体化的理论与实证[J].社会科学家,2014(8):55-59.

[10] 陈尧明,苏迅.长三角文化的累积与裂变:吴文化—江南文化—海派文化[J].江南论坛,2006(5):15-19.

[11] 陈耀.产业结构趋同的度量及合意与非合意性[J].中国工业经济,1998

(4):37-43.

[12] 成长春,吴健文.新发展格局引领长三角一体化建设[N].中国社会科学报,2021-03-24(04).

[13] 楚天骄.长江三角洲区域产业分工与合作模式研究[J].中国浦东干部学院报,2011,5(4):118-121.

[14] 崔大树.长江三角洲地区高新技术产业一体化发展研究[J].中国工业经济,2003(3):64-71.

[15] 程李梅,庄晋财,李楚,等.产业链空间演化与西部承接产业转移的"陷阱"突破[J].中国工业经济,2013(8):135-147.

[16] 程倩.长三角环境协同治理的困境与破解思路研究[D].南京:南京师范大学,2020:48.

[17] 戴鞍钢.中国近代经济地理:第2卷[M].上海:华东师范大学出版社,2014:5-280.

[18] 邓志新.长江三角洲城市带产业同构现象与上海的发展定位[J].华东经济管理,2006(6):8-11.

[19] 丁文江.芜湖以下扬子江流域地质报告[M]∥丁文江.丁文江选集.北京:北京大学出版社,1993.

[20] 丁瑶瑶.城市群已成为"新基建"的核心载体[J].环境经济.2020(7):25-27.

[21] 杜龙政,汪延明,李石.产业链治理架构及其基本模式研究[J].中国工业经济,2010(3):108-117.

[22] 杜培林,赵炳新.K-cores视角的区域产业结构的趋同演变与空间格局[J].经济问题探索,2014(11):87-93.

[23] 杜恂诚.民族资本主义与旧中国政府(1840—1937)[M].上海:上海社会科学院出版社,1991:285-528.

[24] 郭璞.尔雅[M].王世伟,点校.上海:上海古籍出版社,2015:121.

［25］樊福卓.一种改进的产业结构相似度测度方法［J］.数量经济技术经济研究,2013,30(7):98-115.

［26］樊树志.江南市镇——传统的变革［M］.上海:复旦大学出版社,2005.

［27］樊新舟.中小城市交通一体化发展研究［J］.公路交通科技(应用技术版),2019,174(6):356-357.

［28］弗里德曼,桑德斯.沉积学原理［M］.徐怀大,陆伟文,译.北京:科学出版社,1987.

［29］傅志寰,陆化普.城市群交通一体化:理论研究与案例分析［M］.北京:人民交通出版社,2016:2-32.

［30］高照军,张宏如.企业成长与创新视角下的产业链升级研究［J］.科研管理,2019,40(5):24-34.

［31］国务院新闻办公室.《中国交通的可持续发展》白皮书(全文)［EB/OL］.国新网,2020-12-22.

［32］国家统计局能源统计司.中国能源统计年鉴［M］.北京:中国统计出版社,2010—2019.

［33］国家统计局农村社会经济调查司.中国农村统计年鉴［M］.北京:中国统计出版社,2014 & 2020.

［34］韩博威,马晓燕.2014—2018年冬季长三角强霾事件及天气形势影响分析［J］.环境科学学报,2020,40(7):2333-2345.

［35］贺灿飞,胡绪千.1978年改革开放以来中国工业地理格局演变［J］.地理学报,2019,74(10):1962-1979.

［36］洪银兴.围绕产业链部署创新链——论科技创新与产业创新的深度融合［J］.经济理论与经济管理,2019(8):4-10.

［37］胡恩华,刘洪.基于协同创新的集群创新企业与群外环境关系研究［J］.科学管理研究,2007(6):179-180.

［38］胡广伟,赵思雨,姚敏,等.论我国智慧城市群建设:形态、架构与路

径——以江苏智慧城市群为例[J].电子政务,2020(4).

[39] 胡求光,朱安心.产业链协同对水产品追溯体系运行的影响——基于中国209家水产企业的调查[J].中国农村经济,2017(12):49-64.

[40] 黄国信,黄启臣,黄海妍.富甲一方的徽商[M].杭州:浙江人民出版社,1997.

[41] 黄群慧,石碧华,等.长三角区域一体化发展战略研究[M].北京:社会科学文献出版社,2017:1-2.

[42] 黄少安,陈言,李睿.福利刚性、公共支出结构与福利陷阱[J].中国社会科学,2018(1):90-113.

[43] 纪雪洪,吴永林.有效竞争、创新能力与产业链协作:中国新能源汽车产业的未来发展[J].江苏行政学院学报,2017(2):57-61.

[44] 江曼琦,梅林.产业"链"簇关系辨析与协同发展策略研究[J].河北经贸大学学报,2018,39(1):73-82.

[45] 江苏统计局.江苏统计年鉴[M].北京:中国统计出版社,2019.

[46] 蒋海兵,韦胜.城乡交通一体化驱动下江苏农村医疗卫生服务可达性[J].长江流域资源与环境,2020,29(9):1922-1929.

[47] 蒋海兵,徐建刚,祁毅.京沪高铁对区域中心城市陆路可达性影响[J].地理学报,2010,65(10):1287-1298.

[48] 金士宣,徐文述.中国铁路发展史:1876—1949[M].北京:中国铁道出版社,1986:135-136.

[49] 王璐.施工图敲定交通强国建设"新老并进"[N].经济参考报,2020-5-8.

[50] 卡赞宁.中国经济地理[M].焦敏之,译.上海:光明书局,1937:57.

[51] 蓝庆新,关小瑜.京津冀产业一体化水平测度与发展对策[J].经济与管理,2016,30(2):17-22.

[52] 李国平,卢明华.北京高科技产业价值链区域分工研究[J].地理研究,2002(2):228-238.

［53］李凯,郭晓玲.产业链的垂直整合策略研究综述[J].产经评论,2017,8
　　（3）:81-95.

［54］李平华,陆玉麒.可达性研究的回顾与展望[J].地理科学进展,2005
　　（3）:69-78.

［55］李清娟.长三角都市圈产业一体化研究[M].北京:经济科学出版社,
　　2007:28-32.

［56］李学鑫,苗长虹.城市群产业结构与分工的测度研究——以中原城市群
　　为例[J].人文地理,2006(4):25-28,122.

［57］李欣,曹建华,孙星.空间视角下城市化对雾霾污染的影响分析——以
　　长三角区域为例[J].环境经济研究,2017,2(2):81-92.

［58］李迎成.大都市圈城市创新网络及其发展特征初探[J].城市规划,
　　2019,43(6):27-33,39.

［59］廖文剑.西方发达国家基本公共服务均等化路径选择的经验与启示
　　[J].中国行政管理,2011(3):97-100.

［60］梁方仲.中国历代户口、田地、田赋统计[M].北京:中华书局,2008:
　　555-571.

［61］林兰.长三角地区水污染现状评价及治理思路[J].环境保护,2016,44
　　（17）:41-45.

［62］林盼.强链固链推动长三角一体化产业协作[N].社会科学报,2020-06-
　　18(004):1-2.

［63］林毅夫,向为,余淼杰.区域型产业政策与企业生产率[J].经济学(季
　　刊),2018,17(2):781-800.

［64］刘华军,彭莹,贾文星,等.价格信息溢出、空间市场一体化与地区经济
　　差距[J].经济科学,2018(3):49-60.

［65］刘士林.江南文化的当代内涵及价值阐释[J].学术研究,2010(7):
　　89-95.

［66］刘士林.江南与江南文化的界定及当代形态［J］.江苏社会科学,2009
　　　（5）:228-233.

［67］刘威威,袁品涵.做好长三角一体化发展大文章——访南京大学长江产
　　　业经济研究院院长刘志彪［J］.中国税务,2020(11):13-17.

［68］刘雅媛,张学良."长江三角洲"概念的演化与泛化:基于近代以来区域
　　　经济格局的研究［J］.财经研究,2020(4):94-108.

［69］刘勇.与空间结构演化协同的城市群交通运输发展——以长三角为例
　　　［J］.世界经济与政治论坛,2009(6):78-84.

［70］刘志彪.产业链现代化的产业经济学分析［J］.经济学家,2019(12):
　　　5-13.

［71］刘志彪,孔令池.长三角区域一体化发展特征、问题及基本策略［J］.安
　　　徽大学学报(哲学社会科学版),2019,43(3):137-147.

［72］卢同.京津冀交通一体化发展的策略研究［D］.天津:天津商业大学,
　　　2020:9-46.

［73］陆天赞,吴志强,黄亮.美国东北部城市群创新城市群落的社会网络关
　　　系、空间组织特征及演进［J］.国际城市规划,2016,31(2):51-60.

［74］吕拉昌,孟国力,黄茹,等.城市群创新网络的空间演化与组织——以京
　　　津冀城市群为例［J］.地域研究与开发,2019,38(1):50-55.

［75］吕拉昌,等.创新地理学［M］.北京:科学出版社,2017:24.

［76］马海涛,黄晓东,李迎成.粤港澳大湾区城市群知识多中心的演化过程
　　　与机理［J］.地理学报,2018,73(12):2297-2314.

［77］马丽梅,刘生龙,张晓.能源结构、交通模式与雾霾污染——基于空间计
　　　量模型的研究［J］.财贸经济,2016,37(1):147-160.

［78］马双,曾刚.网络视角下中国十大城市群区域创新模式研究［J］.地理科
　　　学,2019,39(6):905-911.

［79］梅雅鑫.专家解读长三角数据中心的未来发展之路［J］.通信世界,2020

(9):13-17.

[80] 孟德友,陆玉麒.高速铁路对河南沿线城市可达性及经济联系的影响 [J].地理科学,2011(5):537-543.

[81] 苗启新,靳熹.长三角区域天然气一体化的现状及建议[J].上海煤气, 2020(2):8-11.

[82] 彭慕兰.大分流:欧洲、中国及现代世界经济的发展[M].史建云,译.南 京:江苏人民出版社,2008.

[83] 任美锷.建设地理新论[M].上海:商务印书馆,1946.

[84] 上海统计局.上海统计年鉴[M].北京:中国统计出版社,2019.

[85] 邵帅,李欣,曹建华,等.中国雾霾污染治理的经济政策选择——基于空 间溢出效应的视角[J].经济研究,2016,51(9):73-88.

[86] 沈颂东,亢秀秋.大数据时代快递与电子商务产业链协同度研究[J].数 量经济技术经济研究,2018,35(7):41-58.

[87] 孙博文,尹俊.交通投资何以实现高质量的市场一体化?——基于地理 性与制度性市场分割的视角[J].宏观质量研究,2021,9(1):113-128.

[88] 孙克强.以新基建促长三角区域经济转型、高质量发展[J].江南论坛, 2020(6):14-18.

[89] 孙宏日,刘艳军,周国磊.东北地区交通优势度演变格局及影响机制 [J].地理学报,2021,76(2):444-458.

[90] 唐宇文,蔡建河.长株潭产业一体化发展研究[J].经济地理,2002(4): 474-477.

[91] 唐子来,李涛.长三角地区和长江中游地区的城市体系比较研究:基于 企业关联网络的分析方法[J].城市规划学刊,2014(2):24-31.

[92] 唐子来,赵渺希.经济全球化视角下长三角区域的城市体系演化:关联 网络和价值区段的分析方法[J].城市规划学刊,2010(1):29-34.

[93] 陶世杰,李俊峰.高铁网络可达性测度及经济潜力分析——以安徽省为

例[J].长江流域资源与环境,2017(9):1323-1331.

[94] 汪德根,陈田,李立,等.国外高速铁路对旅游影响研究及启示[J].地理科学,2012,32(3):322-328.

[95] 汪光焘,王婷.贯彻《交通强国建设纲要》,推进城市交通高质量发展[J].城市规划,2020(3):31-42.

[96] 汪艳,水网格局影响下的大运河-长江三角洲地区历史城镇发展与变迁[D].南京:东南大学,2019.

[97] 王安平.产业一体化的内涵与途径——以南昌九江地区工业一体化为实证[J].经济地理,2014,34(9):93-98.

[98] 王海涛,徐刚,恽晓方.区域经济一体化视阈下京津冀产业结构分析[J].东北大学学报(社会科学版),2013,15(4):367-374.

[99] 王宏强.产业链重构:概念、形式及其意义[J].山东社会科学,2016(5):189-192.

[100] 王金南,宁淼,孙亚梅.区域大气污染联防联控的理论与方法分析[J].环境与可持续发展,2012,37(5):5-10.

[101] 王庭东.东亚产业链重构影响因素辨析:一个政治经济学视角[J].经济学家,2013(7):86-94.

[102] 王毅,董少锋.长株潭一体化进程中产业集群应用研究——湘潭个案[J].生产力研究,2007(14):107.

[103] 王益厓.王氏高中本国地理[M].上海:世界书局,1935.

[104] 王宇华.构建中部崛起重要战略支点的思考[J].理论月刊,2006(10):76-79.

[105] 王战.江南崛起的文化密码[J].探索与争鸣,2019,352(2):11-12.

[106] 王振,等.长三角协同发展战略研究[M].上海:上海社会科学院出版社,2018:90-94.

[107] 王志宝,孙铁山,李国平.区域协同创新研究进展与展望[J].软科学,

2013,27(1):1-4,9.

[108] 翁计传.珠江三角洲工业结构趋同性研究[J].世界地理研究,2006
(1):21-26.

[109] 吴福象.长三角区域一体化发展中的协同与共享[J].人民论坛·学术
前沿,2019(4):34-40.

[110] 吴金明,邵昶.产业链形成机制研究——"4+4+4"模型[J].中国工业
经济,2006(4):36-43.

[111] 吴建南,刘仟仟,陈子韬,等.中国区域大气污染协同治理机制何以奏
效? 来自长三角的经验[J].中国行政管理,2020(5):32-39.

[112] 吴和成,胡双钰.跨区域协同创新研究综述与展望[J].管理现代化,
2020,40(1):121-125.

[113] 吴松弟,方书生.长三角经济区演变的过程和机制(1840—2000 年)
[A]//任远,等.全球城市:区域的时代[M].上海:复旦大学出版社,
2009:40.

[114] 吴义根,冯开文,李谷成.我国农业面源污染的时空分异与动态演进
[J].中国农业大学学报,2017,22(7):186-199.

[115] 吴跃农.论苏商文化精神[J].江苏省社会主义学院学报,2013(3):
57-61.

[116] 吴志强,陆天赞.引力和网络:长三角创新城市群落的空间组织特征分
析[J].城市规划学刊,2015(2):31-39.

[117] 夏立江,等.土壤污染及其防治[M].上海:华东理工大学出版社,2001:
33-34.

[118] 谢波,等.基本公共服务设施均等化的内涵及其规划策略[J].规划师,
2014(5):11-16.

[119] 谢和平,王金华,鞠杨,等.煤炭革命的战略与方向[M].北京:科学出版
社,2018:43-44.

［120］谢莉娟,王晓东,张昊.产业链视角下的国有企业效率实现机制——基于消费品行业的多案例诠释[J].管理世界,2016(4):150-167.

［121］谢伟伟,邓宏兵,苏攀达.长江中游城市群知识创新合作网络研究——高水平科研合著论文实证分析[J].科技进步与对策,2019,36(16):44-50.

［122］铁路牵引长三角一体化迈向高质量[EB/OL].新华网,2020-01-13.

［123］徐从才,盛朝迅.大型零售商主导产业链:中国产业转型升级新方向[J].财贸经济,2012(1):71-77.

［124］徐宪平.新基建,构筑数字时代的新结构性力量[J].宏观经济管理,2021(8):2.

［125］徐宜青,曾刚,王秋玉.长三角城市群协同创新网络格局发展演变及优化策略[J].经济地理,2018,38(11):133-140.

［126］许闻博,王兴平.高铁站点地区空间开发特征研究——基于京沪高铁沿线案例的实证分析[J].城市规划学刊,2016(1):72-79.

［127］许若曦,聂磊,付慧伶.面向提升旅客出行效率的高速铁路列车停站方案优化[J].交通运输系统工程与信息,2020(2):174-180.

［128］许涛,张学良,刘乃全.2018—2019中国区域经济发展报告——长三角高质量一体化发展[M].北京:人民出版社,2019:345.

［129］杨晨,薛美根,吉婉欣,等.长三角交通一体化发展的若干思考[J].城市交通,2020(4):64-70.

［130］杨红光.大国速度 艰难起步[M].北京:北京联合出版公司,2019:23-24.

［131］尹维娜,刘晓勇,徐靓,等.长三角县级城市高铁地区发展的价值选择——以张家港高铁生态城规划为例[J].城市规划学刊,2017(0z2):142-148.

［132］殷丽娜,郝桂侠,康杰.我国土壤环境污染现状与监测方法[J].价值工

程,2019,38(8):173-175.

[133] 殷利梅,李宏宽,李端.面向"十四五"时期的"数字基建":概念框架、发展现状与推进举措[J].互联网天地,2021(2):14-19.

[134] 于新娟.也论"长江三角洲"——兼从社会经济史的视角[J].社会科学家,2006(1):186-189.

[135] 佘之祥.长江三角洲经济区的由来和发展[J].现代城市研究,2009(10):7-11.

[136] 郁义鸿.产业链类型与产业链效率基准[J].中国工业经济,2005(11):35-42.

[137] 余菲菲,胡文海,荣慧芳.中小城市旅游经济与交通耦合协调发展研究——以池州市为例[J].地理科学,2015,35(9):1116-1122.

[138] 岳钦韬.近代长江三角洲地区的交通发展与人口流动——以铁路运输为中心(1905—1936)[J].中国经济史研究,2014(4):154-167.

[139] 曾楠.西方福利国家政治认同的现实挑战及中国优势[J].国外社会科学,2017(6):30-37.

[140] 张兵,古继宝.中外城市群发展经验及其对山东半岛城市群的启示[J].城市发展研究,2006(3):39-42.

[141] 张超亚,张小林,李红波.快速交通对区域中心城市日常可达性影响——以长江三角洲地区为例[J].长江流域资源与环境,2015,24(2):194-201.

[142] 张其昀.新学制高级中学教科书本国地理(上)[M].上海:商务印书馆,1930.

[143] 张向达,程雷.论西方社会保障的伦理嬗变及启示[J].伦理学研究,2012(1):54-58.

[144] 张学良,吴胜男.长三角一体化发展中的沪苏特别合作[J].苏州大学学报(哲学社会科学版),2021(2):94-102.

［145］张学良,杨羊.新阶段长三角一体化发展须处理好几类关系[J].学术月刊,2019(10):39-45.

［146］张学良.2014 中国区域经济发展报告:中国城市群资源环境承载力[M].北京:人民出版社,2014:134-141.

［147］张学良,李丽霞.长三角区域产业一体化发展的困境摆脱[J].改革,2018(12):72-82.

［148］张衔春,刘泉,陈守强,等.城市区域经济一体化水平测度:基于深莞惠次区域的实证研究[J].城市发展研究,2019,26(7):18-28.

［149］张小蒂,曾可昕.基于产业链治理的集群外部经济增进研究——以浙江绍兴纺织集群为例[J].中国工业经济,2012(10):148-160.

［150］赵其国,骆永明.论我国土壤保护宏观战略[J].中国科学院院刊,2015,30(4):452-458.

［151］赵晓雷,邵帅,杨莉莉.管理体制与中国开发区经济发展效率增长——基于 Malmquist 指数和 GMM 的实证分析[J].财经研究,2011(8):4-15.

［152］赵伟光,李凯.外资纵向所有权安排与本土企业产业链利润分配[J].产业经济研究,2019(4):37-48.

［153］赵作权,田园,赵璐.网络组织与世界级竞争力集群建设[J].区域经济评论,2018(6):44-53.

［154］浙江统计局.浙江自然资源与环境统计年鉴[M].北京:中国统计出版社,2019.

［155］中国交通年鉴社.中国交通年鉴[M].中国交通年鉴社,2018.

［156］中国数字经济发展与就业白皮书(2019 年)[R].中国信通院,2019.

［157］苏沪浙皖共促长三角毗邻公交客运衔接[EB/OL].中国交通新闻网,2019-04-18.

［158］中华续行委办会调查特委会.1901—1920 年中国基督教调查资料

［M］.北京：中国社会科学出版社，2007.

［159］周立群，夏良科.区域经济一体化的测度与比较：来自京津冀、长三角和珠三角的证据［J］.江海学刊，2010（4）：81-87.

［160］襁金吉，魏守华，刘小静.产业同构背景下长三角产业一体化发展研究［J］.现代城市研究，2011，26（2）：24-29.

［161］朱英明.长三角城市群产业一体化发展研究——城际战略产业链的视角［J］.产业经济研究，2007（6）：48-57.

［162］2020年安徽省新开通5G基站2.9万个［N］.人民咨询，2021（8）.

（二）英文文献

［163］Antras P，Teresa C Fort，Felix Tintelnot. The Margins of Global Sourcing：Theory and Evidence from U.S. Firms［J］. American Economic Review，2017，107（9）：2514-2564.

［164］Antras P，Chor D，Fally T，et al. Measuring the Upstreamness of Production and Trade Flows［J］. NBER Working Paper，2020：17819.

［165］Ansell C，Alison Gash. Collaborative Governance in Theory and Practice［J］. Journal of Public Administration Research and Theory，2008，18：543-571.

［166］Barrell J. Criteria for there cognition of ancient delta deposits［J］. Plos One，1912，23（10）：377-446.

［167］Chen G，Hadjikakou M，Wiedmann T. Urban carbontrans formations：unravelling spatial and inter-sectoral link ages for key city industries based on multi-region input-output analysis.J.Clean.Prod.2017，163：224-240.

［168］Dan O'Donoghue，Bill Gleave. A Note on Methods for Measuring Industrial Agglomeration［J］. Regional Studies，2004，38（4）.

［169］Downs A. New Visions for Metropolitan America［M］. Washington D.C.：The Brookings Institution，1994：543-571.

[170] Guo Q, He C. Production space and regional industrial evolution in China [J]. Geo Journal, 2017, 82(2): 379-396.

[171] Gereffi G. The Governance of Global Value Chains: An Analytic Framework [J]. Review of International Political, 2011.

[172] Gutiérrez J. Location, economic potential and daily accessibility: an analysis of the accessibility impact of the high-speed line Madrid-Barcelona-French border[J]. Journal of transport geography, 2001, 9(4): 229-242.

[173] Hidalgo C A, Klinger B, Barabasi A L, et al. The product space conditions the development of nations[J]. Science, 2007, 317(5837): 482-487.

[174] Jones V. Metropolitan Government. Chicago[M]. Chicago: University of Chicago Press, 1942: 108-110.

[175] Koopman R, Wang Z, Wei S J. Estimating domestic content in exports when processing trade is pervasive[J]. Journal of Development Economics, 2012, 99(1), 178-189.

[176] Paul Krugman. Increasing Returns and Economic Geography[J]. NBER Working Papers, 1990, 99(3):483-499.

[177] Leontief W. Quantitative Input and Output Relations in the Economic System of the United States[J]. Review of Economic and Statistics, 1936 (18): 105-125.

[178] Li Y, Pheips N. Knowledge polycentricity and the evolving Yangtze River Delta megalopolis[J]. Regional Studies, 2017, 51(7): 1035-1047.

[179] Mossman S. Delta of the Yangtze River in China[J]. The Geographical Magazine, 1877, 9(1): 256-260.

[180] Meng B, Ye M, Wei S J. Measuring Smile Curves in Global Value Chains [J]. Oxford Bulletin of Economics and Statistics, 2020, 82 (5):

988-1016

[181] Miller R E, Temurshoev U. Output Upstreamness and Input Downstreamness of Industries Countries in World Production [J]. GGDC Working Papers, 2013: 133.

[182] Ostrom V, Charles M, Tiebout Robert Warren. The Organization of Government in Metropolitan Areas: A Theoretical Inquiry [J]. American Political Science Review, 1961, 55: 831-842.

[183] Poster M E. Clusters and the New Economics of Competition [J]. Harvard Business Review, 1998, November-December.

[184] Paul Krugman, Anthony J Venables. Integration, specialization, and adjustment [J]. European Economic Review, 1996, 40(3).

[185] Parro Fernando Caliendo, Lorenzo. Estimates of the trade and welfare effects of NAFTA [J]. The Review of Economic Studies, 2015, 82(1): 1-44.

[186] The World Bank. World development report 2009: Reshaping economic geography [R]. Washington D.C., 2010.

[187] Wang Y, Geschke A, Lenzen M. Constructing a time series of nested multiregion input-Output tables. Int. Reg. Sci. Rev. 2017, 40: 476-499.

[188] Warren R. Government in Metropolitan regions: a Reappraisal of Fractionated Political Organization [M]. Davis: University of California, Institute of Governmental Affairs, 1966: 5.

[189] Ye M, Meng B, Wei S J. Measuring Smile Curves in Global Value Chains [J]. IDE Discussion Paper, 2015: 530.